남한강과 문학

· 경희대 민속학 연구소 학술총서2 ·

남한강과 문학

이정재 · 김준기 · 배규범 · 이성희 공저

KSI 한국학술정보(주)

본서는 2002년 한국학술진흥재단의 지원에 의하여
연구되었음(KRF-2002-072-AS1010)

『남한강과 문학』의 간행에 즈음하여

　본 연구팀은 2002년부터 2005년까지 3년에 걸쳐 학술진흥재단의 지원으로 〈남한강 수운의 전통과 민속〉이라는 과제를 수행하였다. 본 총서는 그동안의 연구 성과를 부분별로 집약한 것이다.

　남한강은 실로 거대한 물줄기였다. 사실 소형과제로는 조금 버거운 대상이었는지는 몰라도 연구팀은 그간 최선을 다했다. 그리고 과제 수행 중 남한강을 끼고 펼쳐져 있는 지역사회에 대한 애정과 그 속에 담겨 있는 전통과 민속현상에 대한 매력에 흠뻑 빠졌었다. 정선에서부터 내려가던 뗏목과 마포에서부터 올라가던 황포돛단배가 교차하며 하나로 연결되었던 남한강의 각 지역들은 나름대로 특색 있는 문화권을 형성하고 있었고, 이 실체를 규명하는 것이 본 연구에 주어진 가장 중요한 과제였다.

　남한강 줄기를 따라 곳곳에서 거행되었던 줄다리기는 농경과 강의 문화가 만들어낸 용신신앙의 발현일 것이고, 양평·여주 등지의 고창굿과 충주·제천 등지에서 발견되는 별신굿은 동제(洞祭)와 놀이가 결합하여 사람들을 끌어들이는 흡인력으로 지역 사회의 발전에 일익을 담당하는 종교적 축제였을 것이다. 또한 뗏꾼들에 의해 불려졌던 정선아라리의 가락이 강줄기를 타고 남한강 전역에 영향을 미친 것도 강을 통해 각 지역의 문화소(文化素)들이 상호 영향을 미쳐왔음을 입증해주는 자료라 하겠다.

남한강의 역사와 더불어 운명을 같이 하던 이들 지역들. 아쉬운 것은 현장조사를 통해 확인되었듯이 이제는 육로의 발달과 댐의 건설로 말미암아 숨소리조차 잦아지고 있는 형편이라는 것이다. 이러한 지역 상황은 답사 기간 내내 과연 남한강의 시대는 지났는가 하는 의문을 연구팀에게 던져 주었다. 그리고 연구팀에게 강박관념으로 다가왔던 것은 그렇지 않다는 대답과 함께 이들 지역에 활력을 불어넣을 수 있는 미래의 비전을 찾아 제시해야 한다는 일종의 의무감이었다.

　　남한강은 과거 군사력의 시대에는 국방의 요충지였고, 경제력의 시대에는 신흥 부유층을 생성시키며 경제의 중심지로 전성기를 구가했던 지역이다. 우리가 향유해갈 21세기는 문화의 시대라 일컬어진다. 그렇다면 유구한 전통과 문화가 깃든 남한강이야말로 다시 한 번 번영할 수 있는 기회를 잡을 것이 틀림없다. 물론 그 전통과 문화를 어떻게 성공적으로 재연하고 응용할 수 있는가 하는 것이 관건이 될 것이다.

　　본 연구팀은 양평에서 정선까지 군청, 시청, 문화원 등을 방문하며 이들 지역 단체에서도 동일한 고민을 하고 있으며, 지역적 전통문화를 되살려 이를 관광 자원으로 이용하려는 노력을 확인할 수 있었다. 이는 분명 무척 고무적인 현상이었으나, 단기적인 효과를 거두려는 조급함은 버려야 할 것으로 보였다. 전통문화를 이용한 관광 상품들은 당장의 수지타산을 따질 문제가 아니라, 안으로는 지역 주민들에게 자신의 문화에 대한 자긍심을 고취시키고 밖으로는 지역을 널리 홍보할 수 있다는 점을 감안하여 거시적인 안목으로 추진되어야 하기 때문이다. 게다가 남한강 유역은 수려한 자연 환경도 가지고 있다. 21세기 남한강 시대를 열어갈 중요한 요소 중 관광 자원은 주축이 될 것이 확실하다. 이를 위해 그간 개발의 논리로 파헤쳐지고 오염되었던 남한강을 되살리는 작업 역시 시급히 해결해야 할 과제인 것이다.

이렇듯 환경과 전통문화가 어우러진 강마을의 재건설이야말로 남한강 유역의 지역 사회가 나가야 할 방향이라고 생각한다. 이러한 의미에서 양평 여주 등지에서의 돛단배 재현과 단양, 영월, 정선 등지의 뗏목 축제 등은 주목할 만한 행사들이라 본다. 강을 오염시키지 않는 한도에서 그간 버려져 있던 강이라는 관광 자원을 활용하고 있기 때문이다. 강은 그냥 방치해 놓고 보는 것보다는 활용하면서 관리할 때 오히려 강변 환경을 정화시킬 수 있고 보존하는 길이 아닐까 하는 역설적인 생각도 해본다.

그동안 남한강의 연구 조사에는 많은 연구원들의 노고가 있었다. 특히 현장조사뿐 아니라 원고 집필에 도움을 주었던 김필래·김희찬·김태우 선생에게 감사를 드린다. 이 밖에도 강호정·김희정·남찬원·편성철·이선애 등 연구보조원의 노고도 적지 않았다. 그간 연구책임자나 연구원 모두가 일치되어 남한강 수운의 전통에 대해 매진했기에 이 작은 성과들을 일굴 수 있었다고 본다. 또한 이 책자의 출판을 흔쾌히 허락해 주신 한국학술정보[주]에 감사의 말씀을 올린다.

끝으로 본 연구팀이 남한강의 전통문화에 관한 총서를 계획할 수 있음은 해당 지역의 관청과 마을 어른들의 제보가 있었기에 가능한 것이었다. 아무쪼록 이 책자들이 묵묵히 남한강을 지키고 계신 그분들에게 조금이라도 힘이 되었으면 하는 바람이다.

2007년 6월
경희대학교 민속학연구소
소장 이정재

|목 차

제1부

남한강과 구비문학

I. 강에게 길을 묻다

남한강의 이야기는 끝이 없다. 남한강은 우리나라의 상당 부분을 아우르는 거대한 물줄기이다. 그 기나긴 물줄기를 따라가면 얼마나 많은 사람들을 만날 것이며, 얼마나 많은 이야기를 만날 수 있을까? 강을 끼고 살아가는 사람들의 나지막한 음성을 통해 그들의 삶의 한 자락을 엿볼 수 있었다. 그 옛날 호랑이가 사람을 잡아먹던 시절의 얘기부터, 지금도 저절로 고개가 끄덕여지는 이야기, 이야기들.

사람들은 말한다. 이제 이야기의 시대는 끝났다고, 이야기는 죽었다고. 그러나 이야기는 말한다. 나는 아직도 이렇게 살아서 너에게 말을 건넨다고. 나는 아직도 이렇게 멀쩡하게 살아 있고 아직도 할 말이, 못 다한 말이 많이 남아 있다고. 이야기가 숨쉬고 있는 남한강의 마을에 머물면서 들었던 많은 이야기들은 실로 살아 있는 것들이었으며, 어떤 것으로도 바꿀 수 없는 귀중한 것들이었다.

긴긴 겨울밤 화롯불에 고구마를 구워 먹으면서 할머니의 무릎을 베고 누워서 들었을 법한 옛날이야기들. 그리고 목숨을 담보로 거센 물줄기와 싸우며 남한강을 내려가던 떼꾼들의 이야기와 그들을 맞아 주던 주막의 이야기들을 함께 담았다. 허구와 실제의 구별 없이 이야기들을 모두 담았다. 허구는 허구대로 실제담은 실제담대로 모두 의미가 있고 개성이 있다고 판단되었기 때문이다. 또한 남한강 마을에서 의미 있는 이야기란 건 반드시 허구인 옛날이야기일 필요는 없다. 남한강을 삶의 젖줄로 누리고 살았던 사람들의 생생한 증언담은 놓치기 아깝고, 또 놓치면 안타까운 이야기였기 때문이다.

남한강 거대한 물줄기를 따라 돌고 돌았다. 이야기를 찾아 이리저리 다녔다. 사랑과 미움과 그리움과 열정, 모든 것을 저 밑에 숨기고 오늘도 묵묵히 흐르는 강. 강에게 물었다. 이야기를 아냐고. 너를 바라보며 살았을, 너를 기대어 살았을 그 옛날 우리 옛사람들의 마음을 아냐고. 그들이 너에게 어떤 말을 하더냐고. 강을 품고 살았던 사람들이 들려준 이야기들, 그들이 알려준 길을 여기에 풀어 놓고자 한다. 그들과 나는 강에게 길을 물었다.

Ⅱ. 강원도 정선군

1. 상투베리

남한강 마을을 돌면서 많은 이야기를 들었다. 옛날이야기라고 하면 민담이나 전설을 떠올리지만, 실제로 있었던 이야기인데도 옛날이야기보다 더 감동을 주는 이야기도 있다는 것을, 너무도 평범한 진리를 이번 답사를 통해 깨닫게 되었다.

소설가들은 감동을 주기 위해서, 자신이 말하고 싶은 진실을 위해서 이야기를 꾸민다. 어떤 방식으로든 말하는 것이 생의 진실이다. 그러나 이런 재능을 가진 사람들은 많지 않다. 그러나 70, 80 살다 보면 혼자만 알고 있기에는 너무 아까워서 남에게 꼭 해 주고 싶은 이야기도 있는 법. 정선에서 들은 상투비리 이야기가 그랬다. 나도 듣고 나서 꼭 누구에게 해 주고 싶었으니까.

강원도 정선군 유천3리에는 한상열 어르신과 장옥선 할머니가 사신다. 한상열 어르신은 아라리를 잘하셔서 아리랑제에서도 여러 번 아리랑을 부르시기도 하셨다. 처음에는 아리랑 때문에 찾아뵈었는데, 이야기도 여러 자락 해 주셨다. 어르신과 할머니는 정선에서 나셔서 동네에서 결혼하시고 이제껏 정선에서 사시니 그야말로 정선 토박이인 셈이다. 할머니가 들려주신 정선의 옛날 모습은 그야말로 '먹고살기 힘들었던 때'를 돌아보게 한다.

〈한상열 할아버지〉

　　옛날에 사람들 모두 그저 배불리 사는 곳만 골라서 딸을 줬어요. 그 집에 가서 그저 돈 많고 배가 안 곯으면. 옛날에는 그저 하루 세 끼 먹으면 시집 잘 간 거라고 했어요.
　　　　(장옥선, 여, 73세, 강원도 정선군 유천3리, 2003년 10월 9일)

　　논이 없고 밭만 있고, 그나마 있는 밭에서 나는 소출도 적어 타지방으로 시집을 가야 쌀밥을 먹어 보았다는 강원도 정선 지방 여인들의 이야기는 들을 때마다 새롭다. 그러니 딸을 시집보낼 때도 더도 안 바라고 그저 배 안 곯을 곳에 시집보내기만을 바랐던 것이다.

　　상투베리 이야기는 곧은 길 없이 산으로, 산으로, 절벽으로, 절벽으로 계속되는 강원도 정선 지방의 독특한 지형으로부터 비롯

된다. 정선읍에서 아우라지로 들어가는 주유소 근처 절벽에는 상투베리가 있다.

요 밑에 저기 굽이 올러 오는 데가 있잖아요. 그전에 아주 참 병창(절벽)이 참 강바닥에서 산꺼지 올라왔어요. 산꺼정 올라갔는데, 옛날에 우리 친정 할아버지가 딸을 가수리라는 데 가평 거가 시집을 주고서는 딸네집에 갈라니 가수리에서, 산 비얄에서 밑에 시퍼렇지, 그 밑으로는 소가 있지, 산으로 오를라니 산꼭대기 병창이지. 그러니까 우리 친정 할아버지가 옛날 맷돌을 쪼았어요. 맷돌을 만들었어요. 그런데 그 맷돌 쪼는 징을 가지고 그 인제 그 병창에 올라가서는 이래 쪼았어요. 쪼아가지고서는 산 끝을 이렇게 쥐고 요만큼 걸어가서는 이제 또 쪼고 쪼고 걸어가서는 또 한등 쪼고 쪼고 걸어가서는 이제 가수리라는 데 가서는 딸을 만났다고. 그게 인제 상투처럼 베고 다니니 그걸 상투베리라 하라 그래서 인제 상투베리가 됐다고. 아주 산에, 산 비얄에다 만들었다고.

《아우라지 강변 전경》

〈아우라지 처녀상〉

이 이야기는 장옥선 할머니가 자신의 할아버지 이야기를 구연한 것이다. 할아버지가 고모가 보고 싶어서 가수리까지 정으로 절벽을 쪼아서 손잡이처럼 만들었는데, 나중에 사람들이 그것을 '상투비리'라 불렀다는 것이다. 모양이 상투처럼 되었으니 그렇게 불렀다는 것이다.

딸을 시집 보내놓고 절절한 부모들의 마음은 그 어느 슬픔에 비교할 수 있겠는가? 내 몸 나눠 한 생명 만들어 놓고 평생 금이야 옥이야 길러 이제 다른 집에 보냈으니 그 그리운 마음은 말로 다 할 수 없다. 그런데 사는 곳이 먼 곳도 아니고 바로 옆 동네지만 갈 길이 아득하다. 올라가려니 절벽이고, 밑으로는 소(沼)가 있어 시퍼런 물이 흐르고 있다. 그 험악한 지형을 이기고 갈 길이 없다.

그래서 생각한 방법이 그 절벽을 정으로 쪼아서 손으로 잡을 것을 만드는 것이다. 말이 쉬워 정으로 쪼아서 만들었지, 한 발 한 발, 한 손 한 손, 그 정성을 생각하면 놀라울 뿐이다. 아버지의 사랑이 아니었으면 불가능한 일이다. 또 이 할아버지는 기운이 장사였다고 한다. 사람들이 세 사람이 덤벼도 들지 못하는 나무를 혼자 들고 오고, 도끼로 나무를 쪼개다가 도끼날이 나무 사이에 박혀 안 빠지니 그 큰 나무를 뿌리째 그냥 어깨에 메고 오더라는 것이다. 기운 센 장사 이야기가 이야기에만 있는 줄 알았더니 이렇게 기운 센 사람들이 있기는 있었던 모양이다. 기운도 기운이지만 할아버지의 딸 사랑 이야기는 남들보다 별난 데가 있다.

우리 고모를 난 지 삼 일 만에 우리 할머니가 돌아가셨대요. 그 딸래미 막내 딸내미를 옛날 저고리 안에 안고 다니면서는 전부 강냉이밥 해갖고서 화로에다 해 가지고 할아버지가 손수 입으로 씹어서 그렇게 키웠다고. 그렇게 키워서는 열다섯 먹어서 시집을 주고 나니까는 그게 을마나 보고 싶소. 그러니까로 왜 시집을 그런 데로 주었는지.

낳은 지 삼일 만에 어머니를 여읜 딸. 그 딸을 키우면서 얼마나 애잔했을까? 엄마 젖도 못 먹이고 할아버지가 손수 밥을 해서 일일이 입으로 씹어 먹여서 키운 딸인데, 그런 딸을 소를 건너야만 갈 수 있는 동네로 보내는 할아버지의 마음은 다른 사람들은 상상할 수 없을 정도로 아팠을 것이다. 모성의 위대함을 많이들 말하지만, 아버지의 두터운 사랑 또한 자식들의 심금을 울리는 것임을 자식들은 모두 잘 알고 있다. 말해야만 사랑인가, 보여 주어야만 사랑인가 말 않고 지켜보고 가슴 졸이는 것이 참사랑임을. 기운 센 할아버지의 투박한 사랑, 그 깊은 정 때문에 괴로웠을 심정이 눈앞에 펼쳐진 듯 선명하다.

그래가지고서는, 지금은 차가 다니니 그게 얼마나 가까워요. 그게 까딱하면 그게 밑에 할미소에 빠지거든요. 을마나 딸이 보고 싶으면. 옛날에 할머니가 가다 거기에 빠져 죽었대요. 그래서 그게 할미소 있는 데가 상투비리가 된 거예요. 그래 보니까로 차츰차츰 점점 발달돼 가지고 길을 닦고 하더니 없어지더만.

아우라지 들어가는 다리 있는 데 주유소 거기래요. 지금은 돌 떨어진다고 다 묶어 놨어요. 우리 고모가 벌써 돌아가신 지 올해, 살아 계시면 백 몇 살이라. 그게 생긴 지 백 년이 넘었어요. 여기 사는 사람들은 다 알아요.

상투처럼 쪼아서 밑에 상투 밟고 올라가서 또 위에 상투 밟고 올라가고 그러는 거지. 그렇게 올라 다녔지. 그러다가 물이 나서 무너지고 그러니까로. 그 인제 사람들이 상투베리 인제 대도시가 됐다고 그러지.

이제 상투베리 있는 곳을 가기는 얼마나 편한지, 자동차 타고 가면서도 그냥 옆에서 볼 수 있었다. 다만 낙석위험 때문에 묶어 놓아서 촬영을 할 수는 없었지만 사람들의 말대로 '상투베리 인제 대도시가 돼서' 흘러간 옛날이야기가 되었다. 상투베리가 아니어도 잘 닦인 길로 사랑하는 사람을 얼마든지 만나러 갈 수 있다.

인정보다 더 빨리 변하는 것이 길이지 싶다. 길은 변하고, 변하고 또 변할 것이다. 그러나 그 길이 생기기 전에 만들어진 이야기는 이렇게 가슴에서 가슴으로 전해지는 것임을, 길은 끝나도 이야기는 끝나지 않는 것임을 생각한다.

2. "얘들아, 엄마다. 문 열어라"

호랑이는 우리 옛이야기에서 익숙한 존재이다. '호랑이와 곶감'은 유치원생도 알 정도로 유명하고, 호랑이 새끼를 고양이 새끼인 줄 알고 키웠는데 나중에 보니까 호랑이가 제 새끼를 찾으러 왔다는 이야기도 있다. 예부터 산신으로 알려진 호랑이는 산신제에서는 가장 큰 대접을 받는 신이지만, 이야기에서 호랑이는 조금 모자란 듯 바보처럼 그려진다. 그러니 기껏 입맛 다실 간식거리에 불과한 곶감이 뭐 대단한 건 줄 알고 도망을 가지. 산중왕으로 사람 잡아먹는다는 호랑이가 이 정도라면 만나도 가볍게 인사 한 번쯤은 할 수 있지 않았을까 싶다.

강원도 정선은 사방이 산 아니면 강이다. 산을 돌고 돌면 겨우 마을 하나가 나오고, 또 산을 돌면 겨우 마을 하나가 나온다. 차를 타고 돌아도 마을에서 마을로 이동하기가 이렇게 어려운데, 그 옛날 산을 타고 오르내리며 걸어 다닐 때는 오죽했을까? 산이 험하고 깊었으니 호랑이 얘기가 많은 것도 당연한 것 같다. 하긴 우리나라에 호랑이 없는 마을이 없었지만.

한상열 어르신과 장옥선 할머니와 이웃에 사시는 정옥화 할머니를 만나 '해와 달이 된 오누이'를 들었다. 호랑이가 산에서 할멈을 만나 고개 하나를 넘을 때마다 "떡 하나 주면 안 잡아먹지." 했다는 얘기는 빠져 있지만, 아이들을 잡아먹는 부분까지의 전개가 상세하다. 이 이야기는 한상열 어르신과 안주인이신 장옥

〈장옥선 할머니(왼쪽)와 정옥화 할머니〉

선 할머니, 이웃에 사시는 정옥화 할머니가 함께 구연했으므로
대화체 구연을 그대로 싣는다.

정옥화 어느 할머니가요, 딸네 집에 인제 벼를 베러 갔대요. 벼를
　　　베러 가 가지고 한참하고 보니까 호랭이가 나타났더래요.
한상열 아들은 집에 놔두고 어머니가 벼 베러 갔는데 호랑이가 와
　　　가지고 야야, 내가 이렇게 왔으니 문 열어다오 하니까 애들
　　　이 문을 바로 열어 주려고 했는데 문 열어다오 문 열어다오
　　　하니까 문은 안 열어주고 어머니 손을 이렇게 내밀어 봐, 호
　　　랭이가 손을 넣어서 어머니 손인가 하고 봤더니 어머니 손
　　　이 아니잖아, 호랑이가 그런 거거든. 야 딸네 집에 어머니가
　　　벼 베 주러 가서 흙이 묻어 그렇다 호랑이가 얘기했다.
장옥선 그니까 어머니가 벼 베러 딸네 집에 갔는데 호랑이가 와서
　　　밭에 뭉그드래요. 뭉근 놈이 무서워 가지고 아들이 우리 집

에 있다 하니 어머니가 왔드래.

정옥화 호랑이가 어머니가 오는 걸 다 먹고, 호랑이가 와가지고 '얘들아 문 열어라 문 열어라' 이러니까 안 열어 주고 '우리 어머니 목소리 아닌데' 그러니까

'내가 벼 베느라 그 지푸라기를 마셔서 목이 쉬었다'

그니깐 '어머니 손등을 밀어봐' 그러니까 손등을 보여 줬대요. 호랭이가.

'어머니 손등이 아닌데', '벼 베다 흙이 묻어서 그렇다',

또 '어머니 발 좀 내밀어 봐'. 발을 쑥 내미니까 '어머니 발이 아닌데'. 그니까는

'야 이 새끼 내가 그만 발이 터서 그렇다'

그래서는 문 안 열리는 걸 입으로 부숴가서는 동생을 깨물어 먹었대.

누나가 있다가 '어머니 뭐 먹어' 그러니까 '딸네 집에서 벼 베다 콩알 쪼가리 그거 먹는다' 그러니까 '그먼 나 하나 줘' 그러니까니 '그거마저 먹었다' 이러면서나 동생을 다 먹고 가 버렸다고.

근처에 또 가서는 문 열어라 문 열어라 아들아 문 열어라 이러니까 '우리 어머니 목소리 아닌데' 이러니까 '벼 베러 가서 목이 쉬어 그렇다' 그러니까 또 뭐 발 좀 봐, 손 좀 봐 하더래. 그러니까 또 아니라 하니깐더러 볏짚이 묻어 그렇다, 터서 이렇게 그렇다, 그러고는 아마저 잡아먹었다고.

(한상열, 장옥선, 정옥화, 강원도 정선군 유천3리, 2003년 10월 9일)

해와 달이 된 오누이에서 호랑이가 손에 밀가루를 묻히고 엄마 손을 가장했다느니 하는 것과는 또 다른 이야기이다. '베 베러 갔다 와서 그렇다' 한마디에 모든 것이 설명된다. 벼를 베러 갔다

왔으니 볏짚이 묻어서 손이 호랑이 손처럼 털이 보송보송하다. 또 흙이 묻어서 그렇다. 목소리는? 벼 베느라 지푸라기를 마셔서 목이 쉬었지. 발은 일하다 터서 그렇지. 벼 베는 것 하나로 구차한 변명 세 가지를 한꺼번에 해결한다. 요즘 우리 시대에 상상력의 빈곤을 한탄한다. 사실 이 정도 상상력이면 이야기 하나쯤 넉넉히 만들고도 남을 상상력이 아닌가? 그야말로 말이 되는 상상력이다.

동생을 잡아먹으면서 내는 '깨물어 먹는 소리'와 '콩알 쪼가리 먹는 소리'의 청각적 유사성은 어떻고. 생각할수록 오싹하지만 그것을 연관시켜 놓은 상상력은 정말 소름끼치도록 정확하지 않은가? 와드득 와드득 콩알 씹어 먹는 소리는 어쩌면 그렇게 무얼 박살내며 먹는 소리 같은지 모른다. 딱딱한 콩을 씹어 먹는 소리를 옆에서 들어 보라. 눈 감고 듣는다면 정말 소름이 오싹하게 돋는다.

콩알 쪼가리 먹는다는 말에 '그러면 나 하나 줘' 했더니, '그거 마저 먹었다'면서 누나까지 잡아먹는다. 웬만한 스릴러는 저리 가라다. 사람 잡아먹는 걸 무슨 사탕이나 콩알 먹듯이 하다니. 이렇게 오싹하게 소름 돋는 이야기를 즐기는 것은 우리 무의식 속에 남아 있는 쾌락의 본능이 아니던가? 아이들의 동화로 변장하면서 살짝살짝 본색을 감춰 버린. 유리구두에 발을 맞추기 위해 발을 잘랐다든가, 중세 유럽 기근이 들 때 아이들을 잡아먹던 이야기가 헨젤과 그레텔의 원래 이야기라든가 하는 무시무시한 이야기들.

살짝 가려서 아름답고 감미로운 이야기도 좋지만, 원래 있는 그대로의 오싹한 이야기도 매력이 있다. 그런 이야기를 눈 하나 깜짝 안 하고 웃으면서, 때로는 박수를 쳐 가며 감칠맛 나게 구연하는 할아버지와 할머니의 표정을 바라보는 즐거움은 또 무엇에 비길까?

근처에 가서 또 벼 베고 왔다고 자신을 소개하고 아이들을 잡아먹는 호랑이의 괴기담은 언제 끝날 것인가? 옛 사람들은 이 무서운 호랑이 얘기를 하면서 무슨 생각을 했을까? 혹시 주어도 주어도 달라기만 하는 어리석은 통치자를 생각하지는 않았을까? 높은 자리에 앉아서 아랫사람들 사정 생각 안 하고 자신의 욕심만을 위해 배불리는 호랑이들을 생각하지는 않았을는지……

속이고 잡아먹고, 잡아먹고 하던 호랑이 얘기를 계속했던 사람들은 지금은 다 어디로 갔을까? 그나저나 그렇게 배고프던 호랑이들은 지금은 다 어디에 갔을까? 벼 베고 온 호랑이에게 잡아먹힐 만큼 멍청하고 인심 좋은 사람들이 다 사라져서 굶어죽은 것은 아닐까?

이야기를 듣다가 강원도 깊은 산자락을 바라보면 지금도 어디선가 호랑이가 어슬렁어슬렁 내려올 것만 같았다. 나에게도 와서 벼 베던 이야기를 하며 수작을 걸면 절대로 속지 말아야지. 멍청한 호랑이가 오들오들 떨도록 무시무시한 곶감 이야기나 한 자락 해 줄까 보다.

3. 호랑이는 머리는 안 먹어!

한국전쟁 이전까지 우리나라에 얼마나 많은 호랑이가 살았는지 실제로 호랑이를 만났다는 사람도 많고, 호랑이가 관계된 옛날이야기도 많다. 옛날에는 "일 년의 반은 사람이 범을 잡으러 다니고, 나머지 반은 범이 사람을 잡으러 다닌다"는 말이 있을 정도로 호랑이가 많았다고 한다. 중국 사람들은 "조선 사람들의 반은 호랑이에게 잡아먹히고, 반은 호랑이에게 잡아먹힌 사람 문상 다닌다."고 할 정도였다니 우리나라는 호랑이 나라였나? 이 정도 되면 호랑이를 안 만나 본 사람이 없었을 것 같다.

실제로 오래전에 외할머니께서 호랑이를 만나셨던 이야기를 해주셨다. 할머니는 충청북도 괴산군 칠성면에 사셨다. 할머니가 괴산장에 갔다가 칠성면으로 오시는 산길에서 호랑이를 만났다.

호랑이가 계속 쫓아오기에 할머니는 호랑이를 보고

"나는 먹을 것이 없다. 그러니 저쪽 마을로 가라"

고 호랑이에게 말씀을 하셨다고 한다. 그랬더니 어슬렁어슬렁 쫓아오던 호랑이는 홀연히 다른 마을로 가더라고.

지난 일이니까 그렇지 할머니는 얼마나 무서우셨겠는가? 아무도 없는 산길에서 여자 혼자의 몸으로. 이런 실제담을 들으면 나는 호랑이가 사람처럼 느껴진다. 말이 통하고 느낌도 통할 것 같은 사람. 어쨌든 장을 오가는 길에 호랑이를 만난다는 것은 이제는 흘러간 옛일이 되었다. 다행인지 불행인지 모르겠지만…….

호랑이를 실제로 만났다는 분들이 아직도 계신 걸 보면 호랑이가 많기는 많았나 보다. 정선에서도 실제로 호랑이를 만난 분의 실제담을 전해들을 수 있었다.

그전에 여게 한 사람이요, 마누라를 얻어가지고 후처를 얻어가지고 여기 염물 가는 데 사는데 겸물이라는 데에 집을 짓고 사는데 이제 양반은 열로 내려오고 아주머니는 밑에 뒤뜰을 채려놓고 밤에 이제 베를 짠다. 지금은 전기불이 좋으니까 베를 짜기 좋죠. 그전에는 등잔불에 그리고 이렇게 자다 보니깐. 이름이 몽균이라 그래. 심몽균이라. 심몽균 씨 그랬어요.

그래가 그래가지고 인제 그만 호랭이가 밖에 와서 비추를 하니 베를 짜다말고 워 북이고 뭐이고 있는 대로 주워 던졌대요. 호랭이가 마당에 있으니깐 덮칠라고 있는데 낸중에는 베틀을 끊어서 다 주워 던졌대요. 다 던져도 베틀을 다 주워 던졌는데도 그만 호랭이가 물어갔어요 마누라를.

그래 호랑이가 물어가니 물어간 뒤에 양반이 놀다가 올라가니 마누라는 없고 베틀도 다 뜯어져삐죠. 근데 그래가지고 그만 횃불을 해가지고는 저내 느피골에 갔대, 동네사람 여러 일궈가지고. 그저 느피골이라는 데는 저기 마주비치는 산이로고만요. 저기를 들어갔대요. 드가니까는 마악 바위 위에를 보니깐 다 뜯어먹고 모가지만 거기다가 남겨놨더래요. 그래가지고 그만 목만 갖다가 시체를 해치우고 거 묻었대요.

(장옥선, 여, 73세, 강원도 정선군 유천3리, 2003년 10월 9일)

베를 짜다가 호랑이를 만나서 죽고, 머리만 남았다는 무시무시한 이야기다. 산중에 홀로 가다가 호랑이를 만난 것도 아니고, 자기 집에서 베를 짜다가 호환을 당했으니 끔찍하기도 했겠다. 이러고 보면 호랑이가 오누이만 있는 집에 와서 방문을 두드렸다는 것도 실제 상황을 영 무시한 설정은 아닌 것 같다. 지금처럼 시멘트로 철통같은 벽을 해서 세운 것도 아니고, 바람만 피하는 흙벽에 창호지문이었으니……. 게다가 방이 아닌 마루나 대청 같은 곳은 그야말로 무방비 상태에서 호랑이에게 당할 수밖에 없는 상황이었을 것이다.

목만 남기고 잡아먹는 호랑이 때문에 누구 없어진 사람이 찢어진 옷과 함께 목이 발견되면 호랑이가 먹었다는 것을 알 수 있었다. 만물의 영장인 사람을 잡아먹으면서 차마 머리는 먹지 못한 것일까? 어쨌든 애타는 가족들은 그나마 죽은 연고는 확인할 수 있는 증거가 된 셈이다. 남아 있는 목이, 물론 너무도 잔혹한 증거이지만.

큰 죄를 짓거나 누명을 쓰거나 하여 도망갈 일이 생기면 호환을 당한 것처럼 옷을 찢어 나무에 걸어 두고 도망하였다고 한다. 먼 데로 도망하면서 마치 호환을 당해 죽은 것처럼. 호랑이에게 잡아먹히는 일이 예삿일은 아니지만 가끔은 있는 일이니까 이런 가장도 가능했겠지? 오죽했으면 그렇게까지 하면서 도망을 했을라구.

어슬렁어슬렁 산 속에서 곤한 낮잠을 자다가 컴컴한 한밤중에야 활동을 시작하는 호랑이. 동물원 우리 안에 갇혀서 사람들이 던져주는 고기 맛에 익숙해진 호랑이의 몸속에는 아직도 사람 잡아먹고 천하를 호령하던 뜨거운 피가 흐르겠지?

가끔은 무서운 호랑이 얘기를 듣고 싶을 때가 있다. 때때로 매콤한 것을 먹고 싶을 때가 있듯이.

4. 새경을 찾아 준 지혜로운 아이

이야기 속에 나오는 지혜로운 아이들은 힘센 장정보다 더 힘이 세다. 이야기 속에서 아이들은 더 이상 약자가 아니다. 아이들은 어른과 비교하면 모든 것이 연약하고 작지만 그렇다고 무조건 깔볼 것도 못 된다. 가끔은 어른들이 해결하지 못하는 문제를 간단히 해결하는 지혜를 가졌기 때문이다. 물론 이야기 속의 아이들이 그렇다는 얘기이다.

아이가 지혜로써 어려운 문제를 해결하는 이야기들은 하나의 유형을 이루고 있다. 현재 조사된 것만 해도 300편이 넘고 전형적인 구조와 형식을 갖추고 있다. 이를 "아이 지혜담"이라고 부른다.

중국에서 우리나라에 어려운 문제를 낸다. 이 문제를 맞추면 조선에도 인재가 있는 것이니 쳐들어오지 않고, 못 맞히면 쳐들어오겠다고. 얼마나 자존심 상하는 이야기인가? 자존심 상하니 문제를 맞춰 버리면 그만이지만 못 맞춘다. 문제를 맞추지 못해서 임금은 조정 대신을 불러 모아 회의를 연다. 그래도 맞추는 사람이 없다. 결국에는 사방팔방에 돌아다니다가 지혜로운 아이를 발견하여 문제를 해결하게 된다.

중국에서 내는 문제들은 어이가 없다. 보통 상식으로 맞출 수 있는 문제가 아니다. 땅에서 하늘까지의 길이를 재라느니, 닭을 들고 서 있는 노인의 나이를 맞추라느니, 일반 상식으로는 풀 수 없는 문제들이다. 그러니 온 나라 백성들이 이 문제를 맞추기 위해서 머리를 싸매게 된다. 당시 중국을 대국이라 부르며 무서워는 했는데, 문제도 그냥 문제가 아니고 한 나라의 사활이 걸린 문제인데 오죽하겠는가?

아이는 간단하게 문제를 해결한다. 땅에서 하늘을 재는 것은 문제가 아니니, 잴 수 있는 자나 하나 보내 달라 한다. 또한 닭은 '구구'하고 우니 노인의 나이는 구구 팔십일, 팔십일 세이다. 이렇게 문제를 해결하여서 중국에서 우리나라를 못 쳐들어 왔다고 한다.

이런 이야기들이 나라를 구하는 이야기에서부터 개인과 가정의 위기를 해결하는 얘기까지 다양하다. 위기에 빠져서 쩔쩔 맬 때, 어디선가 나타나서 적의 무리를 소탕해 주는 신기한 마법을 가진 인물들은 얼마나 우리의 가슴을 통쾌하게 해 주던가? '어디선가 누군가의 무슨 일이 생기면 짜짜짜짜 짜짱가 엄청난 기운이. 야!' 하는 만화 주제가처럼 말이다.

그런 인물이 엄청난 힘을 가진 장사도 아니고, 도술을 행하는 도인도 아니다. 어른들에 가려서 평소에는 말 한마디 제대로 할 기회도 없었던 일곱 살이나 다섯 살 어린애들인 것이다. 이런 이야기들은 나의 뒤통수를 친다. 그러니 작다고 얕볼 게 아니다. 없다고 무시할 게 아니다. 지혜를 가진 아이들은 어른들보다 큰 존재들이다.

정옥화 할머니께서 머슴살이 하다 큰 돈 잃을 뻔한 사람의 이야기를 해 주셨다. 이 사람도 어렵게 머슴살이해서 모은 돈을 단번에 잃을 뻔하다가 지나가는 아이의 도움으로 다시 돈을 찾게 된다. 조상 대대로 머슴은 아니고 자기 스스로 돈을 벌고자 머슴살이를 하는 것을 보면 그리 오래된 얘기 같지는 않다. 조선 후기 이후의 이야기겠다.

옛날에 한 사람이 아주 어렵게 어렵게 살았대요. 그리 어렵게 어렵게 사는데, 아니 우리가 이렇게 살아가지고 어떻게 하겠냐, 그믄 내하고 어디 나가서 머슴살이라도 해가지고 돈 좀 벌어가지고 살자. 그래가지고 인제 돈벌러 나갔대요. 옛날엔 뭐 어데 머슴살이밖에 더 있어요.

돈 벌라면. 그리 먹고살러 나갔는데, 나가가지고 돈을 벌어가지고 어디 갈 데가 없대요. 바지를 찢어 바지에다가 돈을 넣어가지고 한 칸 넣고, 머슴살이한 돈을 받아가지고 바지저고리에다 넣고 늫었대요. 한참 늫고 그래가지고, 많이 벌어가지고 왔대요.

많이 벌어가지고 오다가 그러면서도 그 돈을 아까워서 못 빼 쓰고 여자가 나가서 밥을 얻어가지고 먹으면서 그렇게 하다가 한 일 년 하다가 여자가 밥을 얻으러 가니까, 그 사람이 그래, 아 왜 젊은 이가 밥을 얻어먹고 다니냐고, 그러니 하도 돈 벌러 나가서 머슴살이를 해 가지고 그렇게 얻어가지고 오는데 그 돈은 그래도 집에 가서 써야겠어서 그래 밥을 얻어먹으러 다닌다. 이러니까니 아, 그러면 여기 지내며 더 벌어가지고 가거라. 우리 집에 한 해만 더 살다가 더 벌어가지고 가라고, 그러니 이 여자가 또 욕심이 있잖아요. 그래가지고 남편을 보고 그리 얘기하니 아, 그러면 보고 한 해 더 벌어가지고 가자고.

그러니 이게 또 머슴을 들어갔는데, 그러면 바지저고리다가, 돈을 넣어둔 바지저고리는 내한테다 맡겨라. 주인이, 주인 양반이. 맡겨라 이러니 그래서 맡겨두고 농사일을 하겠죠. 그래서 인제 맡겼죠.

(장옥선, 강원도 정선군 유천3리, 2003년 10월 9일)

고생스럽게 돈을 모았지만, 기회가 생기자 기왕 나선 길에 일 년만 더 모을 욕심이 생긴다. 남의 머슴으로 고되게 일하면서 일 년을 더 벌 생각을 하는 걸 보면 생활에 대한 애착과 각오가 대단해 보인다.

머슴살이를 해서 어렵게 모은 돈, 조금 더 모으려고 머슴을 살기로 하고 돈은 맡긴다. 지금 같은 세상에는 어림 반 푼어치도 없는 일이지만, 옛날에는 이렇게 순진하게 남의 말을 곧이곧대로 믿는 사람도 있었나 보다. 주인의 말을 그대로 믿고 돈을 맡겨 놓고 일한다.

> 맡기고 머슴 살다 보니 어느 날 그만 마누라가 누군지 구분을 못하겠드래요. 마누라도 구별 못하겠고, 그래가지고 아, 우리 마누라 좀 볼래도 못 보겠고, 그렇게 이 사람이 화가 나서 마누라 좀 보자고 하니까, 마누라, 뭐 난 모른다고 똑 잡더래요. 똑 잡더니 그럼 내가 돈 맡긴 바지저고리나 내놓으라고. 이러니 바지저고리도 모른다 난. 바지저고리 어딨냐고, 자기 여자하고 우리 집에 첨 들어오기 전에 밥 얻어먹으러 들어왔다가, 그랬는데 그 뭔 소리하느냐고. 돈 있는데 왜 밥을 얻어먹고 다니냐고. 돈은 무슨 돈이 있냐고 나는 맡은 적이 없다고. 그러니 이 남자가 하도 하도 분해가지고 이제 지서로 가서 그리 얘기했대요.

돈만 **뺏긴** 것이 아니라 아내마저 **빼앗긴다**. 돈을 달라니 언제 맡겨 놓았냐고 한다. 또한 '밥 얻어먹으러 다닌 주제에 무슨 돈이 있냐'고 하니 할 말이 없다. 돈이 있는데 왜 밥을 얻어먹으러 다니냐고.

어렵게 모은 재산을 한순간에 잃게 되었을 때 느끼는 낭패감은 이루 말할 수 없다. 게다가 함께 고생하던 아내마저 볼 수도 없으니 모든 것을 다 잃은 거나 마찬가지이다.

이런 일이 있어가지고 이리 억울한 일이 있으니 이 일을 어떡해야 되느냐. 그러니 아 현감도 들어보니 아, 돈이 있으면 밥을 얻어먹을 필요가 없잖아요. 그러니 우리는 그런 해결은 못 해 준다. 못 해 준다하니 하니깐 저 잿마루에 가가지고 대성통곡하고 울고 앉았대요.

앉았다가 무슨 학상이 지나가니 아 대체 왜 그러고 울고 있냐고, 그래 아 나는 억울한 일이 있어서 그러는데 그걸 알면 뭘 하냐고 그러니, 아니 나 좀 알게 해 달라고 그래요. 알아도 아무 필요도 없는 일인데 알면 뭘 하냐고 그러더래. 아니 그래도 좀 알려달라고. 이 학상이 하니까 그래서 알려주는데, 이렇게 살아가지고 돈 벌러 갔다가 한 집을 더 가니 마누라도 뺏기고 돈 벌어 감춰둔 바지저고리도 뺏기고 지금 그래서 지서가 얘기하니 그럼 왜 밥을 언어먹으러 갔느냐 하고 해결 못해준다 하니 나 어떡하냐 이래요.

그래 이 학상이 아저씨 암말 말고 내려갑시다. 내려가자고. 그래 내려가 가지고 지서로 들어갔어요. 지서에 들어가 가지고 당신들은 뭐 하는 작자냐고, 이런 해결도 못해주고 뭐 하러 밥을 먹느냐 그러니까, 아니 사실이 이런데 어떻게 우리가 밝히느냐 그랬어요. 당신들 아무 소리 말고 농을 하나 짜라. 그러니 농을 짜라니 또 짰네. 짰더니 이제 그 본남편 아하고, 냄중 그 남자하고 세워 놓고요, 이 궤짝에다 여잘 집어넣고 본남편 보고 이걸 저 점막에다 갖다가 이 궤짝 다치지 않게, 점막에다 갖다가 잘 집어넣고 오라고, 다치면 안 된다고. 잘 세워놓고 보고, 또 냄중 남자보고 여자를 가서, 본남편이 가서 세워놓고 왔으니 이제 당신이 가서 여잘 또 실고 오너라. 이 사람 못

볼 적에 언능 순경을 숨겨놨어. 여자 대신 아무개도 모르게. 여자도 모르고 아무개도 모르지.

거기다가 순경을 집어넣지. 순경이 이제 그 연필하고 종이하고 가가지고 적으니, 이 본남편이 그 안에 여자 들은 줄 알고. 아 야 이 년아, 니가 어떻게 그리 할 수가 있냐. 우리가 돈이 원수래서 돈 벌러 가가지고 돈 벌어가지고 잘 살자고 그만치 그랬는데 니가 뭔 꼬임한테 빠져가지고, 돈 악착같이 벌어가지고, 그놈 다 돌려 씌이고, 니조차 그렇게 내한테 안 돌아오냐고. 난 니년이 그럴 줄 몰랐다. 이러니 이걸 다 받아적어냈어, 순경이. 다 받아적고 낸중 남자를 가서 또 지고 오너라 하니 이 남자는 그대는 내 빼라. 돈 있는데 왜 밥을 또 먹으러 왔느냐. 자긴 그런 일이 없다고 얘기하면 말없이 살 것이니 꼭 그렇게 해라. 그래가지고 순경이 이걸 다 받아썼네. 다 받아 적어가지고 주인과 마누라를 혼내 주고 그 사람 돈을 찾아 줬다는 얘기예요.

이 남자가 어떻게 해 볼 수 없어서 잿마루에서 대성통곡하고 있을 때 구원의 화신으로 나타난 것이 어린 학생이다. 학생은 지서에 있는 무능한 경찰관들을 혼내 주고, 농을 하나 짜라고 한다. 그러고 나서 농에 순경이 들어가고 주인 남자와 피해자 남자가 각각 농을 지게 한다. 물론 농에는 여자가 들어 있는 것으로 알게 하고.

이야기의 진행이 배비장전과 비슷하다. 농을 지고 가는 사람 둘이 일의 내막을 잘 모르는데, 이야기를 듣는 사람들은 모든 것을 알고 있다. 여기에 이야기의 재미가 있다. 거짓으로 상황을 만들고 그 속에서 진실을 말하게 한다. 이야기를 하는 화자와 듣는 청자가 일종의 공모자가 되는 셈이다. 남이 모르는 것을 알고 있는 것은 얼마나 짜릿한 재미를 주는가?

결국 머슴 살던 사람은 아내에게 자신의 서운한 감정을 토로하고, 주인은 자신들의 알리바이가 들통 날까 봐 다짐하는 얘기를 한다. 일의 결국은 여기에서 끝난 거나 마찬가지이다. 안에서 순경이 듣고 있었고 수첩에 기록까지 했으니, 그야말로 빼도 박도 못하게 된 것이다. 이렇게 해서 머슴 살던 남자는 돈과 아내를 찾게 된다.

이후의 얘기가 상세하게 안 나와 있어서 모르겠지만 과연 아내도 찾았을까? 돈은 당연히 찾았겠지만 아내에게 배신당한 쓰라림은 어떻게 감당했을까? 자신을 속이고 다른 남자와 공모한 아내에게 어떻게 했는지 이야기는 밝히지 않고 있다.

문제를 해결하는 지혜를 가진 이는 순경이나 할아버지나 지나가던 행인 중 누구로도 설정할 수 있었을 테지만 나이 어린 학생으로 설정한 까닭은 무엇일까? 살다 보면 삶을 매끄럽게 할 지혜가 필요한 순간이 있다. 그럴 때 지혜는 어디 거창한 곳에 있는 것이 아니라 삶 속에, 아주 작은 곳에, 가까운 곳에 존재한다는 평범한 진리가 아닐지 생각해 본다. 우리가 지혜를 찾을 때 지혜가 우리에게 손짓하지 않았던가? 작은 몸짓으로.

5. 잣죽 먹다 망신당한 사위

옛날이야기 중에는 우습고 재미있는 이야기들이 많다. 이런 이야기들은 소화(笑話)라 하여 또 하나의 유형을 이룬다. 보통 사람들이 우스운 사건을 연출하는 경우도 있지만, 대부분은 바보들이 일상생활에 잘 적응을 못해서 생기는 경우이다. 일반 사람들에게는 너무도 당연한 일이 바보에게는 힘든 일이 되어서 실수를 연발한다. 바보들의 천진한 발생과 순진무구한 몸짓 때문에 웃음을 유발한다.

또한 지나치게 고고한 척하다가, 목에 힘을 주다가 망신을 당하는 경우가 있다. 너무 많이 아는 척을 하다가 오히려 기본적인 것도 지키지 못하게 되어 공개 망신을 당하는 경우, 다른 사람들은 그저 다 하는 것을 자신만 특별난 존재로 생각하여 거부하다가 망신당하는 경우, 이런 경우 모두 결말에서 그 고고함이 무너지는 계기가 생기게 되어 웃음을 유발한다.

특별히 사위에 대한 이야기가 많다. '바보 사위'는 상당수 있고, 그 외에도 사위에 대한 얘기가 많이 있다. 또한 계속 같이 살거나 장가온 지 오래 된 사위도 많지만, 장가온 지 얼마 안 된 사위 얘기도 많이 있다. 이런 사위들은 대개 '부적응' 상태에 처해 있다. 아직 적응이 되지 않아서 어떻게 처신해야 할지도 모르고 어영부영하다가 망신을 당한다. 누군들 망신당하고 싶겠는가? 어쩌다 보니 그렇게 되는 거지. 이런 망신당하는 얘기가 장가 든 지 얼마 안 돼서 있는 것을 보면 역시 새로운 사회에 들어가서 자신의 영역을 확보한다는 것은 매우 어려운 일이었음을 보여 준다. '시집 온 며느리'에 대한 이야기가 많이 있는 것도 같은 맥락에서 이해가 된다.

처갓집에 처음 간 사위가 처가에서 죽을 쒀 줘서 자신을 제대로 대접 안 한다 하여 안 먹었다가 망신당한 얘기이다.

아버지와 아들이 사돈네 집에 가니 저녁에 사돈이 왔다고 잣죽을 쒀 주더래. 잣죽을 쒀 주니깐더러 이제 아버지는 죽 한 그릇 먹었는데 사우란 자는 처갓집에 처음 왔는데 처가 식구들이 죽 쒀 준다고 죽을 안 먹었대. 안 먹으니까는 밤에 배가 고프거든.
배가 고프니깐 이제 옛날에 우리 부엌 같은 데에 들어가서는 죽을 가서 이제 먹었는데 죽이 참 맛있더래. 그래선 살금살금 들어가서는 이제 부엌으로 들어가지고는 웃방에 자다가 부엌으로 나와가서는 버래기를 들어가지고는 장모 머리를 콱 박아버렸대.
(장옥선, 강원도 정선군 유천3리, 2003년 10월 9일)

남들 먹을 때 먹었으면 일이 없을 것을 남들 먹을 때 안 먹다가 결국 일을 만들고야 말았다. 자기 아버지도 아무 말도 안 하고 드시는 걸 죽 쒀 준다고 안 먹을 게 뭐란 말인가? 이야기에서는 이렇게 혼자 도도한 척하는 인물들을 가만히 두지 않는다. 망신을 당하게 되는 것이다. 아무리 배짱을 부려도 밤이 되니 배가 고픈 것은 당연하다. 혼자 튕기며 안 먹으면 어쩌란 말인가? 저만 손해지. 백년손님이라고 도도하게 굴던 사위는 결국 배고픔 앞에서 백기를 든다. 밤에 부엌에 혼자 살금살금 들어가서 죽을 먹는다.

박아갖고 아이, 뭐이가 내려있어도 이러니까 사우가 뉘 노크를 하긴 해야잖아요. 그러다가 사우가 옛날 옷 거는 거 있잖아요. 상투가 거기 딱 걸렸대요. 버래기를 놓지를 못하고 상투 끝을 떼지도 못하고 바지가 또 홀렁 벗겨졌네. 장모가 사우 불알을 잡으니깐 그러니까 장모님 장모님 상투 놓으세요, 아이 뭐 죽 한 그릇이 뭐 대단합니까 상투 놓으세요.

뭔 일인가 하고서는 장인이 인제 성냥불을 탁 켜니깐 아, 사우가 참 상투를 딱 못에 걸려갖고선 죽 버래기를 들고선 바지는 벗겨져 갖고는……그래. 그래 가서는 이게 잣죽이라고 이제 먹으려고 한다니깐 그래서 장모가 죽을 장지기에다 퍼다 웃방에 갖다주니까는 사우가 밑에서 별난 것처럼 먹었다. 그래 얘길 들었어.

죽 한 그릇 먹으려다 바지가 벗겨지고 중요한 곳을 노출시키는 수모(?)를 겪게 되는 사위의 모습이 한 편의 개그처럼 우습다. 다른 데서도 아니고 난데없이 처가에서 중요한 부분을 노출시킬 것이 뭐란 말인가? 상투는 옷 거는 데 걸려서 오도 가도 못하지, 손에 있는 버래기는 놓을 수 없지, 바지는 벗겨졌지. 진퇴양난도 이런 진퇴양난이 없다. 게다가 그 와중에 성냥불을 켜신 장인어른은 어떻고. 일을 수습하려고 한 것이 사위에게는 더 큰 시련(?)이 된다.

배고픈 데 장사가 없다. 배고프면 밀어 놓았던 죽 한 그릇도 별미 중의 별미인 법이다. 게다가 그 정성스런 잣죽 아닌가? 이런 진리를 사위는 뒤늦게야 깨달았을 것이다. 허겁지겁 먹는 죽 한 그릇이 얼마나 달았을까?

이야기는 말한다. 망신당하지 않으려면 다른 사람 다 먹을 때

같이 먹으라고. 혼자 더 나은 대접을 받아야겠다고 버팅기지 말라고. 그렇게 하면 어떤 수모를 당할지 아무도 모른다.

6. 도깨비 방망이로 부자가 된 동생이야기

심리학에서는 형과 아우의 관계는 영원한 경쟁관계라고 한다. 한 배에서 났지만, 죽을 때까지 끊임없이 비교당해야 하는 관계가 형과 아우의 관계이다. 그래서 이야기 중에서도 남과의 경쟁관계보다 형과 아우, 언니와 여동생의 경쟁관계가 많이 등장한다. 이러한 경쟁관계는 매우 원초적인 것이기 때문이다. 부수적인 것, 이차적인 것보다 본질적인 것, 일차적인 것이 더 많이 거론되는 것이 옛날이야기의 법칙이다.

경쟁관계가 되려면 똑같은 성격이면 안 된다. 그러면 이야기의 진행에서 어느 한 쪽의 편을 들 수가 없기 때문이다. 양쪽이 서로 다른 성격으로 특징지어진다. 이러한 성격 중 가장 원초적인 것은 선과 악의 갈등이다. 선과 악의 갈등은 많은 이야기의 단골 주제이지만, 특히 형제간의 갈등에서는 더욱 두드러진다. 물론 결론은 뻔하다. 악은 패배하고, 선은 이긴다. 하지만 이미 다 아는 이러한 결론에 이르기까지의 갈등과 심리적 동조는 얼마나 재미있던가?

착한 흥부는 부자가 될 테고, 욕심꾸러기 놀부는 쫄딱 망할 테

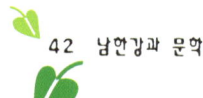

지만 이야기는 그 결론으로 곧장 가지 않고, 듣는 사람의 귀를 즐겁게 하는 갖가지 작은 얘기들을 들려준다. 그 이야기는 하는 사람마다 다르고, 듣는 사람의 취향에 맞게 바뀌기도 한다. 아이들을 대상으로 할 때는 놀부의 박에서 똥물이 나오고 불이 나온다. 그래서 놀부는 이러한 재앙에 불가항력적으로 당한다. 그렇지만 어른들을 대상으로 하는 이야기 중에는 놀부의 박에서 아리따운 기생들이 대거출연(?)하는 이야기도 많다. 놀부는 이 기생들과 놀아나다가 망했다는 것이다. 악이 지고 선이 이기는 뻔한 결말을 그런 대로 이겨내게 하는 힘은 이야기의 다양성에 있다.

착한 사람이 착한 일을 해서, 아니면 우연한 계기로 보물을 얻게 되는데, 그렇지 않은 사람이 욕심을 부려 따라했다가 전혀 다른 결말을 얻게 되는 것을 '모방담'이라고 한다. 모방담에서는 자연스럽게 인과응보의 결말이 주어진다. 욕심을 부려 따라하는 사람은 처음에는 잘 될 것 같지만 나중에는 앞 사람이 지어야 할 책임까지 함께 지게 된다.

옛날 한 사람이요. 밤늦게 가다가 보니까 가다 길가에 깨금이 있거든요. 그래 깨금이 있는 걸 따 가지고 한참을 가다 보니 도깨비들이 모여가지고 아주 난리를 해. 그러기에 다락에 올라가가지고 깨금을 똑 깨물었대요. 깨금을 똑 깨무니깐 아유 저 지붕 무너진다고, 그만 내빼더래요.

내빼가지고 나중에 내려오니까는 도깨비 방망이를 놔두고 갔대요. 그래가지고 도깨비 방망이를 가져와가지고 집에 와서 인제 돈 나오라고 하니까 돈 나오고, 옷 나오라고 하니까 옷 나오고 쌀 나오라고 하니까 쌀 나오고, 아주 막 금방 부자가 되드래요. 그렇게 돈이 모아가지고 그때는 전지를 사야지 돈 있어도 못 쓴대요. 도깨비가 가져간대요.

　응, 그렇게 땅을 사고 사갖고 막대기를 박아놨더니 아주 모여와 가지고 그 막대기 뗄라고, 그 땅덩이를 가져갈라고 아주 난리더라. 어어, 오싸오싸 하니 땅 떼가지고 갈라고.

(정옥화, 강원도 정선군 유천3리, 2003년 10월 9일)

　도깨비를 놀래고 방망이를 뺏는 방법이 깨금(개암)을 무는 것이다. 호랑이를 쫓는 것이 곶감이라면, 도깨비를 쫓는 방법은 깨금인 셈이다. 깨금의 위력이 얼마나 될까? 작은 깨금 하나로 도깨비를 쫓을 수는 없는 거고, 도깨비를 쫓은 것은 사실 도깨비들 자신들의 어리석음이라 할 수 있다.

　도깨비들은 생긴 것이 사람과 다르다. 그렇지만 그렇게 무섭지 않고 위협적이지도 않다. 도깨비는 방망이를 들고, 춤을 추고, 밤에는 불로 장난을 한다. 그렇지만 사람들은 직접 해하지는 않는다. 다만 장난을 할 뿐이다. 밤길 가는 사람을 도깨비불로 홀려서 길을 못 가게 하고, 가끔 사람 사는 집에 들어 와서 솥뚜껑을 솥 안에 집어넣어 놓는다. 정말 귀신이 곡할 노릇이고, 도깨비놀음이다. 이런 도깨비의 장난에 휘말리는 것은 '도깨비에 홀린다'고 한다. 그러니 자신이 이해 못할 상황이 벌어지면 '도깨비에 홀렸나' 하는 얘기하는 것을 가끔 듣는다. 도깨비는 장난꾸러기다.

　깨금 무는 소리를 듣고 지붕 무너지는 소리인 줄 알고 도망하는 것은 역시나 도깨비다운 행동이다. 엉뚱하고, 장난 좋아하면서, 멍청한 도깨비들이 깨금 무는 소리에 혼비백산 도망간다. 얼마나 재미있는 상상인가? 누구 하나 우리에게 그렇게 쉽게 속아 주는 세상이던가? 진심으로 대해도 오해 받고, 진정이 진정 아닌 것으로 취급받는 세상인데, 도깨비들은 고맙게도 겨우 깨금 무는 소리에 이렇게 도망까지 가 주다니……

도깨비들은 경황없이 도망을 간 탓에 방망이를 두고 간다. "금 나와라와라 뚝딱! 은 나와라와라 뚝딱!" 하는 동요 가사처럼 금이며 은이 끝도 한도 없이 쏟아지는 도깨비 방망이. 현실에서는 얻을 수 있는 것과 얻을 수 없는 것이 제한되어 있지만 도깨비 방망이가 등장하는 옛날이야기에서는 그러한 한계가 없다. 얻고 싶은 것을 마음대로, 욕망대로 얻을 수 있는 신천지가 펼쳐진다. 도깨비 방망이는 희망이고, 신천지이고, 천국이다. 원하는 것은 무엇이든지 얻을 수 있다는 도깨비 방망이를 깨금 하나로 얻게 되는 이 사나이는 얼마나 운 좋은 사나이인가? 도깨비 방망이라는 말만 들어도 가슴이 뛰는데.

도깨비들은 나중에 방망이를 다시 찾으러 올지도 모른다. 그렇지만 땅을 사 놓으면 떼 갈 수 없으니까 안전하다는 발상은 참 재미있다. 아무리 거짓부렁 이야기이지만 말은 되게 해야 맛이 아닌가? 그러니 도깨비들이 와서 그 땅을 떼 가려고 "오싸오싸" 하면서 가져가려고 아무리 애를 써도 못 가져가지. 돈이면 몰라도 땅을 감히 어떻게 가져가겠는가? 엉뚱하고 멍청한 도깨비들이 땅을 떼 가려고 노력하는 모습은 생각할수록 재미있다.

그래가지고 아, 그래가지고 형이 동상을 보고 자네가 어떻게 돼서 이렇도록 부자가 됐는가. 그러니까 이 사람이 나는 길을 가다가 깨금을 따가지고 가다보니까 도깨비들이 북적거리고 그러기에 거기를 가니 거기를 가서 깨금을 딱 깨물었더니 아 집이 넘어간다고 쫓겨가 길래 내가 거기서 방맹이를 주워왔어. 그걸 가져와서 내가 이렇게 부자가 됐네.

그러니까 이 형이 인제 나도 그럼 그렇게 한다고 하더니 깨금을 따가지고 거기 갔네. 가가지고 집중을 올라가서 깨금을 똑 깨무니깐 아이 이놈이 엊그저께 왔던 놈이 또 왔다 하더니만 그람 데려와가 지고 뚜들겨 패더래요. 하하하

(정옥화, 강원도 정선군 유천3리, 2003년 10월 9일)

동생을 따라 한 형은 도깨비들에게 딱 걸려서 매를 맞는다. 그 러게 행운이 아무에게나 찾아오는 것이던가? 또한 행운은 바라지 아니한 때, 뜻밖에 찾아오는 것이므로 행운이라 하지 않던가? 그 러한 행운을 인위적으로 만들려고 하고, 꾸며서 하려고 하면 일 을 그르치게 된다.

노력한 만큼 결실을 얻고 있는가에 대해서도 장담할 수 없는 세상의 일, 이런 상황에서 난데없는 행운을 바라는 것은 지나친 욕심일까? 그래도 지금도 어딘가에서 도깨비들이 열심히 방망이 를 들고 노래하고 있을지도 모른다는 어리석은 희망을 품어 본 다. 하루하루를 짠짠하게 엮어가다 보면 어디에선가 반가운 훈풍 처럼 행운을 만나게 될는지.

희망, 믿음과 사랑 속에 신은 행운을 살짝 끼워놓으셨다고 한 다. 지루한 인생길 너무 팍팍해지지 않을까 염려하신 신의 배려 아닐까? 먼 산길 걸어가다 깨금을 만나면 심심풀이 삼아 하나 주 워 봐야겠다. 그저 심심풀이로.

Ⅲ. 강원도 영월군

1. 뗏목을 대고, 마음을 대고

남한강을 끼고 있는 마을은 말씨가 다르고, 행정구역명이 다르고, 주로 나는 산물이 달라도 한 가지 같은 것이 있다. 강을 따라 내려오는 뗏목이 지나는 지역이었다는 점이다. 오늘날처럼 발달된 운송 수단이 없던 시대에 뗏목은 남한강 마을 마을을 연결해 주는 수단이었을 뿐만 아니라, 마을들을 하나로 이어주는 끈이었다.

정선에서 한강에 이르는 남한강 물줄기 굽이굽이에는 먹고살기 위하여 목숨을 내놓고 떼를 탔던 떼꾼들의 애환이 서려 있다. 동강에서 떼꾼들이 가장 위험한 곳으로 여기는 곳이 평창군 미탄의 황새여울과 영월 거운리의 된꼬까리였다. 황새여울에서 강에 삐죽삐죽 솟아오른 바위들은 불어난 물을 빠른 속도로 타고 내려오는 뗏목을 산산조각 내고 떼꾼들의 목숨을 숱하게 앗아갔다. 황새여울을 간신히 빠져나온 떼는 곧 어라연을 지나게 된다. '햇살

〈정선아리랑 전수관〉

에 비친 물고기 비늘이 비단처럼 아름답다’ 어라연(魚羅淵). 하지
만 아름다운 풍경도 잠시. 곧 뗏목이 꼬꾸라질 정도로 물살이 거
칠어 된꼬까리라 불린 여울이 나온다.

된꼬까리를 지나면 전산옥 할머니가 주막을 운영했던 만지다.
아무리 가물어도 물이 가득하다는 뜻의 만지(滿池)는 정선아리랑
의 발원지인 아우라지로부터 한양까지 목재를 운반하던 뗏꾼들이
쉬어가던 곳이다. 만지는 비가 오나 가뭄이 심할 때나 마을 앞엔
늘 물이 가득해 뗏목을 대기가 좋았던 곳이다. 그러나 만지는 뗏
대기도 좋았지만 뗏꾼들의 마음을 대기가 더 좋은 곳이었는지도

모른다. 만지에서 주막을 운영했던 전산옥 할머니는 황새여울 된 꼬까리를 지나는 떼꾼들의 인기를 독차지했다. 떼를 타던 사람 치고 전산옥 이름 석 자를 모르는 사람은 없을 정도였고, 서울에 서도 소문이 자자했다.

우리집 서방님은 떼를 타고 가셨는데
황새여울 된꼬까리 무사히 지나가셨나
황새여울 된꼬까리 다 지났으니
만지산 전산옥이야 술상차려 놓게

아리랑 아리랑 아라리요, 아리랑 고개고개로 나를 넘겨주게.

험난한 물줄기를 건너고 위험한 여울을 지난 뒤 한숨 돌리며 불렀을 법한 아리랑의 한 소절. 그 가사에 등장하는 전산옥이란 여인은 어떤 여인이었을까? 고된 물줄기와의 싸움이 끝난 뒤 떼 꾼들에게 술 한 잔과 아라리 한 자락을 선사하던 전산옥 할머니 에 대한 궁금증은 떠나질 않았다.

그러던 중 전산옥 할머니의 따님이신 김금자 할머니가 영월 덕 포에 사신다는 소식을 듣게 되었다. 우리 답사팀은 영월에 가서 할머니를 여러 차례 뵈었다. 처음에는 전설의 여인 전산옥 할머니 에 대한 얘기를 듣고자 찾아갔지만, 김금자 할머니를 찾아뵐수록 할머니에 관해 제보를 듣는 것도 좋은 기록이 될 것이라는 판단 이 섰다. 할머니의 삶은 어머니도 어머니지만 스스로 살아오신 세 월 무게가 그리 녹녹지 않았음을 알게 되었다. 일제 시대 때는 보

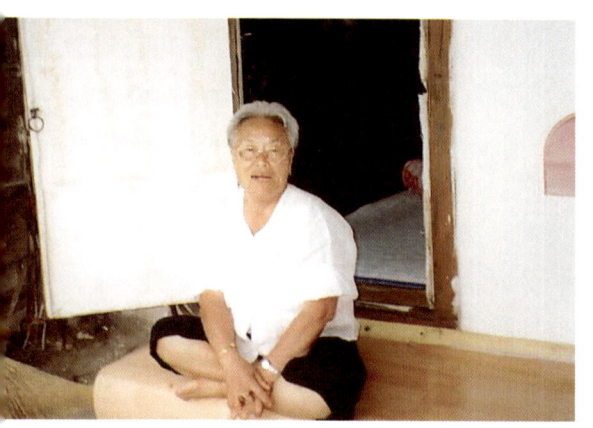

〈김금자 할머니, 73세〉

국대(정신대)로 끌려갈까 두려워 열일곱에 시집을 와서 호된 시집살이를 하게 된다. 그래도 딱한지 절대로 어머니처럼 '청승맞은 아라리는 부르지 않겠다'는 단단한 결심을 한다. 남들이 다 좋다는 아라리를 정작 딸인 당신은 그리도 듣기 싫었기 때문이다.

내가 사실 우리 어머니 그 술장사 해가주구 정선 어러리 아주 듣기 싫다고 자네들한테 그랬지. 아주 나는 우리 어머니 노래하는 게 왜 그렇게 듣기 싫고, 또 늙은이들이 모이면, "아이 정선 어러리 한 마디 해." 아이 여자들도 그렇고, 남자들도 그렇고 그게 아주 듣기 싫었거든. 우리 어머니가 정선 어러리를 빼놓으면 진짜 남자들이 오줌을 질질 쌀 정도여. 아주 친정어머니가 노래를 잘했어. 내가 그 반만 따랐으면은 내가 벌써 내가 진짜 텔레비전만 나와? 그렇게 어머니 노래하는 게 듣기 싫더라고. …… 그러니 내가 친정어머니 노래하는 게 그렇게 듣기 싫었는데, 우리 자식들은 을마나 듣기 싫으냐. 진짜 나는 그렇게 생각하지.
(김금자, 여, 73세, 강원도 영월군 영월읍, 2003년 10월 10일)

한 번 들으면 '남자들이 오줌을 질질 쌀 정도로' 노래를 잘했던 어머니. 이 정도의 노래 솜씨라면 저 먼 나라 전설에 나오는 로렐라이에 비기겠는가? 배를 타고 가던 사람들이 아름다운 노랫소리에 홀려 저도 모르게 물 속으로 빠져 들어가 목숨마저 잃게 된다는 로렐라이의 전설. 이처럼 사람 죽이는 노래는 아니지만 하루 종일, 아니면 잠도 못 자고 몇 날 며칠을 물과 씨름하다가 약주를 한 잔 걸치고 쉴 때 듣는 아라리 한 소절. 세상사 시름을 실어내는 아라리 한 자락이 어떠했는지, 세월의 필름을 돌릴 수 있다면 한번 들어 보고 싶다.

이 좋은 아라리를 할머니가 굳이 외면하는 것은 아라리의 사설이 슬프고, 또 그 가락이 구성지게 애잔하기 때문이다. 할머니는 어디 관광을 가서도 영월 분들이 아라리를 부르면 타 지방에서 오신 분들이 안 좋아한다고 한다. 청승맞다고. 그래서 되도록 아라리를 안 부르신다. 우리 욕심 같아서야 "할머니 왜 그러세요? 남의 이목 신경 쓰실 것 없이, 우리 노래, 우리 가락 마음껏 불러 주세요. 듣고 싶어요."라고 말하고 싶지만 아라리와 주막에 대한 할머니의 상처는 생각보다 골이 깊다.

이 노래라는 건, 신경을 안 써. 나도 잘했어. 내가 솔직히 얘기하지. 내가 했는데, 아주 거기에 고만 머리를 흔들려 가주구. 그러다 보니 결국에 우리 어머니 친정어머니 술장사했는데, 결국에는 딸도 술장사에다가 밥, 식당까지 했으니 어쩌겠냐. 그래 사람 팔자는 몰러. 진짜 몰러. 그래 가주구는 장사를 시작한 거여. 그래 가주구는 신작로 나고, 신작로만 나면 장사 안 된단 말이여. 그래 가주구는 장사를 접친 거야. 처음에 장사 시작은 내가, 통운에 누구말마따나 돌멩이를 나르고, 청령포 굴 빠지잖아? 굴 빠지는 데 기찻길을 놓느라고, 모래박스를 덕포서부텀 내가 걸어다니면서, 그때는 누구말따나 밀가루만 줬네. 다른 거는 아무것도 안 줬어. 밀가루를 내가 열

여덟 포를 탔네. 학구띠기를 해 가주구. 여다가 당대기를 퍼 가주구 그걸 해 가주구 여날라 가주구 쪽지 여런 거 해가주구, 한 달을 해 가주구 열여덟 포를 해가주구 큰 아들을 장가들인 사람이야. 고생 많이 했어.

(김금자, 여, 73세, 강원도 영월군 영월읍, 2003년 10월 10일)

주막 하는 어머니를 보고 자라 주막이나 식당은 절대로 하기 싫고 여자답게 집에서 살림하며 살기를 바랐던 할머니. 그러나 세월의 풍상은 할머니를 그렇게 놔두지 않았다. '있는 집안'에 시집와 여유 있게 살았지만 남편이 쌀장사를 하다가 잘 되지 않아 많은 재산을 날리고 나중에는 집마저 남에게 넘어갈 처지가 된다. 그래서 고생고생 하다가 시작하게 된 일이 결국은 밥장사, 주막이다. 이런 것을 운명이라고 하던가? 이것만은 절대로 안 한다고 했던 것을 결국은 하게 되는 것. 운명과의 팽팽한 줄다리기에서 결국은

〈김금자 할머니 주막집〉

줄을 저쪽에 넘겨줘 버렸다. 할머니 말씀대로 정말로 모르는 것이 사람팔자이다. 알고 가면 못 가는 길도 모르고 가면 가지지 않던 가? 정해진 대로 가는 길, 그것이 운명이요, 팔자인 것이다.

주막집 주모 하면 떠오르는 것은 곱상하고 여리기보다는 의연 하면서도 거칠 것 없이 남자들 하나 둘은 아무렇지도 않게 다루 는(?) 모습이다. 할머니를 보며 느끼는 것은 할머니에게 주막집 은 너무나 잘 어울린다는 것이다. 할머니가 들으시면 섭섭해 하 실까? 호탕한 성격에 시원시원한 마음씨와 상대를 편안하게 해 주는 분위기가 주막집과 잘 어울리는 것이기 때문이다. 할머니 말씀대로라면 할머니는 말 안 듣는 떼꾼은 큰 주걱으로 등짝을 갈겼다(?)고 한다. 얼마나 무시무시하면서도 유쾌한 이야기인가? 할머니와 주걱과, 한 대 얻어맞는 떼꾼의 모습.

할머니는 인습에 매이거나 집에 갇혀 있지 않고 언제나 활달하 고 유쾌하다. 할머니는 영월 덕포에서 고개 넘어 거운리까지 가 서 친구들을 만나 밤새 놀다 오시기도 한다. 강가에 나가서 김치 한 접시를 놓고 소주를 대병으로 열 병을 대여섯이서 마시던 이 야기는 조사자들에게는 거의 경이에 가까웠다. 밤새도록 강가에 앉아 이 얘기 저 얘기 하다가 아라리를 부르다가 그러면 어느새 동이 터 온다. 그러면 빨리 고개를 넘어 덕포로 돌아와야 한다.

〈김금자 할머니와 필자〉

한복을 입으면 잘 못 걷잖아. 그놈의 걸 실컷 동여매고 내려온다. 그렇게 밤에 내려오면 치마하고 속에 바지하고 뭐 다 젖어. 이슬이 묻어. 길은 요만한데.

아침에 내려오면 우리 저 천안에 있는 셋째 딸내미가 밥을 한다. 내가 일찍 가면 밥을 하고, 좀 늦게 가면 밥을 다 먹고 밥상을 내가고 그래요. 그렇게 돌아 다녔는데, 뭐.

전부 남자친구지 뭐. 여기 치마를 싹 동여서 매면 여기다 담배를 사서 넣어주는 놈이 있고, 성냥도 사서 넣어 줘. 담뱃불이 그 호랭이가 최고 무서워한대. 그런다고 그러고 내려오면 밤에 열두 시 넘을 때도 있고, 한 시 넘을 때도 있어. 담배를 피울 줄 알면 피우지. 담배도 피울 줄 모르는 놈을 가주구 이놈이 뻑뻑뻑 이렇게 피지. 담배를 절대 안 펴. 이렇게 호랭이 쫓을라고 내려오는 건 절대 안 펴.

(김금자, 여, 74세, 강원도 영월군 영월읍, 2004년 2월 26일)

이 대목을 글로 쓴다는 것이 너무도 아쉽다. 동영상으로 볼 수 있다면 바로 이 대목 '그놈의 걸 실컷 동여매고 내려온다' 장면은 할머니의 모습을 집중적으로 잡아 보여줄 수 있을 텐데. 할머니는 한복을 입고 새벽이슬을 밟는(?) 장면을 연출해 주셨다. 어찌나 실감나게 하시던지 답사팀은 할머니에게 세 번이나 다시 해달라고 조르고 '할머니 이슬 밟는 모습 따라하기'에 여념이 없었다. 오래된 필름을 다시 돌리는 감흥. 할머니가 치마를 휘감아 손으로 쥐는 모습은 어떤 연극이나 영화에서도 볼 수 없을 만큼 힘 있고 박력 있었다. 그 표정과 힘. 밤새도록 놀았다고 주눅 들거나, 언제 다 가나 하는 염려는 조금도 없다. 다만 '이제 이만큼 놀았으니 오늘 하루도 보람 있게 보내리라' 하는 득의에 찬(?) 결단이 있을 뿐이다. 할머니를 생각하면 삶의 어려움을 가슴 속에 삭혀서 병을 만들고 끙끙대는 것이 아니라 그때그때 풀어 버리는 지혜가 떠오른다. 삶의 고단함을 다 풀어내는 신명나는 술판. 거기서 오갔을 아라리 사설들. 강가에 앉아 모든 설움을 강물에 흘려버리고 툭툭 털고 일어서 다시 삶의 현장으로 돌아오는 지혜가 할머니에게 있다. 그리고 다시 삶을 씩씩하게 시작한다.

그래도 할머니가 두려워하는 것이 있었다. 남편도 아니고 외상값도 아니다. 그건 바로 호랑이이다. 지금은 호랑이를 보기 힘들지만 옛날에는 호랑이 때문에 죽는 경우가 많았다. 호랑이는 죽은 것은 절대로 안 먹고 산 것만 먹는다. 또 호랑이는 사람을 잡아 다 먹지 않고 머리는 남겨 놓는다고 한다. 그래서 사람이 없어지면 막 찾다가 머리만 발견되면 호환을 당한 줄 알게 되는 것이다.

밤중에 홀로 산길을 가다가 호랑이에게 먹혀 죽는 경우가 많았기에 옛날에 조선시대에는 중국 사람들이 '조선사람들은 일 년의 반은 호랑이를 잡는 데 보내고, 나머지 반은 호랑이에게 물려 죽은 사람 문상하는 데 보낸다'는 말이 있을 정도였다고 한다. 할머니가 사시던 때는 이 정도는 아니었지만 지금처럼 호랑이 보기 힘든 시대는 아니었나 보다. 새벽길을 오면서도 호랑이 무서워 묘책을 강구했을 정도니까. 할머니의 방법은 재미있다. 담배에 불을 붙여 휘- 휘- 돌리면서 오는 것이다. 그러면 호랑이의 접근을 막을 수 있다. 할머니의 방법은 그 옛날 우리 선조들의 생활사의 한 단면을 엿보게 했다. 더 재미있는 것은 할머니의 치마폭에 담배와 성냥을 찔러 넣어 주던 남자친구들이다. 할머니의 호탕하고 쾌활한 성격을 생각하면 할머니를 좋아하던 남자친구들이 많은 것은 당연하다는 생각이 든다. 인기만점 김금자 할머니.

전산옥 할머니는 만지에서 떼꾼들 상대로 주막을 운영했고, 김금자 할머니는 영월 덕포에서 주막을 하면서 정선에서 내려오는 떼꾼들에게 잠자리와 식사를 제공했다. 할머니를 통해서 떼꾼들에 대한 생생한 증언을 들을 수 있다.

스물 댓 명이 내려오면 정신이 없다. 노래를 해가며 떠들썩하게 내려온다. 떼 하나에 둘 씩 내려오는 데 서로 주고받고 시끌벅적하다. 항상 내려오던 사람이 내려온다. 밥 먹는 데는 신출내기나 고참이라는 순서가 없었다.

외상도 많이 먹었다. 먹어도 그 사람들은 떼어먹는 법이 없었다. 나중에 꼭 계산해 준다. 지금 사람들처럼 떼어먹는 법이 없었다. 장부는 따로 없었고 머리에 기억해서 계산했다. 그런 걸 보면 옛날 사람들이 머리가 더 좋았다.

떼꾼들은 술을 먹고 떼를 타지 않는다. 술을 먹고는 갈 수가 없다. 조심해서 몰아야 하기 때문이다. 떼는 꼭 물길을 따라가야 한다. 떼 내려가는 길이 있다. 지리는 제대로 타야지 조금만 잘못하면 뒤

집힌다. 잘 집에나 가면 술을 많이 마신다. 퉁자(둥글게 생기고 위에 주둥아리가 작은 것)라고 술병이 있다. 거기에 술을 받아 먹는다.

떼꾼들은 싸우지는 않는다. 앞사공, 뒷사공이 "니가 잘못해서 돼지우리 쳤지, 내가 잘못해서 돼지우리 쳤나?"그러기는 한다. 니가 잘 했나, 내가 잘 했나 그런 소리는 잘 한다. 잘 나오면 "우리는 잘 나왔다. 니가 잘 했나? 내가 잘 했지." 그런다. 술 먹으면 그런 얘기를 한다. 우리도 어디 가서 김 매다가 "니가 잘 맸나? 내가 잘 맸지." 그런 것과 같다. 옛날이나 지금이나 똑같다.

떼꾼들이 하면 안 되는 말이 있다. 가면 가고 오면 오고. "잘 가라." 그러면 가라고 죽으라는 소리거든. 어디 가 밥 먹으면 돈 치를 건 다른 사람이 치르니까 그냥 가는 거야. 올 때만 인사하고. 갈라면 가고, 말라면 말고. 갈 적에 아침 먹고 누가 몇 상, 누가 몇 상 먹었다고 숫자만 달아 놓으면 그냥 가는 거야. 저 사람은 가면 가는가 보다. 그러지. 잘 가거라 뭐라 그런 건 없어.

떼꾼 중에는 돈 받아 가면 덕포에서 다 까먹고 가는 사람들도 있지. 우리도 색시 둘 씩 두고 했는데, 색시 좋아하는 사람들은 그 돈 다 까먹고 가. 색시하고 있으면 돈을 안 쓸 수 있나. 밥값 들지, 술값 들지, 방값 들지. 그러면 그 번 돈 다 써야 가는 거여. 맘에 있으면 색시를 데리고 나가서 살림 차리는 사람도 많았지. …… 열 명이면 돈 다 털어 먹고 가는 떼꾼이 다섯은 돼. 열에 다섯은 돈 하나도 못 봐. 그래서 떼꾼은 멍청한 사람은 못 하는 거야. 똑똑하고 야무진 사람이나 하지.

2. 비극의 왕 단종

살아서 이름을 남기는 경우도 있고, 죽은 후에 더 오랫동안 이름을 남기는 경우도 있다. 하지만 대부분의 사람들은 자기에게 주어진 삶의 몫을 살다가 소리 없이 떠난다. 자기에게 주어진 삶을 꾸리면서 자잘한 일상의 행복을 누리는 삶과 비극적이지만 오랫동안 사람들에게 기억되는 삶 중 하나를 택하라면, 어떤 것을 택하게 될까?

'비극적이지만 한순간 찬란한 불꽃을 태우는 삶'은 연극이나 영화에서 환영받는 주제임에 틀림없다. 아무도 그런 삶을 살아주지 않는다면 역사는 너무 무미건조한 것이 되지 않았을까? 그것이 사실이든, 허구이든 평범한 사람들이 살지 못하는 삶에 대한 기대는 누구에게나 있다.

그러나 그러한 삶을 살다 간 한 개인의 일생을 들여다봐야 하는 것은 결코 쉽지 않은 일이다. 자신이 원하는 곳에서 살고, 가족들과 사소한 일상을 나누고, 하늘이 내려준 명을 받아 나이 들도록 인생의 순리대로 사는 평범한 것들을 놓쳐 버린 개인의 일생은 결코 행복할 수 없다.

단종은 왕위를 빼앗기고 상왕(上王)으로 있다가 사육신의 사건 이후, 영월로 유배되었다가 죽임을 당했다. 이렇듯 억울하게 죽은 단종의 혼령은 잠들지 못하고 사또 앞에 나타난다. 활줄을 목에 매고 죽은 단종의 혼령이 계속 나타나, 영월 지방에 부임해 오는 사또의 죽음은 계속되었다. 마침내 총명한 한 사또에 의해 단종의 시체가 발견되면서 단종은 한을 풀고 저승으로 돌아간다.

단종에 관한 비극적인 역사적 사실을 역사적 사료보다도 그 전설에서 더 힘을 발휘한다. 전설은 사실의 정확성보다 그것을 전승시키는 사람들의 감정적 이입이 더 쉬운 탓이다. 정변에 희생된 인물이라는 특수성은 단종의 비극적 죽음에 관한 아타까움과 회한을 더욱 절실하게 전해주고 있는 듯 하다. 영월지역에서 전승되는 단종 관련 전설은 단종의 유배과정부터 단종이 태백산신(太白山神)이 되었다고 전한다.

강원도 영월읍 보덕사(報德寺)에는 단종의 영정이 안치되어 있다. 그림에는 백마를 탄 단종과 그 앞에 머루 바구니를 들고 있는 추충신(秋忠臣)이 그려져 있다. 추충신의 이름은 익한(益漢)으로 한성부윤을 지냈던 사람이다.

추익한은 단종이 영월로 유배되어 외롭게 지낼 때, 산머루를 따다가 드리고 자주 문안을 드렸다. 그날도 산머루를 따가지고 단종에게 바치려고 내려오는 길에 연하리 계사폭포에서 단종을 만났다. 단종은 곤룡포에 익선관으로 정장을 하고 백마를 타고 유유히 태백산 쪽으로 향하는 중이었다. 추익한이 단종에게 어디로 가시느냐고 묻자 단종은 태백산으로 간다 하고 홀연히 사라져 버렸다.

그래서 추익한은 급히 단종의 처소로 와 보니 단종은 이미 변을 당한 뒤였다. 추익한은 다시 단종을 만났던 계사폭포에까지 와서 단종을 따라 죽었다. 이리하여 추익한도 단종과 함께 태백산 신령이 되었다.

태백산 신령이 된 단종은 살아서의 모든 치욕과 슬픔을 뛰어 넘어 속인이 범접할 수 없는 신으로 새롭게 태어난다. 신이 되는 많은 인물이 그러하듯이 살아서 비극적인 삶을 살았기에 죽어서는 그 모든 슬픔을 초극할 수 있는 신으로 새롭게 태어날 수 있는 것이다. 원한을 품고 죽어서 끝내 많은 사람들을 괴롭게 하는 원혼이 되는 것보다 우리나라의 거대한 산 중의 하나인 태백산으로 표표히 가는 모습은 얼마나 감동적인가? 이 전설을 만든 사람들은 비극의 주인공인 단종의 삶을 단순한 슬픔이 아닌 생에 대한 극복으로 마무리할 줄 알았다.

꽃으로 치면 못 다 피고 간 꽃이기에 더욱 안타깝고, 자신의 의지와 상관없이 세계의 폭력 앞에 무참히 짓밟혀 버릴 수밖에 없었기에 더더욱 가슴 저민다. 그 억울함이 사무쳐 자신의 원혼을 달래 달라고 애원하기에 이르렀고, 이에 영월에서는 매년 단종제가 열리고 있다.

가슴 속에 고인 것은 밖으로 꺼내야 하고, 맺힌 것은 풀어야 한다. 단종의 한풀이를 바라보는 동안 영월 사람들은 어떤 것들을 가슴에서 꺼내 놓고 있을까? 저마다 자신의 응어리를 가슴으로부터 꺼내놓고 위로받고 있지는 않을까? 단종제에서 사람들이 보는 것은 단지 단종만의 슬픔이 아닐 것이다. 굽이굽이 긴 삶의 여정을 가는 동안 여기저기 채인 자신의 생채기를 보듬어 안는 연습을 하는 것은 아닐까?

3. 방랑시인 김삿갓

한곳에서 출생하여 그곳에 뿌리를 박고 살다가 후손을 남기고 생을 마감하는 경우도 있다. 한곳에 뿌리박고 살자면 대부분 험난한 일 없이 안온한 생을 살게 되는 경우가 대부분이다. 동네 창피한 일이나 남에게 숨기고 싶은 치명적인 사건이 발생하는 경우 타관으로 이주하는 일이 많기 때문이다.

조선시대 후기 해학과 풍자시를 짓고 팔도유람을 한 시인 김삿갓의 본명은 김병연(金炳淵)(1807-1863)이다. 세도가 집안의 자손으로 태어났으나 다섯 살 때 홍경래의 난이 일어나고 할아버지의 잘못으로 집안이 온통 죽임을 당하게 되는 고난을 겪게 된다.

김병연의 할아버지 김익순(金益淳)은 선천부사로 재임하고 있었다. 김익순은 평안북도에서 홍경래가 주동한 농민반란을 진압하지 못하고 오히려 반군에 투항하였다. 민란이 진압된 후 조정에서는 그 책임을 물어 처벌했다. 위세를 떨치던 가문의 영광은 한 가지 실수로 가문 전체에 영욕과 치욕을 안겨 주었다.

역적의 집안으로 전락되어 멸족을 우려한 부친이 형과 함께 그를 곡산으로 보내 노비의 집에서 숨어 살게 하였다. 김삿갓은 여덟 살에 조정의 사면으로 집으로 돌아오나 그 가족들이 온전히 터 잡고 살 곳이 없었다.

여주, 가평, 평창을 거쳐 영월에 정착을 해서 집안을 다시 일으켜보려는 모친의 후원에 힘입어 어려운 살림살이에도 김삿갓은 글공부에 힘썼다. 나이 스물, 결혼한 그해, 운명을 다시 바꾸게한 시골에서의 백일장을 보게 되는데 운명의 장난인지 공교롭게도 시험의 제목은

"가산군수 정시의 충성을 찬양하고 역적 김익순의 죄를 한탄하라(論鄭嘉山忠節死 嘆金益淳罪通于天)"였다.

그는 자신의 할아버지를 욕보이는 글을 썼다.

"한 번은 고사하고 만 번 죽어 마땅하고
너의 치욕스러운 일 동국의 역사에 유전하리."

이 글로 그는 장원급제하게 된다. 기쁜 마음으로 합격소식을 어머니에게 알렸으나 시험제목에 거명된 인물의 이름이 조부라는 것을 알게 되자 스스로 크게 뉘우치고 벼슬길을 포기했다. 조상을 뵐 면목이 없고 하늘에 부끄럽다고 하여 항상 삿갓을 쓰고 얼굴을 가려 참회와 속죄의 길을 걷기로 한 것이다. 그는 제도권 진입을 포기하고 스물다섯에 기나긴 방랑의 길에 들어서게 된다.

세도가와 거만한 부자들을 마음껏 풍자하고 조롱하는 그의 시 속에는 당시 부당하게 대우받고 사는 가난한 백성들의 한풀이가 들어 있다. 김삿갓의 시는 가난한 백성들의 안식처가 되었던 것이다. 김삿갓은 57세로 객사할 때까지 전국각지를 떠돌아다니면서 방랑 걸식하였다. 그는 객지에서 권문세가나 부자들로부터 간간이 용돈과 옷감을 얻어 생계비에 보태 썼다.

말년에 김삿갓은 전라남도에서 생을 마감한다. 후에 그의 차남이 영월 고향 땅으로 이장하였다.

　지금도 매년 10월 중순에는 "죽장에 삿갓 쓰고 깊은 사연 담아 띄워 주소!"라는 주제로 "난고 김삿갓 문화 큰잔치"가 개최된다. 추모제, 추모살풀이춤, 추모퍼포먼스, 백일장 등이 다채롭게 벌어진다. 영월군 하동면 와석리 계곡을 '김삿갓 계곡'이라 불러 선생을 기념하고 있다. 이곳은 태백산맥에서 갈라져 내려오는 곳으로, 김삿갓이 생전에 '무릉계'라 칭했을 만큼 빼어난 경치를 지닌 곳이다. 또한 추모시비와 시비(詩碑)거리가 조성되었다.

Ⅳ. 강원도 원주군

1. 임경업 - 원주 손곡리

임경업 장군 추모비(林慶業 將軍 追慕碑)는 현재 부론면 손곡 1리에 자리해 있다. 임경업 장군은 조선시대 인조 때의 명장으로 자를 영백(英伯), 호는 고송(孤松)이라 했다. 1647년 김자점(金自點)의 무고로 피살될 때까지 그는 이괄(李适)의 난(亂)을 평정해 일등진무원종공신(一等振武原從功臣)이 되어 명나라, 청나라에서 까지 벼슬을 받았다.

사후 나라에서는 충민공이라는 시호를 내렸으며, 정조 때는 충민공실기(忠愍公實記)라는 책자를 만들어 그의 음덕(陰德)을 기리고 공적을 비석에 새겨 세우도록 했는데 이것이 어제달천충열사비(御製達川忠烈祠碑)이다. 임경업 장군의 출생지가 부론면 손곡리라는 사실이 알려지면서 원주문화원장 황주익(黃柱益) 씨의 주선으로 1968년 장군의 생가 터에 추모비를 세웠다. 1968년 7월에 건립한 이 추모비는 손곡 1리의 손곡교(蓀谷橋)를 건너기 바로 전의 도로변에 있던 것을 2001년에 옮겨 놓았다. 손곡 이달 사적지비와 마주 보고 있던 것을 두 비를 함께 모아 작은 공원을 조성하여 놓았다. 손곡교를 지나 50여m를 지나면 볼 수 있다. 비의 크기는 높이 약 3.3m, 폭 약 60cm, 두께 약 45cm이며 화강암 재질의 자연석비이다.

Ⅴ. 충청북도 단양군

1. 도둑을 잡아 신이 된 할머니

　　도둑을 잡아 주는 사람이 있다면? 남의 것을 훔쳐 가는 도둑을 잡아 주는 사람이 있다면, 큰 돈을 가지고 다닐 때나, 값나가는 물건을 옮길 때는 한번쯤 그런 사람에게 의뢰를 해 보고 싶을 거다. 돈깨나 있는 집에서는 그런 사람을 대환영할지도 모르겠다. 그런데 바로 죽령 땅에 기가 막히게 도둑을 잡아 주는 사람이 있었다. 그 사람은 힘 잘 쓰는 장정도 아니고, 보기만 해도 도둑이 겁먹고 달아날 정도로 무섭게 생긴 사람도 아니었다. 그 사람은 바로 할

〈단양의 온달산성〉

〈온달 전시관〉

머니였으니, 나중에 '다자구 할머니'라 부르게 된 할머니이다.

단양군 대강면 용부원리 텃골 남쪽에 다자구 할머니의 산신당이 있다. 단양군 민속조사 보고서(김영진 · 1992 · 단양문화원 편)』에 따르면 일찍이 신라시대부터 죽령에는 나라에서 지내는 제사[國行祭]가 있었다고 한다. 『세종실록지리지』에도 "봄가을로 나라에서 향과 축문을 내려 보내 작은 제사를 지낸다"고 죽령 밑에 주석을 달았다. 이 산신당을 죽령 산신당, 국사당이라고도 부른다. 인조원년에 단양, 영춘, 풍기의 세 고을 군수가 신당을 짓고 매년 춘추로 제사를 지냈는데 군수가 제주가 되는 관행제로 행해졌다. 그러다 단양, 영춘이 합군이 된 후로는 주민이 주로 되어 산신제를 지냈으며, 현재도 군수가 죽령산신제에는 꼭 참석하고 있다.

〈죽령 전경〉

　　단양군 대강면에서 경상도 풍기로 넘어가는 죽령고개는 험하기
도 하였거니와 도둑 떼들이 들끓어 지나가는 행인을 괴롭혀 왔
다. 처음에는 밤에만 나타나던 도둑들이 대낮에도 나타나 행패가
심하여지자 관가에서는 군졸들을 풀어 도둑들을 잡으려 했으나
도둑들은 험한 산세를 이용해 피하였으므로 도둑 잡기가 몹시 힘
들었다.

　　예전에 도둑 바위라는 게 여기 있어.(도둑 바위요?) 도둑을 잡은
할머니거든. 사람이 아니고 신이야. 그게 이제 그전에 옛날에는 세
금을 돈을 안 가져가고, 엽전, 명주, 삼베, 무명을 말께에 싣고 올라
가거든. 비단 같은 거.
　　여기 도둑 바위라는 데 가면 큰 소(沼)가 있어. 거 인제 굴이 있

고. 거기서 바라고 있다가. 쪼끔만 가면 성이 있단 말이야. 성이 따로 거기서 인제 죽령재에서 고개서 인제 말에다 뭘 싣고 가면 거기 인제 "보물단지가 온다" 이래면서 이제 북을 치거든. 북을 치면 그 밑에 있던 사람이, 도둑놈들이 거기서 대기하고 있다가 말에 싣고 오는 걸 뺏고 잘못하면 말 다 죽여 버리고. 그래놓고 빈 거를 보내 버리고. 이래니 대궐에 생전 안 올라가거든. 대궐에 올라가야 나라에서 먹고살잖아. 그래가주구 도둑놈 잡는다고 공병을 보내고 뭐, 간부를 보내고 이래도 도둑을 못 잡았어.

(김성락, 남, 82세, 충청북도 단양군 용부리, 2003. 3. 21)

나라에서 살림을 운영하려면 공물을 받아야 하는데, 길을 막고 있는 도둑들이 중간에서 다 가로채니 나라의 근심이 될 수밖에 없다. 막대한 권력을 가진 임금님도 몰래 하는 도둑질은 어쩔 수 없었나 보다. 하긴 제 아무리 날고 기는 이라 하더라도 몰래 하는 일과 작정하고 하는 일은 막을 수 없으리라.

그런데 이 도둑들은 제법 조직적으로 이루어진 집단인 것 같다. 위에서는 망을 보고 있다가 짐을 싣고 오는 것을 발견하면 북을 쳐서 알리고, 밑에서는 그걸 뺏고 했으니 말이다. 그러니 나라에서 공병을 보내고, 간부를 보내도 이런 도둑집단을 잡는 일은 어려운 일이었다.

한날은 다자구 할머니라는 신이 내려와서 도둑을 잡았는데. 도둑을 잡을 직에 뭘 했냐면은 도둑이 꽌(모은) 것을 뺏아 가지고 먹고 자는데, 나는 아들을 찾아 왔노라고. 그래 아들 하나 이름은 더자구요. 하나는 다자구다. 그래 굴 안에 인제 굴 문에다 신병을 딱 복병

〈죽령 산신당〉

을 시켜 놓고 내가 들어가서 더자구야 더자구야 하거든 이 사람들이 아직 덜 잤다 이 말이야. 다자구야 하거든 문을 막고 너희들이 이 도둑을 잡아라. 이렇게 약속을 해 놓고. 인제 도둑이 있던데, 지금은 인제 뭐시기 차 서는 데 동네도 없어지고, 굴도 다 없어져 뼈리고 이랬는데. 그래 가지고 인제 일망타진해 잡았다 말이야.

나라에서는 도둑 잡을 방법을 몰라 골머리를 싸매고 있을 때, 구원의 여신으로 등장하는 것은 할머니이다. 이 할머니는 한 가지 꾀를 낸다. 병사들을 굴 문 밖에 복병을 시켜 놓고, 자신이 "더자구야, 더자구야" 하면 도둑들이 아직 덜 잤다는 의미라는 것이다. 또한 "다자구야, 다자구야"하면 도둑들이 다 잤다는 뜻이라는 것이다. 그러니 도둑들이 덜 잤을 때는 그냥 기다리고, 도둑들이 다 잤을 때 굴 안으로 들어와서 공격을 하라는 것이다.

물론 이 지혜로운 할머니는 도둑들에게도 그럴 듯한 거짓말을 해 놓았다. 할머니는 도둑들에게 자신에게는 두 명의 아들이 있는데 한 명의 이름은 다자구이고 다른 한 명의 이름은 더자구라고 말한다. 할머니는 자신이 아들을 찾으러 왔다고 말하면서 도둑굴에 무사히 들어간다. 할머니가 있지도 않은 아들 이름 "다자구"를 불렀을 때 병사들이 굴 안에 들어가서 도둑을 잡는다. 통쾌하다. 남의 물건 도둑질하는 나쁜 놈들 일망타진하는 장면은 어디에 나와도 통쾌하지 않은가? 그런데 그것도 똑같은 힘으로써가 아니라 이쪽에서 별로 힘들이지 않고 간단한 꾀 하나로 도둑의 무리를 무찌르다니, 현장에 있었다면 박수를 아끼지 않고 싶은 심정이다.

〈죽령 산신제〉

나는 이 이야기를 읽을 때마다 주름 많고 허리 구부정한 할머니의 모습이 떠오른다. 이야기 속에 나오는 할머니들은 왜 그리도 다정한지. 물론 악하게 그려지는 할머니들도 있지만, 다른 사람들을 위해 지혜를 선사하는 할머니들의 모습을 생각하면 가슴한쪽이 훈훈해져 온다. 도둑을 잡지 못해 안타까워하는 병사들에게 구부정한 허리를 더 숙여 조심조심 자신의 계략을 전하는 할머니의 모습. 아마 검지를 자신의 입술에 대고 낮은 목소리로 소곤소곤 말하지 않았을까? 혹시라도 도둑이 들으면 안 되니까. 할머니의 이야기를 귀담아듣고 있는 병사의 모습. 이러한 작전 회의의 모습은 이 이야기가 아주 먼 옛날이야기가 아니라 방금 전 고개를 넘어 오다 보았던 일인 것처럼 다정하고 친근하게 느껴지게 하는 장면이다. 다자구 할머니는 우리가 어떤 일로 심각한 고민에 빠져있을 때도 이렇게 다가와서 소곤소곤 계책을 알려주지 않을까? "그거, 간단한 일을 가지고 뭘 고민햐? 이렇게 하면 금방 해결되는 걸." 하고 말이다.

그래고부터는 세금이 잘 올라가니까 나라에서 참 이상하다. 그래 누가 잡았느냐 도적을 어디서 잡았느냐 상금을 많이 걸어 줄 테니까 그래도 아무도 나서는 사람이 없어. 그래 가주구 그 어떤 일꾼인지 일꾼한테다 협박을 했어. 다자구 할머니가. 나는 사람이 아니고 죽령 산신이다. 나의 공을 알라면은 서울에서 연을 띄워 가지고, 연 알지? (예, 날리는 연, 연이요.) 그걸 띄워 가지고 그 앉는 자리에다 사당을 져 가지고 제향을 지내다고. 이랬거든. 그래 그 이튿날 아침에 문무대신을 다 뫄 가지고 그렇게 얘기를 했거단.

다 좋다그래가지고 서울서 연을 띄워 가지고 첫 번에 연이 와서 왔는 걸 여기 저 단동리라는 데 있어. (예. 단동리요.) 지금 거 있는데, 거 낭구도 서울서 대학교서 왔을 직에 거 가 봤는데(단동리에 서낭당이 지금도 있습니까?) 있어요. 그 예전에 일본놈들이 와서 신사를 거서 지냈거든. 서낭당이 있거든.(단동리에 서낭당)

그래구 거기 앉았는데 첫 번에 서울서 내리와서 보니까. 사람이 집이 가깝고 개소리도 들리고 이래서 부정해가지고 딱 씌운 것이 지금 다자구 할머니 모신 곳에 큰 옻나무가 있었단 말이야. 거 와서 앉았는데 거 옛날에 집은 아주 그보다 더 컸어요. 그 밑에 대문짝만 한 집이 있었고. 거기 지금은 고속도로 났고 무서워서 뭐 넘어오지도 못해봤는데 그래가주구 거기다 제사 뭐 집을 짓고 일꾼들이 상구 와서 제사 지내다가 거 일꾼도 안 오고. 군수가 군에서 하다가 요새는 나하고 몇 사람 가가주고. 군수도 올 때 있고 면장, 지서장 이런 사람들이 올 때도 있고.

나라에서는 포상을 하려고 누구인지를 물색했지만 찾지 못했다. 찾으려도 찾을 수가 없었던 것이다. 할머니는 사람이 아닌 신이므로. 할머니가 요구한 것은 할머니를 위한 사당을 짓는 일. 그런데 이 사당을 짓는 방법도 독특하다. 그냥 짓는 것이 아니라 서울에서 연을 띄워서 그 장소를 알아내는 것이다. 연을 띄워서 사당 지을 장소를 알아내는 것을 보면 역시 할머니는 보통 사람과는 다른 신인 것이다. 그렇게 알아내어 짓게 된 것이 지금 죽령에 있는 사당이라는 것이고 해마다 여기서는 죽령 산신제가 올려지고 있다.

경술국치 이후 일제는 이 땅의 모든 국행제를 금지시켰다. 죽령 산신제 역시 마을 사람들의 손에 의해 근근이 그 명맥을 이었다. 매바우에선 지금도 매년 음력 3월과 9월이면 어김없이 산신제를 지낸다. 날짜는 초정(初丁)인데 초정에 부정(不淨)이 들면 중정(仲丁)으로 넘겼다가 중정마저 부정이 들면 또 하정(下丁)으로 넘긴다. 도가(都家: 제사 준비를 맡은 집)로 뽑힌 집주인은 목욕재계하고 3일 동안 기도를 올려 정성을 들인다. 매바우 마을 사람은 누구라도 산신당에 대한 믿음이 절대적이다.

그 옛날 도둑을 잡아 주던 할머니는 이제 당당한 신으로 대접 받으면서 받들어지고 있다. 자신이 잡아준 사당에 자리를 잡고 앉아 제사를 받는 할머니의 표정은 얼마나 넉넉하고 풍요로울까? 생각만 해도 가슴이 훈훈해진다.

살다 보면 어느 길로 가야 바른지 혼동될 때가 있기 마련이다. 갈래갈래 갈라진 갈림길에서 어느 길이 맞는 길인지, 어느 길로 가야 제대로 사는 것인지 묻고 싶을 때가 있다. 그런 때 다자구 할머니라면 아주 간단하게 길을 알려주지 않을까? 혹은 아무리 머리 싸매고 고민해도 해결되지 않는 문제나, 방법이 없어 보이는 문제를 만났을 때 할머니라면 묘안을 알려주지 않을까? 그 옛날 나랏돈 좀 먹는 도둑의 무리를 칼 한 자루 없이, 값나가는 무기 하나 없이 일망타진했을 때처럼 명쾌한 방법을 알려주지 않을까? 할머니의 넓은 치마폭에 기대어 삶의 무게를 잠시 내려놓을 수 있지 않을까?

Ⅵ. 충청북도 제천군

1. 세월을 넘어 미래를 읽다

마을의 운명이 마을의 모양에 달려 있다고 믿는 것이 풍수지리이다. 풍수지리는 자연과 인간은 하나라는 생각에서 출발한다. 집한 칸을 지을 때도 산과 물의 방향과 모양을 보아서 지었던 것은이러한 자연친화적인 생각에서 비롯되었다. 살고 있는 집의 위치를 자연의 순리에 따라 정하는 것은 말할 것도 없고, 죽은 조상과의 관계도 중요하게 여겨 묏자리도 좋은 곳에 잡았던 것은 자연과 인간의 조화를 염두에 두었던 것이다. 한 집안의 운명이 그집의 위치에 달려 있다고 믿었으니, 마을의 전체의 모양은 마을전체의 운명을 좌우할 것이라는 믿음은 당연한 것이다.

마을에 맺히는 것이 있으면 마을 구성원 전체의 운명에 맺히는것이 생길 것이고, 마을에 풀리는 것이 있으면 마을 구성원 전체의 운명이 풀릴 것이다. 제천군 한수면에 전해지는 이야기는 '옥병다리'라고 하는 것이 마을 전체의 운명에 결정적인 영향을 미쳤다는 전제에서 출발한다.

저 아래 가면 옥병다리라고 있어. 옥병다리. 옛날에 근데 그 이제 지관 하는 사람들 얘긴데, 내 그 인제 지관을 직접 만나서 얘길 들었어. 어딨었냐 하면 충주 댐 되기 전에 이 지관 하는 사람들이 경상북도 사람이 참 많아요. 옛날에. 이 사람도 경상도 사람인데, 인데 인제 그 그런 얘기를 듣고 여기를 왔어요.

옛날 이 '칠립'이라고 갓 같이 생겼는데 근데 그 인제 그 양반들이 이렇게 딱 쓰고 댕기는 것, 그것 딱 하고. 그때 이렇게 보기에 아주 남루했어요. 하절기에 내가 만났었는데. 그래 그 사람들이 뭐냐면 댕기면서 전국을 다 댕기는 사람이에요. 뭐하냐면 인제 다 댕기면서 이런 어느 동네 이런 게 있다 자기가 이런 걸 듣고서 댕기는 거야. 그러면서 인제 그 다니면서 다 보는 사람들이에요. 지금 말하면 지관쟁이라 그러지. 지리학자들이라. 지금 말하면 지리학자라 그러지만은.

(석근영, 62세, 충청북도 제천군 한수면 문화마을, 2003. 2. 28)

자기 마을의 운명을 읽을 지관쟁이가 그 마을에 있는 경우는 드물다. "먼 데 무당이 용하다"는 속담처럼 가까운 데 있는 사람이 하는 말은 왠지 신비성이 없지 않은가? 성서에서도 말한다. "선지자는 자기 고향에서 대접을 받기 힘들다"고. 자고로 신비한 말을 하는 사람은 먼 데서 와야 하는 법. 이 이야기에서도 지관쟁이는 이 마을에 있는 사람이 아니고, 전국을 떠돌아다니는 사람이었다. 칠립을 쓰고 남루한 옷을 입은 것을 보면 평범한 생활과는 거리가 있는 듯하다. 먼 데서 온 지관쟁이가 하는 말은 마을에 있는 '옥병다리'에 관한 이야기였다.

> 그 사람이 옥병다리를 찾아 온 거여. 와서 인제 그 사람 사는 골
> 짜기가 옥병 다리처럼 생겼다. 인제 그 분 얘기가. 나한테 묻길
> "여기가 왜 옥병다리냐"
> 그러니 내가 뭘 알아? 그분은 아는데 나는 모른다 말이지. 아니
> 저 모르겠습니다. 그러니까
> "하하. 그렇지 모르지."
> 옥병다리는 뭐냐면 돌에. 내가 가 봤어요. 진짜 옥병이 뭔가 하고
> 말이유. 병이 무슨 달렸나. 그땐 인제 모르니까. 근데 이게 이 개울
> 지내가면서 보면 건네 이 안반에 이만 해요. 이만한데 이게 자연 버
> 섯이여, 일종의. 돌버섯이라고 있지요? 왜. 그런 게 똥그랗게 났어.
> 그걸 보고 옥병, 옥병했는데. 그런 얘길 해서 그걸 듣고서. 가 봤다
> 그래서 그렇더라 얘기를 하니까 그 영감 해석하는 게 달라요.

이 이야기를 구술한 석근영 씨도 옥병에 관해서는 예전부터 관
심이 있었다. 그래서 가 봤다는 것이다. 이렇게 관심이 있는 사람
한테 옥병다리에 관한 이야기를 한 걸 보면 역시 지관은 지관인
가 보다. 이야기 대상을 잘 택했다. 그런데 석근영 씨는 옥병에
관해 잘못 알고 있었다는 것이다. 사람들이 말하길 옥병은 동그
란 돌버섯이라고 해서 그렇게 알고 있었다는데, 지관은 이것이
틀렸다고 지적한다.

> 뭐냐. 참 잘 생겼다는 거여. 뭐냐 이 옥병이라는 데가 잘 생겼다.
> 여긴 부자도 안 난다는 거유. 아주 간신히 먹고산다는 거유. 잘 생겼
> 는데 아주 간신히 먹고산다. 그때는 땜도 안 됐어요. 땜 얘기는 전혀

없었어요.

"그래서 왜 그렇습니까?"

하고 물었어요.

"하하. 그거 알 필요 없는데."

그래. 그래서

"말씀을 그렇게 하시니까 묻겠습니다."

그러니까 그러면 얘기를 해줘야 되겠다. 그때는 보리술이요. 술이. 옛날에 그 사기 그릇. 지금은 그렇지 않지만 옛날에 사기그릇에다가. 그 보리술이 걸쭉하잖아. 을마나 목이 마른지 그걸 한 잔을 다 먹어. 주막집에서 내가, 주막에서 좀 시키달라 그래서 안내를 했는데. 먹고 나서 인제 그 얘기를 하는데.

옥병다리 때문에 마을 전체가 간신히 먹고산다는 이야기이다. 옥병다리가 대체 뭐기에 마을 전체가 간신히 먹고살 정도로 가난하다는 말인가?

옥병다리는 대문에 키라 그렇죠. 자물통이란 말이요. 여기에 거가 생긴 자리가 대문이 열렸다 닫았다. 지금은 쨈기 있단 말이요. 옥병은 뭐냐 하면 자물통이다 그러면 문이 꽉 쨈깄으니까 부자가 날 수 없지 않느냐 이거지. 여기 부자도 안 나고 아주 간신히 먹고산다는 얘기요. 그리고 사람이 악당이다 그거요, 사람이 악하다 말이요. 이 사람들은. 못 먹고사니까 악하단 말이요. 인재가 날라면은 이 문이 열렸다 닫았다 이렇게 돼야 된다는 말이요. 그분 얘기가. 이 천지개벽을 해야 된다 말이요. 천지개벽을 하면 문이 열린다 말이요.

옥병다리는 자물통이 잠겨 있는 형국이라서 인재가 날 수 없고, 사는 것도 팍팍하다는 얘기이다. 부자고 없고, 간신히 먹고사는 동네. 듣기만 해도 답답한 일이다. 한 집도 아니고 동네 전체가 그렇다면 동네에서 어떤 수단이라고 강구해야 하는 것 아닌가? 후손들의 미래를 위해서라도 말이다. 그런데 이걸 해결하는 방법은 현재로서는 없다. 천지가 개벽을 해서 자물쇠 형국이 바뀌어야 한다는 것이니 얼마나 먼 이야기인가? 지형이 꽉 닫힌 모양으로 생겼으니 하는 일마다 꽉 막혀서 부자도 못 되고 인재도 안 난다는 말도 아주 그른 말이 아니기 때문에 아주 무시할 수 있는 말도 아니다. 그러니 언제 '천지개벽할 때'를 기다리고 있겠는가?

근데 이제 천지개벽이 된 거지. 충주댐이 되니까 물이 채였다 올라오니까 대문이 열리는 거 아니요? 채여서 부자가 난다 말이요. 땅값이 많이 올라갔어, 그러니께 부자가 난 거는 난거여. 여기도 참저기 박사도 나고, 박사가 많이 났습니다. 인재도 나긴 인제 좀 났는데. 그러한 것이 이렇게 참 얘기를 듣고 보면은 그렇게 잘 아는 사람이 있냐는 그런 얘깁니다.
그 당시에 댐도 될 생각도 안 하고, 소리는 그렇게 하니까, 천지개벽을 해야 그 문이 바뀐다. 천지개벽 누가 거 천지개벽 돼야 모를 텐데. 충주댐이 되니까 만수가 되니까 올라가며 대문이 열리고 물이 빠져나가면 배뀐다 이 말이요. 그렇게 잘 아는 사람이 있어요? 그분 생각이 그렇게 맞다는 거요.

그러나 본래 천지개벽이라는 것이 하늘의 뜻에 달린 것이지, 인간의 마음대로 되는 것은 아닐 것이다. 땅의 기운과 물의 기운을 바꾸는 것이 한두 사람의 힘으로 해결될 것인가? 어림도 없는 일이다. 그런데 이 어려운 천지개벽이 충주댐이 생기는 것으로 한 쾌에 해결되었다. 열 사람이 대들어도 못할 일이 자동적으로 해결된 것이다. 충주댐이 생기면서 물이 차면 대문이 열리고 물이 빠져 나가면서 물의 순환이 이루어진 것이다. 막혀 있던 옥병다리 지형이 잘 통하는 지형이 된 것이다. 막혔던 것이 확 뚫리니 모든 것이 만사형통하게 되었다. 돈도 돌기 시작하고, 박사도 나고, 후손들도 잘 되고.

철립을 쓰고 왔던 나그네의 말이 당시에는 믿을 수 없는 말이었을지 모르지만, 시간이 지나고 일이 순리대로 진행되면서 맞아들어가는 것을 보고는 감탄을 금하지 못했을 것이다. 떠돌아다니면서 마을의 운명을 보아주던 나그네는 지금은 어디쯤 가고 있을까? 또 어느 마을에서 물이 돌고, 재물이 돌고, 훈훈한 인심이 피어날 날을 염원하고 있을까? 표표히 사라지는 나그네의 뒷모습이 지금도 어느 이름 모를 산모퉁이를 돌아 먼 길로 작아지고 있는 듯 하다.

2. 돼지가 도망가다

충청북도 제천군 수산면 오티리에서는 3년에 한 번씩 별신제가 열린다. 오티 마을의 가장 높은 봉화재에 위치한 서낭당이 상당이고, 하당은 상당 아래 위치하는 다섯 곳의 서낭당을 하당이라고 한다. 작은재, 흰뜨재, 한나물재, 말구리재, 매차골의 성낭당이

하당이다.

본당은 오티 별신제의 마지막 제의가 행해지는 장소로 마을 한 복판에 위치한 오래된 느티나무를 가리킨다. 이곳으로 산신과 다섯 서낭신을 모시고 와서 좌정시킨 후 흠향하게 하고 송신한다. 오티에서 별신제는 마을 주민들의 협동과 마을신에 대한 신앙을 강력하게 보여주는 보기 드문 예이다.

오티에 들어갔을 때는 별신제 준비로 어르신들이 마을회관에 모여 계셨다. 남자 분들은 허잽이 만드시고, 돼지 잡을 준비를 하시는 동안 마을회관 사랑방에서 할머니들께 이야기를 청해 들을 수 있었다. 서낭제 때 쓸 돼지가 도망 간 이야기이다. 돼지가 도망을 갔다? 돼지가 도망가는 이야기는 그 출발부터 관심을 끌기

〈오티마을회관 앞의 제보자들〉

에 충분했다. 어떤 일이 벌어질 것인가? 그것도 제사 때 쓸 돼지가 도망가다니. 게다가 나중에 비슷한 이야기를 박철규 할아버지께 청해 들을 수 있었는데, 두 이야기의 내용이 달랐다. 이렇게 다른 이야기를 들을 수 있는 것도 매우 흥미로웠다. '돼지가 도망갔다'는 공통점 빼고는 전혀 다른 이야기. 그러나 '돼지가 도망간 후에 신기한 일이 벌어졌다'는 것도 공통점이라고 할 수 있다.

〈오티 마을회관 전경〉

〈오티별신제〉

할머니 혹시 여기서 당고사 잘못 지내서 뭐 잘못되고 이런 일도 있었어요?) 옛날에 액이 든 사람이 해 가주구 액이 든 사람이 해 가주구 두 사람인가 죽었어. (못 지내고 이런 적도 있었어요?) 못 지내진 않았는데 그 전에 한 해 고사 지낼라면 돼지가 있어야 되잖아. 그래서 며칠 전에 가서 돼지를 하나 예약을 해 놨는데 이 놈이 고대 튀 나갔어. (네?) 잡아 놨는데 이 놈이 튀 나간거야. 아무리 잡을래도 못 잡았어.

그래 가주구 인제. 고사를 지낼려면 한 마리 다 잡아놓고 지내거든. 그래서 다른 돼지를 잡아서 지내려고 하는데, 누가 돼지를 잡아다 갖다 엎어 논거야. (누가요?) 모르지. 뭐. 신령이 그랬는가. 그래 가주구 그 해에는 두 마리를 잡아가주구 제사를 지냈대여. 돼지 잡을 때는 말을 안 해거든. 네 명이 해도 말을 안 해구 해. 말을 안 해는데, 다 달아나는데, 누가 잡아다 놨드리여. 누가 잡으면 그건 공짜배기 아니여? 지질로 나갔으니. 그랬는데 누가 잡아다 엎어 놨드리여. 그래 새로 잡은 거하고 두 마리 가지고 지냈디여. 고사 지낼라구. 예를 들어서 그 사람이 살래다가 안 사면 안 큰대. 돼지가. 안 큰대. 그리고 또 암놈은 안 써. 수퇘지만 쓰지 암 놈은 안 써요. (그건 왜 그런 거예요?) 이거 영험하게 하니깨루 남자가 해야 되니까루 암놈은 안 쓰고 수놈만 쓰고, 그리고 황소 머리 사 오지. 암 놈 거는 안 사와.

그래서 가서 흥정을 해 놓고 돈을 치르고 왔는데, 예를 들어서 오늘 잡을라고 가니까 나가가 산으로 도망가니까 잡을라고 잡을라고 다니다가 종당에는 못 잡았대. 그래서 고만 할 수 없이 갑자기 나가 다른 돼지를 한 마리 사 가지고 와서 잡았는데 아니 인제 다 잡아서 앞다리, 뒷다리 놓고, 앞 다리 놓고 ----. 다 잡아서 막 괴는데 벼락 치는 소리가 나서 보니까 돼지를 잡아서 놨드래. 그래 두 마리 가지고 지냈여. 옛날에는 돼지도 큰 거 못 잡았는데, 실컨 먹었대요. 그래 가주구.

(박순금, 여, 68세, 충청북도 제천군 한수면 오티, 2004. 2. 4)

- 서낭제 때 쓸 돼지 도망 간 얘기 2

　이 동네에서 고사를 지내려고 했는데, 고사를 지내려고 했는데, 옛날에는 돼지를 지금같이 이렇게 이렇게 믹였단 말이여 그런데 고사 지내는 돼지를 수돼지를 오늘 잡아야 한단 말이야. 도정 가가지고서 수돼지를 잡으려고 점을 찍어 논 거여. 잡을려고 계약금을 걸어 논 거지. 그랬는데 뭔 일이 생겨가지고 그 돼지를 안 가지고 오고 딴 돼지를 가지고 제사를 지낸거여. 그랬더니 그날 어떻게 됐냐 하면 난리가 난거여. 어떻게 난리가 났나 하면. 그 놈의 돼지를 모강지를 들쑤셔서 죽일려고 했는데 죽지를 않는 거여. 돼지가. 죽지를 않는 거여. 그래 죽은 척하고 있다가 죽일라 그랬더니 이 놈이 그만 그대로 도망을 가버렸어. 그 돼지가. 그 돼지가 도망을 갔는데 그 점찍어 났던 돼지가 거 와 있는 거여. 그래 가주국 그 돼지를 잡아 가지고선 제사를 지냈대여. (신기하네요?) 신기하고 말고지. 이 놈의 거. 이 동네에서 돼지를 살라고 가가주구는 사겠다고 예약을 해 놓고 왔는데, 뭔 일이 생겨가주구 딴 돼지를 잡아가주구서는 고사를 지낼려고 했는데, 돼지가 못 찔러서 안 됐지. 막 물에 갖다 집어넣고 했는데 그 놈의 돼지가 도망을 가 뻤려. (그날은 그러면 돼지 두 마리 잡았겠네.) 도망갔는데 뭘 두 마리 잡아? 그래 가주구는 나중에 여기 이렇게 (목 뒤를 가리키시면서) 뭔 큰 자국이 있더래. 이렇게. 산신이 물어다 논 거지. (도망갔던 돼지를요?) 아니, 도망갔던 돼지가 아니고 처음에 점찍어 났던 돼지를. 물어다 거 갖다 났더래. 돼지를 잡아 가주구. 그래 지금 여기 내려오는 전설이 그거야. (동네 사람들이 가가 주구 돼지를 쓸 테니 주시오. 그러면은 팔기 싫어도 팔아야 되고 억지로라도 줘야 되는 거야.) (고사 때 쓸 돼지를요?) (동네 사람들이 가서 고사 때 쓸 테니 주시오 그러면 "예"하고 줘야지. 우물쭈물 하면 안 사.) 한번에 얼마 주겠다 그걸로 끝나야지 괜히 우물쭈물거리면 돼지를 안 사. 한번에 끝내고. 그래서 이렇게 사겠다 이렇게 흥정이 다 끝났는데 무슨 일이 생겨가지

고 어디 싼 게 나와가지구구 동네 사람이 딴 거 사가주구 할라 그
러지 그럴 때 그런 일이 벌어지는 거여. 호랑이가 물어다 놨잖아.
산신령이 호랭이야. 산신령이 시킨거지. 호랑이한테. 산신령의 조화
겠지.

(박철규, 남, 68세, 충청북도 제천군 한수면 오티, 2004. 2. 4)

돼지는 제사에서 매우 요긴하게 쓰이는 동물이다. 동제의 절차
는 돼지를 잡는 것에서 절정을 이룬다고 해도 과언이 아니다. 돼
지는 동제의 희생절차에서 단연 압권이다. 그래서 동제에 쓸 제
비를 마련하고 돼지를 준비하는 것은 동제 준비의 큰 몫에 해당
한다. 다른 것도 있어야 하지만 돼지가 있어야 동제 준비가 끝난
다고 할 수 있다.

〈오티별신제 풍물 모습〉

돼지는 일정한 선정 기준에 의해 마련된다. 마을 사람들의 정성이 돼지를 통해 드러난다. 돼지는 교미 경험이 없고 흰털이 박히지 않은 검은 수돼지를 써야 하며 이를 반드시 지킨다. 이를 '거맹이'라고 하는데 '거맹이'는 내장을 제외한 모든 부분이 산신에게 바쳐진다. 거맹이를 사오거나 산신당 아래로 옮기는 것을 '모신다'고 할 만큼 제사에 쓰이는 돼지는 각별히 위한다. 신에게 바쳐질 제물인 만큼 귀하게 대접하는 것이다.

그런데 미리 예약해 놓은 돼지가 그만 튀어나가고 만 것이다. 돼지가 튀어나간 것은 그 사실만으로도 왠지 재미있는 이야기가 될 수 있다. 뭔가 재미있는 일이 일어날 것 같은 분위기를 만들어 준다. 산상왕 때도 제사 지내려고 잡아 놓은 돼지가 튀어나가서 그걸 잡은 아가씨가 임금의 부인이 되는 영화를 누렸지 않은가? 돼지가 튀어나가는 것은 일상의 평범함을 넘어서는 색다른 일이 펼쳐질 것을 예견하는 일에는 틀림없다.

그런데 박순금 할머니 얘기에서는 돼지가 도망을 갔는데 다른 돼지로 제사를 지내려 했더니 본래 예정되었던 돼지를 신령이 그랬는가 누가 다시 잡아다 놓았다고 했다. "벼락 치는 소리가 나서 보니까 돼지를 잡아서 났드래." 했다.

두 번째 얘기는 더 재미있다. 미리 점찍어 놓은 돼지를 못 가져왔는데 다른 돼지를 바치려고 했더니 죽지를 않더라는 거다. 미리 점찍어 놓은 돼지는 아직 신께 바치지는 않았지만 이미 신의 감응을 받아서 바친 거나 다른 없다는 논리이다. 결국 죽이려고 했던 돼지는 도망가고 원래 점찍어 놓은 돼지가 왔는데 와서 보니 목 뒤에 산신의 이빨 자국이 있었다. 산신이 물어다 놓은 거다.

분명히 같은 사건을 가지고 한 이야기인데 이렇게 전하는 사람에 따라서 이야기가 달라지는 것은 참 재미있는 양상이다. 그런데 이야기의 구조에서 공통된 부분이 있다. 제사로 쓸 돼지의 신령함이 그것이다. 박순금 할머니 얘기에서 제사에 쓰려고 사려고 했다가 안 사면 돼지가 안 크고, 할아버지 얘기에서는 한번 사려고 한 돼지는 꼭 그걸 사야지 다른 것, 더 싼 걸 사면 문제가 생긴다는 것이다. 벌써 돼지를 고를 때부터 제사에 쓸 돼지로서의 운명이 결정된다는 것이 이 얼마나 영험한 이야기인가?

동제를 지내면서 한해의 풍요와 무사안녕을 기원하는 마음, 온 동네 사람들이 함께 모여 단합된 하나의 꿈을 꾸는 마음, 그 절정에 있는 돼지의 몫, 이 모든 것이 정성과 믿음이라는 아름다운 이야기가 되었다. 오티 사람들이 그런 꿈을 꾸었을 때 돼지는 어떤 꿈을 꾸었을까?

3. 모든 일에 조심하라고!

오티별신제를 보러 갔을 때, 마을회관 주방 옆방에는 마을 여자 어르신들이 모여 계셨다. 이원혜 씨는 거기서 화장품을 팔고 있었는데, 마을마다 다니면서 사람들이 모일 때 화장품을 판다고 했다.

조사자가 옛날이야기를 묻자 다른 분들은 심드렁한 반응을 보였는데, 이원혜 씨는 자신이 알고 있는 얘기 중에서 신기한 얘기를 풀어 놓았다. 얘기를 상세하게 하지 않고 요점 중심으로 짤막하게 전달했다. 이 이야기는 '산간하는 사람의 부정 탄 이야기'이다.

애기를 낳았는데 애기가 아파서 점을 쳐 보니까 부정 탄 사람이 와서 부정 탔다 이거야. 옛날에 나보다 나이 세 살인가? 많은 사람이 겪은 애긴데, 애기 엄마하고 애기가 아파가지고, 밤만 되면 울어. 이 언니가. 병원에 다고 병명이 안 나타난다. 그런데 밤만 되면 죽어. 엄마하고, 애기하고.

그래가주구 점치러 갔는데, 여기 순희 할머니. (상갓집 갔다 온 아주머니가 들어 왔지 않느냐고) 그래가주구 있잖아 농 아래 천 원짜리가 몇 개 있잖아 그걸 내 놓으라고, 농 아래 천 원짜리 있는 걸 맞추더래. 그 아줌마가. 그 길로 안 아프잖아.

지금도 그 이야기 해. 장사집 갔다 온 여자가 애기 난 데 가면 절대로 안 돼. 산간해면 안 된대잖아. 그래서 그걸 가주구 양방을 했대.

포목점 제천이 엄마가 신랑이 죽었잖아. 신랑이 죽은 지 일주일도 안 돼서 산간하러 간 거야. 그래서 애한테 그렇게 됐대잖아. 명환이가 지금, 진우 위에 거든. 진우가 지금 스물다섯이고. 명환이가 진우보다 한 살 더 먹었나. 그러니까 지금, 26년 전 일이지.

(이원혜, 여, 45세, 충청북도 제천군 한수면 오티, 2004. 2. 4)

한 생명이 태어나는 것은 신비롭고 경이로운 일이다. 이렇게 중요한 일에는 더욱 조심하고 삼가는 것이 많아진다. 생각해 보면 출산이라는 것은 삶과 죽음의 경계를 왔다 갔다 하는 일이 아니던가? 옛날에는 아기를 낳으러 들어갈 때 신발을 거꾸로 놓고 간다는 말도 있었다. 출산이란 죽음을 각오한 일이었던 것이다. 이러한 일은 지금도 산부인과에서 넘쳐나는 산모들의 절규를 통해 쉽게 확인된다. 시간이 지나고 과학이 아무리 발전해도 어머니가 아이를 낳는 고통은 없어지지 않을 것이다. 인류는 또 그렇게 한 세대, 한 세대를 이어갈 테니까. 어쨌든 생명을 낳아 기르는 것은 이 세상의 어떤 것과도 비교할 수 없는 숭고하고 가치 있는 일임에 틀림없다. 그래서인지 임신과 출산에 관해서는 금기가 많이 있었다.

흠집이 있거나 제대로 익지 않은 과일을 먹으면 안 된다. 닭이나 오리를 먹어도 안 된다. 좋은 것을 먹고 실한 것을 먹어야 실한 아이를 낳는다. 또한 닭이나 오리를 먹으면 아이의 살이 닭이나 오리처럼 울퉁불퉁하게 된다. 앉을 때도 모서리나 마루턱에 앉지 않는다. 제대로 바른 자세로 앉아야 한다. 또한 산모가 있는 집에서 아궁이를 고치면 언청이를 낳는다. 아궁이와 방은 연결되는데 이걸 손대면 아이의 얼굴 중 코와 입 부분이 상하게 되어 언청이를 낳는다고 생각했다. 물론 이것은 믿거나 말거나이지만, 위에서 먹을 것과 자세를 조심하는 것은 현실적인 면에서도 꽤 타당하게 보인다. 좋은 것을 보고, 좋은 자세로 앉고, 좋은 말을 골라 하는 사이 뱃속에 있는 아이도 저절로 좋은 것에 익숙해지지 않겠는가? 비록 뱃속에 있더라도 엄연한 한 생명이니 엄마가 조심해서 행동하면 이것이 아이에게도 미친다고 생각한 것이다. 얼마나 생명을 귀하게 여겼으면 뱃속의 일 년도 귀하게 여겨서 낳자마자 한 살로 나이를 인정해 주겠는가? 생명을 소중히 여기고 보살피는 것에는 더 말할 나위 없이 가치를 부여했던 선조들의 지혜에 새삼 머리가 숙여진다.

이원혜 씨의 제보에 따르면 아기를 낳은 집에서는 이유 없이 산모와 아기가 아팠다. 이유를 알고 병명을 알면 약을 쓰거나 치료받을 방법이 나오지만, 아프기는 한데 이유를 알 수 없을 때 얼마나 애간장이 타겠는가? 그런데 점쟁이가 알아맞힌 것은 산간하는 사람이 장사집에 갔다 온 사람이라는 것이다. 장사집도 남의 집이 아니라 자신의 남편이 죽고 일주일 후에 새 생명을 돌보러 갔으니 탈이 난 것이다. 이 점쟁이의 위력을 '농 밑에 있는 천원짜리'를 맞힐 정도로 영험하다. 그렇게 해서 문제를 해결한 사람이 지금도 동네에서 다 알고 있는 주민인 것으로 이야기는 마무리된다.

예로부터 아기를 낳고 삼칠일 동안에는 아기 낳은 집을 방문하지 않았다. 삼이나 칠은 완전하고 길한 수로 이 둘을 겹친 날 동안 방문하지 않음으로써 부정타는 것을 막은 것이다. 또한 대문에 금줄을 걸고 아들을 낳을 경우 고추, 한지, 숯 등을, 딸을 낳을 경우 솔가지, 한지, 숯 등을 걸어 둔다. 이는 아기를 낳은 공간을 신성한 공간, 외부 세계와 차단된 공간으로 설정함으로써 독립적인 공간으로 만드는 역할을 했다. 이렇게 하는 것은 동제나 무속의례에서 제의 장소에 황토를 뿌리고 외부세계와의 단절을 표방하는 것과 같은 맥락이다. 단순히 외부 세계와의 단절을 표방하는 의미도 있지만 출산으로 인해 지쳐 있는 산모와 이제 막 태어나 저항력이 약한 아기를 생각하면 이는 얼마나 현실적이고 현명한 배려인가? 많은 민속현상들이 그러하듯이 외연인 금줄의 내연에는 현실적이고도 실용적인 현명한 지혜가 녹아 있다.

삼칠일이 지나면 금줄을 걷어내고 외부세계와 자연스럽게 통하게 된다. 사람들의 방문을 허용하고 아기를 공개한다. 삼칠일이 지나는 동안 산모는 죽음과도 같은 산고에 대한 기억도 어느 정도 잊고, 몸도 출산 이전의 상태로 어느 정도 회복된다. 아기도 이제 가정과 마을의 일원인 한 생명으로 온전하게 자신의 자리를 찾게 된다.

지금은 금줄의 의미가 많이 퇴색되었다. 3년 전 양수리 마을 동제에 갔다. 이 마을에서는 동제를 지내는 마을 당산나무 앞에 금줄을 쳐 놓고 그 금줄에 "출입금지"라고 다시 표기를 해 놓았다. 그 장소는 얼마 전 유명한 TV 드라마가 촬영되었고 그 이후로도 많은 사람들의 방문이 이어져 사람들의 출입이 빈번해졌다. 아마도 방문객의 발길이 끊어지지 않아 금줄로서는 제지할 수 없었기 때문이기도 할 것이다. 그러나 결국 금줄 자체로서의 의미가 약화되었기 때문으로 볼 수 있다. 금줄의 의미를 잃어버린 세대가 지금의 세대이니까. 단지 금줄의 의미뿐 아니라 세월이 지날수록 조심하는 것, 꺼리는 것, 조금 참아내는 것 등 옛날에는 당연시되던 것들이 점점 세월 저편으로 사라지고 있다. 현대 자본주의 사회에서 시간을 지체하는 것은 그다지 매력이 없기 때문일까? 기다리고, 참아내고, 바라보는 것은 매력을 잃어버렸다. 패스트푸드처럼 빨리빨리 먹을 수 있고, 자동판매기처럼 내 손안에 빨리 넣을 수 있는 것들로 넘쳐나고 있다. 요즘 불고 있는 웰빙

바람은 이에 반기를 든 듯하다. 조금 느리게 제대로 가자는 것 같다. 웰빙의 바람이 제대로 불길…… 불어서 모든 것들이 제대로 익고, 제대로 가고, 제대로 소통되길 바라본다.

4. 소중한 생명

박순금 할머니는 47년 전에 한수면에서 시집오셨다. 할머니의 시아버지는 여기서 나서 여기서 계속 사셨으니까 할머니는 오티에 관해서라면 누구보다도 잘 알고 계신다. 할머니는 실제담 위주로 얘기를 해 주셨는데 무척 이야기를 잘 하셨다. 묘사나 사건에 대한 기억을 매우 구체적으로 서술하시는 능력이 뛰어나다. 또한 총기도 뛰어나셔서 더 많은 얘기를 듣고 싶었지만, 할머니께서 마을회관에서 여러분들의 식사를 챙기시는 바람에 더 많은 얘기를 들을 수 없었다.

가는 사람 오는 사람에게 무척 자상하게 인사를 하시며 마을회관에서 일하시는 것을 보니 부지런한 인상을 받았다. 실제담 말고도 민담이나 신화 같은 것들을 들으러 찾아 갔으나 집을 찾지 못해서 듣지 못했다. 나중에 회관에서 뵈었을 때도 계속 식사 준비를 하시는 바람에 더 이상의 세보를 들을 수는 없었다.

외손자 낳고 지 아버지가 장삿집 갔다 왔는데, 아버지 들어오니까 애가 계속 우는 거야. 그냥 계속 우는 거야. 그래서 우리 사돈집이 이랬어.

"아무래도 내 생각에 지 아버지가 어디 갔다 왔는지 싶은데
------".

어디 갔다 왔느냐 하니까

"거 뭐 아무개 아버지 장산난 데 갔다 왔는데."

이래여 글쎄. 애 거 그렇게 울어 제끼는데. 거길 갔다 온 거여. 그
렇게 울어갖고선. 애가 그렇게 울어 우리 집에 들어와 갖고선 내가
맨날 그래 짚 뜯어 가지고선 벌 멕이고 또 저기 삼신에 가서 빌고.
그래서 애가 괜찮아졌다니까요. 그렇게. 보름을 그렇게 울었어요. 보
름을. 애가 울었다니까.

벌을 어떻게 먹여요? 물 떠다 놓고, 짚 쓸어 놓고, 거벙 하나 넣고,
바가지에다가 물 떠다 놓고 숯 하나 띄우고 짚을 썰어서 그 물을 먹
는 거지.

(박순금. 여. 68세. 충청북도 제천군 한수면 오티. 2004. 2. 4)

금줄을 걸어서 조심하는 것 외에도 출산에는 관계된 금기가 많
이 있었다. 특별히 출산한 곳에 절대로 출입하면 안 되는 사람들
이 있었다. 장사집에 다녀 온 사람, 개를 잡은 사람, 피를 손에
댄 사람 등이다. 특히 장사집은 산모가 태 속에 아기를 가지고
있을 때에도 절대로 가면 안 되는 장소이다. 아기에게 안 좋기
때문이다. 장사집의 나쁜 기운이 아기에게도 영향을 미친다는 생
각에서 산모의 출입을 막았던 것이다. 개를 잡거나 손에 피를 댄
경우 그렇게 해서 생명을 빼앗긴 대상의 원한이 아기에게도 미칠
수 있다고 생각하였다.

이제 갓 태어난 귀한 생명은 보호받아야 한다. 생명을 지키기
위해서는 피할 것도 많고 지킬 것도 많다. 이렇게 생각하니 한
생명. 한 생명이 모두 더욱 소중하게 보인다.

Ⅶ. 충청북도 충주

1. 사랑을 외면한 죄

　탄금대(彈琴臺)는 충주의 유명한 명소 중의 하나이다. 탄금대
는 악성(樂聖) 우륵이 가야에서 신라에 귀화하여 가야금을 연주
하였던 곳으로 유명하다. 우륵이 가야국의 멸망을 예견하고 머물
곳을 찾다가 온 곳이 충주였는데, 대문산의 빼어난 경치에 매료
되어 이곳에 머물면서 제자들과 함께 음악을 연주하고 가르쳤다
한다. 예술과 아름다운 경치는 떼려야 뗄 수 없는 관계인가 보다.
아름다운 경치만큼이나 훌륭했던 우륵의 연주는 어떤 것이었을
까? 우륵은 사라졌지만 그 아름다운 연주를 간직하고 있는 탄금
대의 모습은 우륵의 이야기를 품고 있어서 그런지 더욱 그윽하게
느껴진다.

　우륵은 이곳에서 제자 계고(階古)에게는 가야금을, 법지(法知)
에게는 노래를, 만덕(萬德)에게는 춤을 가르쳤다. 이 아름다운 소

리에 끌려 모여든 사람들이 하나의 마을을 이루게 되었다. 그 이후에 '탄금대'라는 명칭이 생기게 된 것이다. 가야금 연주에 마음이 끌려 이곳에 와서 살게 된 사람들은 얼마나 고운 심성을 가진 이들이었을까? 비록 전해 내려오는 이야기지만 예술에 끌려 마을을 이루어 살게 되었다는 사람들은 삶의 빛깔도 그만큼 곱지 않았을까 생각하게 된다. 연주하는 이들만큼이나 듣는 귀가 열린 이들이었으니, 소리판에서 이야기하자면 '귀명창'은 되는 이들이다. 연주하는 이와 이것을 알아듣는 관객이 함께 모여 사는 마을은 진정한 의미에서의 예술촌이라 할 수 있다. 가야금 소리 잦아든 탄금대의 정취는 그렇게 그윽하게 그 시절의 낭만을 전해 준다.

탄금대의 이야기는 여기서 끝나지 않는다. 예술과 낭만의 마을을 이루게 한 탄금대는 피비린내 나는 전쟁의 추억을 함께 간직한 장소이기도 하다. 역사의 아이러니가 함께 머문 장소인 것이다. 임진왜란 때 신립 장군이 배수진을 치고 왜군과 싸우다가 최후를 마친 격전의 장소이다. 탄금대비에는 다음과 같이 전한다.

......

신립 장군이 충주에 도달하기는 4월 27일로, 병사 8천여 명을 인솔하여 충주 단월역에 진을 치고 천연의 요새 새재를 정찰하게 하였으나, 적의 노도(怒濤) 같은 기세로 보아 그 선봉이 새재를 침범하였을 것이 확실한 사태이므로 차라리 달천강에 배수진법(背水陣法)으로 훈련이 미흡한 병사로 하여금 최후의 일병까지 싸워서 적세를 꺾기로 결정하였다. 다음 날 적의 무리는 산허리와 들판으로 밀어닥치니 칼을 번쩍이고 총포 소리 요란히 터지는 가운데 창검

궁시 등 불리한 무기로 아군의 병사를 몇 번이고 적진에 진격시켰으나 전세가 불리함을 판단한 신립 장군은 단기(單騎)로 적진에 돌입하기를 몇 차례, 수십 명의 목을 베고 혈전사투하다가 왕에게 징계를 올리게 하고, 결국 탄금대 위에서 강물에 몸을 던져 순국하였다. ……

　장군이 전사한 때가 47세이니 아까운 나이이다. 달천강에서 배수진법으로 적에게 맞선 것이 허무한 결과로 나타난 것은 작전 실패였다. 오히려 문경 새재에 진을 쳤다면 지리적 장점을 이용하여 진을 쳤다면 좋았을 텐데. 장군의 이러한 실패는 어디에 연유한 것일까? 역사가 아닌 이야기에서는 이 행간에 '사랑 이야기'를 살짝 끼워 넣는다.

　신립 장군이 한 여인의 간청을 들어주지 않아, 여인이 한을 품고 장군에게 복수의 칼날을 들이댔다는 이야기이다. 신립이 젊었을 때 경상도 지역에 갔다가 돌아오는 길에 새재를 넘게 되었다. 장군은 산 속에서 한 아름다운 여인을 만났는데, 그 여인은 곧 신립 장군을 흠모하여,

　"저를 데리고 가 주십시오. 저를 받아 주십시오." 하고 사정을 하였다. 그런데 신립 장군은 어떤 연유에선지 이를 물리쳤다. 이 여인이 거기에 원한을 품고 죽어서 원혼이 되었다.

　임진왜란이 일어나게 되고, 신립이 장군이 되어 가지고 왜군을 막기 위해 새재로 왔는데, 그 여인의 죽은 혼령이 나타나 방해하여서 그곳에 진을 치지 못했다. 장군의 꿈속에 그 여인이 나타나,

　"그곳은 진을 칠 곳이 아닙니다."

하고 말하여 그곳에 진을 치지 않았다. 그래서 물색한 곳이 충주 탄금대였다. 탄금대 열두대는 남한강 물줄기가 흐르기 때문에 기암절벽에다가 뒤에는 강이기 때문에 배수진을 치게 되면, 우리 편 군사들이 피하다가는 뒤로 떨어져 죽기 때문에 이왕이면 조국을 위해 싸우다가 죽으라는 뜻으로 배수진을 쳐서 싸웠다. 목숨을 건 사투가 시작된 것이다. 그러나 결과는 비참했다. 아무리 굳은 각오로 싸워도 우리 쪽의 활로는 저쪽의 조총이 상대가 되지 않았다.

새재에 진을 쳤다면 이길 수 있었을 거라는 희망은 정녕 부질 없는 것일까? 이루지 못한 과거의 일이기 때문에 아쉬운 것일까? 역사와 이야기의 결합방식은 다양하지만 신립 장군의 전설에는 여러 가지 착잡한 심정을 감출 수가 없다. 신립 장군의 비참한 죽음도 가슴 아프고, 그렇게 열심히 싸웠는데도 만족스러운 결과를 얻지 못한 병사들의 죽음도 슬프다. 하지만 신립 장군의 전략적 실수와 결합된 '여자의 한'이라는 구조가 더욱 가슴 아픈 이유는 무엇일까? 여기서 정확하게 진위를 가리자면 임진왜란 시 신립 장군의 패배는 실제로 있었던 역사적 사건이고, 여기에 결합된 여인의 한은 전해지는 이야기이다. 그러니까 하나는 검증된 것이고, 하나는 검증되지 않은 것이다. 그렇다면 어떤 의도라든지, 개연성은 후자 쪽에 더 많이 있다고 보아야 한다.

신립 장군의 패배가 여자의 한에서 비롯되었다는 것에 대해서 이것은 여자에 대한 나쁜 편견에 불과하다고 하는 것은 지나친 감정의 소산일까? 남자를 도와 성공하게 하는 여자도 있고, 반대로 남자의 일생을 그르치는 여자도 있다. 남자를 성공시키는 여자는 현모양처요, 그르치는 여자는 악처나 악녀이다. 물론 스스로 악처나 악녀가 되고 싶은 사람은 없겠지. 그러나 한이 지나치면 이렇게 죽어서까지 복수를 할 수 있는 존재가 여자라는 사실은 조금 섬뜩한 느낌이 든다.

진정으로 이 이야기에서 말하려고 한 진실은 무엇일까? 여자는 무서운 존재라는 것? 여자가 한을 품으면 오뉴월에도 서리가 내린다는 무서운 진실? 아니면, 이야기 뒷부분에서 여자가 '새재에 진을 치시면 안 됩니다'라는 말을 그대로 믿었다가 패망했으니, 여자 말을 듣지 말라고? 아리송한 부분이다.

혹시 이런 것은 아니었을까 싶다. 사랑을 외면한 죄가 아주 크다고. 사랑이 그대에게 가면 그냥 한 번에 거절하지 말고, 받아들이든가, 달래서 보내든가 하라고. 그것이 사랑에 대한 예의라고. 사랑을 외면한 신립은 그 사랑 때문에 죽음을 맞는다. 이것도 그의 운명이었겠지. 역사의 한 장면을 인간의 깊은 감정의 문제로 끌어내는 이야기의 전략. 이야기의 매력. 이런 것 때문에 나는 오늘도 이야기를 읽는다.

2. 방망이로 '툭'

탄금대 옆에는 '열두대'라는 절벽이 있다. 신립장군이 열심히 군사를 지휘해서 싸웠는데, 활을 하도 많이 쏘다 보니까 활시위가 너무 열을 받아서, 이 열두대에서 활시위를 식히려고 남한강 강물까지 열두 번을 오르락내리락 하였다 하여 '열두대'라는 명칭이 유래되었다. 일본의 조총과 맞서 싸우기 위해서 그 힘든 수고를 했다는 얘기니 열두 번이 아니라 다섯 번만 되더라도 가슴 아픈 얘기이다. 그래도 졌다니…….

그럼 오래 됐지. 이전에 저, 그때가 문경 새재 싸움할 땐데 뭐, 여기 테레비에 나오잖아 왜, 그게 여태 있는 건데. 대하드라마 왕건인가? 그게 여기서 충주 문경서 싸웠다고 그러잖아. 그러게 이것도 그런 장수지. 장수가 여기 탄금대에서 싸우다가. —나두 잘 모르지, 대충 들었지, 그게 역사가 깊으더라고 —싸우다가, 아직도 군인이 지킬 거 아냐. 적군이 다 죽었다 그러면 안 죽을 텐데, 아직 그냥 남았다고 그래서 죽었데.

요 밑에가 열두대래요 탄금대 있는 데가. 그래서 내려오면서 손에 물 씻거가지고 총질하고 총질하고 하다가. 예전에 활 쏘는데 손이 불이 난다고 그러데, 오르내리면서 하다가 빠져서 죽었데. 옛날 말로 그러더라구. 그래서 목숨을 끊어서 죽을라고 그러다 여 와서 그 돌맹이에다 그려놓고 갔다고 그러데. 왜 돌맹이에 피 같은 거 뻘건 거 있잖아.

저 탄금대 산도 옛날에 떠내려가는 걸 여자가 빨래하다가 방망이로 툭 때려서 생겼데.

열두대산, 산이 떠내려오다가 방망이로 툭 때리니까 가라앉았데

옛날 역사가 그렇대. 예전에 산이 없었데여. 예전에 무슨 장마에 떠
내려 왔데. 아흔아홉 골이래. 그게 몰라 골이 여럿이래데.

(엄복남, 여, 89세, 충주시 가금면 창동리, 2003년 12월)

열두대가 정말로 그래서 생긴 거냐 물으신다면? 할 말이 있다.
활 쏘는 데 손에 불이 나니까 손을 물에 씻어가지고 싸우다 빠져
죽었다. 돌에 그려 놓고 간 게 지금도 붉은빛으로 남아 있는 것
이다. 이 정도면 충분한 증거 아닌가? 신립 장군의 탄금대 이야
기는 이렇게 열두대 이야기와 짝이 되어서 전설로 남았다. 돌에
확실한 증거를 남긴 전설.

전쟁에서 처참하게 패배한 얘기도 그렇지만 탄금대가 생긴 유
래가 더 재미있다. 떠려오는 걸 방망이로 '툭'하고 치니까 가라앉
아서 지금의 열두대가 되었다는 것. 무슨 장마에 떠내려 왔는지
는 몰라도 골이 아흔아홉 골이나 된다. 조약돌만한 크기가 아닌,
어마어마한 땅덩어리를 그냥 '툭' 쳐서 지금의 상태대로 정착시킬
정도면 그 할머니는 도대체 어떤 할머니일까? 아마 보통 사람은
아니고 어마어마한 덩치를 가진 거인 할머니는 아닐까?

거인 할머니 이야기는 우리나라 신화의 중요한 주제 중의 하나
다. 우리나라 신들 중에는 할머니 신들이 많다. 아마 위의 이야기
도 엄복남 할머니가 잊어버리셨다고 여러 번 강조하신 걸 보면,
마고할머니 이야기일 가능성이 크다. 엄청난 몸집을 하고 세상을
떡 주무르듯 하는 마고할머니. 제주도 창세 신화 설문대 할망인
마고할미에 대한 얘기는 언제 들어도 통쾌하고 재미있다. 아름답

고 우아한 여신은 아니지만 마음씨 좋고 인심 넉넉할 것 같은 후덕한 할머니 신. 덩치가 하도 커서 땅에 솟은 높은 산도 겨우 할머니 무릎까지밖에 안 차고, 천리마를 타고 가도 할머니에 정강이까지도 이를 수 없고, 할머니가 오줌을 누면 바위를 뚫고, 강을 이룬다니, 도대체 얼마나 큰 거인인가? 한라산은 할머니의 베개가 되고, 할머니의 한숨 때문에 만주 벌판이 만들어지고, 배앓이로 뱉어낸 것이 백두산이 되었다니⋯⋯. 할머니가 천지개벽을 한 얘기는 참 시원하기도 하고 역동적이기도 하다. 아, 그렇지 여자라고 언제나 다소곳하게 앉아 있고, 구부리고 앉아 바느질만 하는 존재는 아니었구나. 옛날에도 이렇게 활수하고 통 큰 할머니신이 있었구나. 이 마고할머니 이야기를 들을 때면 나는 '여자'라는 틀을 넘어서 이 세계 속에 당당히 서 있는 한 주체임을 자각하게 된다. 그렇지, 할머니의 힘! 세상을 바꾸는 여자의 힘! 그렇다. 여자는 원래 생명을 낳고 기르고 가꾸어 가는 존재가 아니던가?

탄금대 이야기에서는 여자 때문에 일을 그르쳤다고 말할지도 모른다. 그러나 어차피 탄금대나 열두대나 처음에 강에 박아 놓아 준 사람도 여자 아닌가? 사랑 때문에 피해를 주기도 했지만, 만들고, 낳고, 기르는 존재도 여자이지 않은가? 탄금대와 열두대는 신화와 전설이 있어서 더욱 아름답다.

3. 잉어를 함부로 잡지 마세요.

잉어는 물고기지만, 물고기가 아니다. 용족(龍族)으로서 용왕의 아들이나 딸이다. 용왕의 아들인 경우에 용자라 하고, 딸인 경우에 용녀라 한다. 하지만 용궁에 있을 때나 용궁의 왕자, 용궁의 공주이지, 물을 떠나면 그냥 하나의 물고기에 지나지 않는다. 여기에서 잉어의 비극이 시작된다. 잉어는 용궁 밖으로 나왔다가 사람들의 손에 잡히는 신세가 되고 만다. 다행히 이야기에서 잉어는 잉어를 알아보는 사람을 만나 목숨을 건진다.

잉어가 나오는 곳은 그냥 강가도 있지만 그 배경부터도 범상치 않게, "명주 실 한 꾸리를 다 풀어도 닿지 않는 깊고 깊은 물 속"인 경우가 많다.

　두무소가 있어요. 명주꾸리 하나 다 풀어도 모자라는 데. 그 너머에 산 너머에 왜 두무소라고 하는 동네가 있었거든. 여기 윤 서방네 텃밭이요. 거기가. 그런데 윤 뭐시기라더라 그 노인네가 어부였었데요. 인제 그 강에서 잉어가 큰 거를 잡았는데 잡아다가 집에 가 처마 끝에가 매달았는데 꼬랑지가 땅에 닿았더라 이 말이요.
　그 웃동네 사람들이 놀러와 가지고서는 "아무개 집에 있나?" 하고 찾으니까 그 잉어가 "그 사람 저 강가에 나갔다." 그런 얘기를 하더라고 그 얘기가 있어요.
　(신용식, 남, 82세, 충주시 소태면 양촌리 선창, 2002년 12월 27일)

잉어가 말을 한다. 물고기에 지나지 않는 잉어가 사람의 말을

알아듣고 대답까지 하다니. 벌써 보통 잉어가 아니다. 또한 크기도 보통은 넘는다. 꼬랑지가 땅에 닿을 정도니 웬만한 어른만 한 키는 된다. 그렇게 커다란 것도 신기한데 말까지 하다니, 보통 잉어가 아니다.

　그래서 그 윤씨네가 그 자기 밭인데 거기를 떴대요. 전부 집안이다. 이 동네 땅은 우리가 무슨 피해를 볼 것이다. 그래 그 잉어는 도로 갖다 다 물에다 늫구. 그래서 그 대소간이 죄 떠서 어디로 갔냐 하면 엄정면 유곡이라는 데로 갔어요.
　그래 그 산골에 가 집 떠나 가지고 머루 다래 덤불인데 거서 개간을 해가지고서는 윤씨네가 거기서 대성한 일이 있어요. 내 그거는 왜 잘 아냐면 그 집이 나한테 외가가 되거든요. 그래서 내가 그 외갓집에 가면 그런 얘기를 들었다고요. 그래서 윤씨네가 잉어를 안 먹는데요. 발갱이라든가? 잉어를 발갱이라지 또. 발갱이라고 부르지 잉어라고 또 안 부른데요.

〈신용식 할아버지〉

윤씨네는 범상치 않은 잉어를 알아보고 물에 놓아 준다. 그리고 동네를 뜬다. 그래서 새로 정착한 곳이 머루 다래 덤불이 있는 곳이다. 그런 곳을 개간해서 사는 것이 쉽지 않았겠지만, 잉어의 덕인지 자손이 모두 대성한다. 마음씨가 착해서 놓아준 것도 이유가 되겠지만, 잉어의 범상치 않음을 알아본 눈을 더 높이 사야 할 것이다. 용궁의 왕자 잉어를 살려 주었으니 좋은 결말을 얻은 것은 너무나 당연하다.

이렇게 잉어를 살려 주어서 좋은 결말을 얻게 되는 일은 많이 있다. 그런데 이와 같은 일들이 많이 반복되었기 때문인지, 일상에서도 '큰 고기'에 대한 두려움과 경외감은 함께 있었다. 옛날이야기에서뿐만이 아니라 실제로도 큰 고기를 잡으면 팔든가, 매운탕을 끓여먹든가 하지 않고 그냥 물로 돌려보냈다. 실제 생활에서도 큰 고기에 대한 정서가 옛날이야기에서와 같았다는 것은 참재미있는 일이다.

시아버지가 허가를 내서 강에서 고기를 잡으셨거덩. 고기 잡아 가지고 너무 크면 도로 놔준다. 왜 되루 주냐하면 물에. 그게 말하자면 물 대장이래. 고기로 말하자면 대장이잖어? 이만한 고기를 잡으면 되루 놔줘. 요만큼 한 거만 잡으면 가져오고. 그건 물왕이래여. 물왕. 그건 그냥

(김길자, 여, 72세, 충주 탑평리 탑정, 2003년 12월)

허가를 내서 고기를 잡는 어부의 경우에도 큰 고기는 도로 놔주고 작은 고기만 가져온다. 큰 고기는 물왕이기 때문에 도로 놔

준다는 것이다.

물에서든지 어디서든 왕이 있다는 생각, 그 왕을 뭍에 사는 인간도 존중해 주어야 한다는 생각, 이런 것들이 진정으로 자연과 인간이 하나 되어 사는 친환경적인 사고방식이 아니었나 생각하게 한다. 큰 고기 잡아다가 팔면 돈은 더 받겠지, 밥상도 더 풍성해지겠지. 그러나 물에 사는 왕이니, 물고기들의 왕이니 이쪽에서도 함부로 하면 안 된다는 생각이 결국 물을 풍성하게 하고, 조화롭게 했다. 거침없는 개발로 풍요를 누리는 요즘, 그중 소중하고 애틋한 어떤 것들은 제 살던 데로 그냥 돌려보내는 여유를 가질 수는 없을까? 그래서 더불어 행복해질 수는 없을까? 산과 물이, 물과 땅이 서로 위해주고 살려주는 아름다운 미래를 그려 본다.

4. 경주 이씨들은 팔별자손

잉어도 용족이지만 자라도 용족이다. 자라는 특별히 물과 육지를 왕래할 수 있기 때문에 용궁이야기에 많이 나온다. 삼국사기 구토지설에서는 거북이가, 판소리 수궁가에서는 자라가 나온다. 둘 다 비슷하게 생기기도 했지만, 물과 육지를 왕래할 수 있는 특징을 가지고 있다. 그러니 이 두 이야기가 전래된 인도의 이야기에서는 원숭이를 유혹하는 동물이 악어이다. 악어도 물과 육지를 왕래할 수 있는 동물이니까. 서로 다른 이질적인 장소를 왕래하면서 호기심을 자극하는 이야기를 만들어 낸다.

경주 이씨들은 팔별 자손이에요. 경주 이씨들은 자라를 잡았다가
도 놔 주고 그 전설이 으뜨게 나왔느냐 하면 내가 들은 얘기가 경주
이씨들이 말하자면 중시조되는 사람이 장가를 갔는데 꿈에 현몽에
어 용궁에 용왕이 됐든지 참 허연 노인네가 나와서 꿈에서 현몽하
기를 첫날 저녁에 현몽하기를 뭐라 그랬냐 하면은 제발 내 아들 팔
형제를 좀 살려달라 말이야. 내 아들 누군지 모르지. 그게 자라였었
어요. 살려달라고 이렇게 참 현몽을 하고 깨 보니께 꿈이라 이거여.

그래 가지고서는 자다 말고 새신랑 새신부가 잠 자다 말고서는
하인을 부른 거여. 말하자면 신부집 하인을. 그래서 물어본 거여. 장
가서 첫날 저녁에. 그래 물어보니께. 너 느들 낼 아침에 나 자릿.
자릿조반이라고 그래서 인저 식사하기 전에 옛날에 말이죠. 신랑한
테다 국을 끓여다 대접했어요. 떡국이나 뭐나 이렇게 자릿조반이지.
자다 일어났다고 자릿조반이에요. 그게. 나도 역시 옛날 구식으로
장가를 갔기 때문에 자릿조반을 은어 먹은 사람이에요. 인저 그 물
으느께 딴 거 별 다르게 준비한 건 읎고. 자라를 여덟 마리 물에 담
궈 놓고 있다 그래니께. 낼 아침에 콩나물국이나 시래깃국도 좋으니
께 자라를 절대 죽이지 말고 나갈 때 날 다구.

(구성의, 남, 74세, 충청북도 충주시 앙성면, 2002년 12월 26일)

아무 것도 모르고 있던 사람의 꿈에 용왕이 나타나서 아들 팔
형제를 살려 달라고 한다. 그것도 혼인하고 첫날밤 저녁에. 전후
이야기를 보면 이것은 분명 가문이 번성할 길조이다. 그런데 난
데없는 용왕의 출현에 당황한 것은 당연하다. 그러고 나서 다음
날 일어나 물어보니 자릿조반으로 준비한 것이 바로 자라 여덟
마리이니, 이 자라가 용왕의 여덟 아드님들인 것이다. 자릿조반은
아침 식사를 하기 전에 자던 자리에 앉아 먹던 조반이라는 데서

붙여졌던 이름이다. 옛날에 임금님은 항상 자릿조반을 드셨다고
한다. 맛있는 죽 같은 가벼운 별미를 잠자리에서 일어나자마자
드셨던 것이다. 그런데 이 이야기를 해 주신 구성의 할아버지의
경우를 보면 임금님이 아니라도 혼례를 치른 다음 처가에서 자릿
조반을 대접받았던 모양이다. 새신랑이 자릿조반으로 준비해 놓
은 자라 대신 다른 것을 달라고 말할 때부터 용왕님은 흐뭇한 미
소를 짓고 계셨을까? 꿈에 나타나 팔형제를 살려 달라 한 노인의
말을 무시하지 않고 그대로 받아들인 새신랑은 자신의 한 그릇
음식이 될 자라들을 구하게 된다.

그래 가지구선 자라 여덟 마리를 도포 속에 느 가다 마치 자기
집에 돌아가는 길에 이와 같은 강이 있던 모양이에요. 게 다리를 건
느다 말구선 도포에서 한 마리씩 한 마리씩 물에다 던지니께 자라
가 반가워서 이렇게 힐끗 돌아보고 돌아보고 가더라 이거여.
그래 가지구서는 가서 인저 턱하니 참 잉태를 해서 아들을 낳다
보니께 아들 팔형제를 쭈루룩 난 거여. 자라를 난거여. 자라를 났지.
그래서 경주 이씨가 팔별 자손이라고 그래 이름이 난거여. 팔(八).
별(鼈). 별주부할 때. 팔별 자손이라고 그라는 거여. 우리 할아버지
한테 들은 얘기여. 벌써 우리 할아버지 적에라면 내가 다섯 여섯 살
적에 들었으니께 육십 한 오륙년 됐지.
용왕님이 나타났지. 그 자손들이 그래두 관직에 있으면서 경주
이씨들이 벼슬 많이 했잖아요. 그게 이렇게 자라 살려준 은공으로.
그런 얘기가 있어요.

구해 온 자라들을 돌아오는 길에 강에 놓아 주니 그 자라들이 반가워서 돌아보며 인사를 하더라는 이야기는 얼마나 감동적인가? 이심전심. 자라는 목숨을 건지게 되니 좋고, 살려 준 사람은 베푼 덕 알아주는 자라 때문에 좋고.

그리고 낳은 아들이 하필 팔형제다. 자라 여덟 마리가 아들로 태어났으니 보통 후손이 아닌 것이다. 아마 이렇게 팔형제를 보려고 새신랑에게 현몽했나보다 싶다. 시작부터 좋은 가문이니 이후에 얼마나 번창했겠는가?

용궁이 정말 있다고 생각하느냐고? 자라가 정말 은혜를 알아서 뒤를 돌아보았다고 생각하느냐고? 그렇게 물으면 할 말이 없다. 하지만 작은 자라 몇 마리, 잉어 몇 마리 이런 것들이 용왕의 아들딸이라고 생각하면 이 세상 온갖 생명 가진 것들이 더욱 귀하고 아름답게 보이는 것은 거스를 수 없는 진리인 것이다. 작은 풀 하나, 벌레 하나 온통 모든 것들이 이 세상에서, 아니면 이 세상 너머 어느 곳에서든지 누구에게는 아들딸처럼 너무도 귀한 존재임을 생각한다면 온 우주는 생명과 사랑으로 충만하여 흐르고 있음을 느끼게 된다.

온 우주가 서로를 해치지 않고 보듬으며 살아갈 때 조화와 기쁨이 있음을, 그것으로 인하여 자신의 기쁨이 더욱 충만해지는 것임을 다시 한 번 생각하게 된다.

5. 목계는 계집 치레 가흥은 울치레

충주시 목계 2리 율릉리에는 원순희 할머니가 사신다. 할머니는 타고난 이야기꾼이시다. 할머니께서는 2002년 12월과 2004년 2월에 찾아뵙고 40여 편의 이야기를 들었다.

2004년에 뵈었을 때도 할머니는 여전히 근력도 좋으시고 건강 상태가 양호했다. 답사팀이 방문한 날은 마침 된장과 고추장을 담그고 계셨다.

"목계는 계집 치레 가흥은 울치레" 가흥은 울이 그렇게 높어.(울 타리가 높고, 목계는 뭐가 높아요?) 기집 치레. 여자, 여자. 여자가 더 저기 해다고. "목계는 계집 치레 가흥은 울치레" (목계에 예쁜 여자가 많았어요?) 아이 많은 게 아니라 여자를 그릏게 우해 줬대.

이렇게 치마 이렇게 해서 내우 지킨다고 이렇게 입고 얼굴을 덮고 빨래하러 가도 이렇게 뒤집어 쓰고 가고. 여자를 그렇게 위했대. 여기는 기집 치레래. 그래서 기집 치레. 가흥은 울치레. 노인네들(왜 울치레 라고 했대요?) 울타리를 곱게곱게 칠해서 이렇게 넓게.

(원순희, 여, 78세, 충청북도 충주시 목계2리, 2002년 12월 27일)

〈목계나루터비〉

목계는 예전에 떼가 다닐 때 주막이 많이 있었으니 당연히 여자들의 치장이 많았을 것이다. 그래서 "목계는 계집 치레"라는 말이 생겼을 것이다. 할머니 말씀대로 여자들이 길에 다닐 때 쓰개치마를 해서 다니고 예의를 지킬 수 있도록 위해 주어서 그런 말이 생겼을지도 모르겠다. 가흥은 가흥창이 있었던 곳으로, 곡식과 돈이 풍부해 다른 곳보다 여유가 있었다. 그러니 집치장에 신경을 쓰고 한층 멋진 모습으로 가꿀 수 있었겠지.

'지금 그 사람 이름은 잊었지만'으로 시작되는 애잔한 노래에는 '세월은 가도 옛날은 남는 법'이라는 가사가 나온다. 여름날의 호숫가. 가을의 공원. 세월이 간다고 어찌 모든 것이 잊혀지겠는가?

〈원순희 할머니(가운데)〉

친구가 떠나도 그 사소한 버릇이나 음성이 가슴에 애잔하게 남듯이, 초등학교 운동장에 어린 시절의 추억이 고스란히 살아나듯이. 어쩌면 세월은 자신의 흔적을 말 속에, 기억 속에 빠짐없이 새겨 놓는 것일지도 모른다.

목계의 여자들은 사라졌고, 가흥의 옛 울타리는 이제 볼 수 없지만, 그 옛날 그 기억은 이렇게 이야기로 남겨져서 전해진다.

6. 용궁에 가 보셨나요?

많은 옛날이야기들이 있지만, 이야기를 들을 때 가장 흥분되고 가슴 떨리는 대목은 아무래도 누가 도깨비 방망이라든지, 흥부의 박이라든지 하는 어마어마한 선물을 얻는 대목이 아닌가 싶다. 여러 번 들은 이야기지만, '은 나와라와라 뚝딱, 금 나와라와라 뚝딱' 하는 대목에서 주인공이 원하는 대로 보물이며, 먹을 것이며, 좋은 옷들이 마구마구 쏟아졌다고 하는 대목에서는 귀를 더 쫑긋 세우게 되고 신이 나게 된다. 그게 설상 거짓말이라고 하더라도.

용왕의 아들인 자라를 살려 주어서 그들을 아들로 갖게 되었다는 것도 재미있는 이야기지만, 물고기를 살려 주고 용궁 구경도 하게 된다면 얼마나 재미있을까? 그리고 선물까지 받는다면. 물속에 있는 신비한 나라인 용궁 구경도 하고, 용왕께서 친히 주시

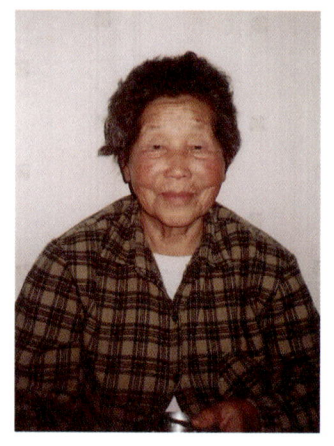
〈원순희 할머니〉

는 선물도 받고, 그야말로 꿩 먹고 알 먹는 일이 생긴다. 물고기 한 마리 살려 주고.

　할아버지가 할머니하고 둘이 사는 데 소일을, 고기 잡아오는 게 소일이야. 할아버지는. 어느 날은 고기를 잡으러 갔는데 고기를 하나도 못 잡았더리여. 할머니는 기다리고 있는데 하나도 못 잡아가서 어떻게 하나 하다보니까. 저녁때가 되가는데 뭐가 고기 큰 게 걸렸어. 고기가. 그래가주구 보니까 그냥 아주 금붕어여 금붕어여. 너무 좋아.
　할아버지가 이렇게 고기를 보니까 고기가 말을 했어. 말을. 살려달라고. 눈물을 떨구면서. 할아버지가 그래서 그냥 고기를 가라고 그냥 놔줬어. 놔줬더니, 놔주고 집엘 갔더니 할머니가
　"왜 오늘은 아무것도 안 잡아 가지고 오세요?"
　"아 오늘은 그렇게 됐어."
　그러고서 말았어. 말았는데 며칠 있다가 할아버지를, 용왕님의 아들이래. 고기가. 물 속의 용왕님의 아들이랴. 놔줬으니까 용왕님이 할아버지를 데려 오라 그랬어. 아들이 사람이 돼 가지고 우리 아버지가 할아버지를 모셔 오라고 했으니까 나하고 가자고 하니까. 어딜 가냐고 하니까.

　　(원순희, 여, 78세, 충청북도 충주시 목계2리, 2002년 12월 27일)

　보기에도 너무 좋은 고기를 잡았지만 그 고기가 말을 하는 고기이다. 사람의 말을 하는 물고기는 보통 물고기가 아닌 것이 분명하다. 그 말이란 것이 살려달라는 애원인 것을 생각하면 웬만

큰 간 큰 사람 아니면 안 살려 줄 사람이 별로 없을 것이다. 그 고기가 며칠 있다가 나타나서 자기가 용왕의 아들인데 함께 갈 곳이 있다고 한다. 용궁이다.

갈 때는 물이 아니야. 평지여. 물 속에 그런 게 없어. 용왕인데 진짜. 거기 가니까 진짜 용왕님이 앉아서 우리 아들을 살려 줬으니까 무엇이든지 할아버지가 원하는 대로 주겠다고 그러니까 그 아들이 가면서 개평을 하더리여. 아우 무슨 주머니래든가 잊어버렸네. 뭔 주머니를 달라고 해라구. 그것만 있으면 만고의 그 안 있는 게 요구만 하면 들어온대여. 복주머니래. 그걸 달라고 그러라구. 뭐가 그렇게 필요하냐구. 할아버지가 요구하는 대로 드리겠다구. 우리 하나밖에 없는 아들을 살려 보냈으니 얼마나 좋으냐구 그러니까. 나는 그거 아무것도 필요 없고 무슨 주머니라 그랬는데 잊어 버렸네.

"복주머니나 하나 주셨으면 좋겠어요."

한참 생각을 하더니 꼭 그거야지만 되겠냐구 그러디리애. 너무너무 망한 거니까. 그거 꼭 그거야 되겠느냐구. 할 수 없지 약속을 했으니까. 그걸 주더래. 그걸 가지고 인저 집에 가시라고 집에 와보니까 하마 이기 기와집에다 부자가 다 된 거야. 다 해 놨어. 복 주머니가 다. 보물 주머니 가져왔지 얼마나 부자가 됐어? 그래가주구 부자가 되가주구 낚시질도 안 댕기고. 호의호식하고 살다 돌아가셨어요. 그걸 가주구 말만 하면 앞에 와 있는 거여. 내가 뭐 필요하다 돈이 필요하다 그러면 돈이 와 있구. 그러니까 보물 주머니지.

용궁에 가는데 그곳이 물이 아니라 평지이다. 그러니 이곳이 범상한 곳이 아닌 것에 틀림없다. 용왕의 아들은 할아버지를 적극 도와준다. 자기 아버지가 선물을 준다고 하거든 '복주머니'를 달라고 하라고 알려 주는 것이다. 나중에 용왕이 한참 머뭇거리는 것을 보니 이것은 용왕에게도 무척 소중한 것임에 틀림없다. 결국 이것을 선물로 받아 온 할아버지는 할머니와 행복하게 오래오래 잘 살게 되었다. 신나는 결말이다.

복주머니 받아서 오래오래 행복하게 살게 되었다는 결말이 허황되고 재미없게 느껴질 때가 있었다. 그런 엉터리 같은 결말이 어디 있냐고. 그런데 세월이 조금 지나니 다시 어릴 적의 감수성으로 돌아감을 느낀다. 어디에서 복주머니 하나 얻었으면 하고 사는 것은 아니지만, 그래도 마음 한 구석에 복주머니나, 행운이나 뭐 이런 것들에 대한 기대를 영영 지워 버리지 않고 사는 게 더 행복하지 않을까? 내가 아니면 그 누구 정말 착한 사람이 이런 행운을 왕창왕창 받아서 행복하게 되는 것을 꼭 보고 싶다는 생각을 하게 된다. 정말 착한 일한 사람, 마음 따뜻한 사람들이 적절한 보상을 받아서 오래오래 행복하기를. 복주머니들이 여기저기서 마구마구 열려서 숨통 터지는 세상이 되기를.

7. 며느리가 시어머니 좋아하게 된 얘기

원순희 할머니는 얘기 속에서 인과응보나 천우신조 등 착하게 살면 복을 받고, 자손도 잘 된다는 원리를 강조하신다. 그리고 당신도 젊었을 때 시어머니로부터 구박도 많이 받고 다른 며느리보다 더 못한 대우를 받았지만 잘 참았더니 지금은 자신이 훨씬 잘 되었다고 말씀하셨다. 또한 시집 와서는 경제적으로 매우 어려웠지만 자신이 시집 온 다음에 집안이 일어나 잘 살게 되었다고 하셨다. 이렇듯 자신의 지나온 삶에 대한 자부심이 상당히 짙게 배여 있는 듯 느껴졌다.

〈장 담그시는 원순희 할머니〉

또한 할머니는 성품이 온화하고 다정다감한 편이다. 할머니의 작은 아들의 얘기에 따르면 할머니는 평생 자식들에게 욕을 한 번도 안 할 정도로 매우 인자하게 양육하셨다고 한다. 그러면서 할머니께서 이렇게 다양한 얘기를 쉬지도 않고 하시는 것을 보면서 적이 놀란 눈치였다. 평소에 할머니께서는 말씀도 없으시고, 도통 자신의 의견을 비치는 법이 없는데 이렇게 많은 말씀을 하시는 것이 놀랍다는 것이다. 아마 할머니는 내성적인 성격 탓에 많은 말씀을 하시지는 않는 것 같다. 그러나 이야기의 구성이나 전개가 매우 치밀하고 자연스럽고 재미있었다.

어떤 사람이 하도 시어머니를 싫어해서 미워하고 싫어하고 그래서 남편이 여보게 우리 어머니 살 찌워가주구 갖다 팔을까? 어떻게 해야 살이 찌느냐고 내가 밤을 사다 줄 테니까 하루 두 개씩만 해주쇼. 그러면 우리 어머니가 살찌거든? 그러니까 이 여자가 증말인 줄 알고 밤을 그냥 해다 주니까루 노인네가 살도 좀 찌고 기운도 나니까 자꾸 며누리 일을 도와주잖아. 애기도 봐 주구. 아 그래서 인제 우리 어머이 갖다 팔까? 살도 찌고 그랬는데 아유 안 된다고 어머니 갖다가 팔면 안 된다고 그렇게 지혜를 내가주구 아들이 그렇게 해놓더리여. 그 사람이 을마나 지혜가 있는 사람이야? 그래가주구 사이가 좋아졌더래여.
(원순희, 여, 78세, 충청북도 충주시 목계2리, 2004년 2월 14일)

욕심 부리는 아이에게 욕심 버리게 하는 방법은? ―욕심꾸러기 놀부의 패가망신을 들려주는 것이다. 그러면 착한 아이가 되게 하는 방법은? ―콩쥐팥쥐 이야기 들려주는 것이겠지. 착한 며느리가 되게 하는 방법은? 백번 잔소리하는 것보다 착한 며느리로 개과천선한 사람의 이야기를 들려주는 것이 직방이다.

옛날이야기를 너무 좋아하면 가난해진다지만, 학교도 없고, 별다른 교육 프로그램이 없던 시절 이야기는 정말 유용한 교육도구였을 것이다. 이야기를 통해서 할머니와 할아버지는 사람 사는 도리를 가르치고, 손자 손녀들은 귀를 쫑긋 세우고 듣고. 배우는 일의 지루함과 고단함을 생각하면 이야기를 통해 배우는 것만큼 신나고 재미있는 교육방법은 없다는 생각이 든다. 흥미를 통해 주의 집중하다 보면 나중에, 그 다음날이나 다음날, 아니면 먼 훗날 철들어서 유익한 삶의 방법을 알려주었지. 이야기는 직접 말하지 않지만, 삶의 위기를 부드럽게 넘어가는 방법을, 험한 세상에서 다른 사람과 조화롭게 살아가는 방법을 넌지시 알려 주었다. 그것이 너무 직접적이었으면 자존심을 건드릴 법도 하건만, 할아버지 할머니가 건네는 잘 익은 홍시처럼 부드럽고, 자극적이지 않아 한두 개 받아먹다 보면 어느새 그 순한 입맛에 길들여지게 되고, 성품 또한 닮아가게 되는 매력이 이야기에는 있다.

부모에게 효도해야 한다고 백번 말하면 뭐하겠나? 마음을 움직이지 않으면 몸은 목석이나 마찬가지인 것을. 시어머니 우습게 여기던 며느리가 남편 덕에 시어머니에게 밤을 주게 되고 그 밤을 먹고 기운 차린 시어머니가 며느리 일을 돕게 되어 모두 행복하게 되었다는 이야기는 인간관계의 기본 원리를 넌지시 전해 준다. 누구에게 무얼 잘못했다고 시시콜콜 지적할 것도 없이, 이야기를 듣고 스스로 깨달은 바가 있으면 혼자 조용히 고치면 되는 것이다. 누구에게 야단맞을 필요도 없이.

시어머니 좋고, 며느리 좋고, 그러니 아들은 더 좋고 하는 "Win & Win"의 법칙을 밤 두 알에 살짝 숨겨 놓은 이야기의 매력. 나는 이런 이야기를 안 좋아할 수가 없다.

8. 옛날 얘기

〈윤원식 할머니〉

윤원식 할머니는 원순희 할머니와 친구 분이시다. 목계에서 태어나셔서 계속 목계에 사시는 분이다. 원순희 할머니께서 이야기를 많이 하셨지만 윤원식 할머니도 재미있는 이야기를 몇 편 해 주셨다. 그중의 하나를 싣는다.

옛날에는 얘기하라 그러면 할머니들이 우리 쪼끄말 찍에 "할머니 얘기 좀 해여." "왜 그리여." 그래, 얘기한다는 게 이리여. "그래 내 얘기 헐게. 과거를 보러 당나구를 타구선 인제 왈강왈강 왈강 왈강 절로 갔다." "아 우퉁게 됐어요?" "아 지금 왈강왈강 왈강 왈강." 아 그걸 얘기라구. 또 하라구, 또 하라구, 얘기하라면 별 얘기를 다 하라 그러지.
  그러면 어떨 때 정 할머니가 하기 싫으면 "옛날 옛적 간 날 간적 마귀할멈 소싯적에 까투리 처녀 적에 한 사람이 있는데---." 얘기가 읖으면은 아주 손주들이 그냥 앉으면은 시방은 텔레비전 보느라고 저기하지. 그냥 얘기를 해달라고 그냥 저기 막 그러고 그런 얘기를 했지.
  (윤원식, 여, 74세, 충청북도 충주시 목계2리, 2002년 12월 27일)

이야기를 해달라는 손자 손녀들을 달래는 몇 가지 방법. 이야기를 너무 좋아하면 가난하게 된다고 엄포를 놓거나, '쥐 한 마리가 압록강을 건너갔어, 두 번째 쥐가 압록강을 건너갔어,……' 이렇게 재미없으면서 끊임없는 이야기를 계속 늘어놓거나, 아니면 그냥 못 들은 척하거나 등등. 이 이야기도 그런 처방 중의 하나가 될 수 있을 것 같다. '과거를 보려고 당나구를 타고서' 그러면 뒤에 뭔가 그럴 듯한 이야기가 나올 것 같은데, 계속 되는 '왈강 왈강'을 보면 아마 이 이야기는 하는 사람이나 듣는 사람 둘 중의 하나가 포기하기 전에는 안 끝날 이야기 같다.

옛날 옛적, 간 날 간 적 마귀할멈 소싯적, 까투리 처녀 적 그 많던 이야기는 지금은 다 어디로 갔을까?

9. 시어머니 길들이기

원순희 할머니께 얘기를 듣다가 바보이야기를 해 달라고 하자 '시어머니 길들이기'이야기를 해 주셨다.

동네에 어느 아가씨가 바보라고 장가를 못 드는데 어느 아가씨가 그래도 시어머니는 무지히 무섭대네. 아들은 그리 바본데도. 근데 이 아가씨가 나 그 집에 시집 보내달라고. "시어메가 그렇게 무서운데 너 거가 어떻게 살라고 그러니? 바보 신랑에다가." 그래도 나 가 살 테니까 보내달라고. "니가 좋다면 그럼 보낸다." 그래 글로 바보 신랑한테로 시집을 보내. 보냈는데.

금방 시집 온 사람이 시어머니를 누가 때리겠어? 나오자마자 계속 막 팼대 시어머니를. (며느리가요?) 기 죽이느라고. 하도 무섭다고 소문이 나가지고. 글세 막 뚜드리고 팼더니 그래고는 아주 아닌 것처럼 하고 나가니까 왜 때렸느냐고 식구들도 알잖아? 인제 극성맞으니까. "아, 저 년이 날 팬다고." "설마. 그 말을 누가 믿어?" 다

웃드리여. "하마부터 시작이군." 아무도 신용을 안 주드리여. (시어머니가 워낙 무서우니까.) 아주 기를 죽이고서는.

(원순희, 여, 78세, 충청북도 충주시 목계2리, 2002년 12월 27일)

호랑이굴에 들어가도 정신만 차리면 산다고 한다. 무서운 시어머니가 있는 집은 옛날 여자들에게는 호랑이굴이나 다름없을 터이다. 그런 호랑이굴에 자진해서 들어간 간 큰 여자가 있다니…….

이 여자는 간만 큰 게 아니었다. 그 누구도 따라올 수 없는 지혜가 있었다. 그 무섭다는 시어머니를 시집오자마자 팬 것이다. 이 시어머니가 무섭다는 소문이 안 났다면 모르겠지만 이미 무섭다는 소문이 동네방네 퍼졌으니, 며느리가 시어머니를 팼다는 소문이 나도 불리한 쪽은 시어머니다. 시어머니를 팬 행동을 잘했다고 할 수는 없지만, 이에는 이로 맞선 것이 좋은 결과를 가져왔다. 다른 사람에게 필요 이상으로 심하게 하는 사람의 정신상태도 온당하다고 할 수는 없을 터이니, 그런 사람에게 정상적인 방법이 통할 리 없다. 오히려 파격적이 방법이 더 맞아 들어가는 수도 있다. 며느리의 이런 파격적인 행동은 성공적이었다.

그래 바보는, 신랑은 바본데도. 일을 해러 가면은 바보니까 바보 짓을 해고 그래. 여자니까 여자가 가르치고 바보래도 여자가가 그래 공부시키고 그러니까로 나중에는 똑똑한 사람이 되더리여. 아주 바보가 아니라. 그래 가주구 잘 살았대여. 뭐. (며느리가 시어머니 버릇을 고쳤네요) 시어머니를 꺾어 가주구 살았지 뭐. 성질 그런 사람이 내중에 시집살이를 하겠어? (며느리가 머리가 아주 좋네요.)

(원순희, 여, 78세, 충청북도 충주시 목계2리, 2004년 2월 14일)

바보 신랑도 여자가 가르쳐서 똑똑한 사람으로 만들고. 그러니 제2의 평강공주인 셈이다. 여성이 자신의 지혜로 문제를 해결하는 유형의 이야기도 많이 있는데, 이 이야기에서는 자기의 의지로 어려운 상황을 선택하여 문제를 해결하니 여성의 적극적인 의지가 한층 더 잘 드러난다.

여자든 남자든 운명에 맞서겠다고 나서면 무서울 것이 무엇이겠는가? 그것도 나와 가족 모두를 살리는 '살림'의 일이라면.

10. 장자늪 전설

집안을 망치는 며느리가 있는가 하면, 집안을 살리는 며느리도 있다. 그런가 하면 며느리의 인간됨과 높은 이상과 맞지 않아 며느리의 노력으로도 구제불능인 집안도 있다. 전국의 깊은 연못이나 늪이 있는 지역이면 꼭 하나씩 있는 이야기가 있다. '장자늪 전설'이다. '저기 올라가면 명주실 한 꾸리를 다 풀어도 닿지 않는 소가 하나 있어. 있는데,' 이렇게 시작되는 장자늪 전설은 인간의 작은 과오에서 비롯된 엄청난 재앙이라는 운명적 문제를 다루고 있어서 들을 때마다 안타까움을 느끼게 한다.

강가에 저기 그게 뭐드라. 장자늪. 장자늪이 왜 전설이 있잖어. 장자늪이 전설이 있는데 아주 큰 부잣집이 거기 살았댜. 부잣집이 살았는데 중이 동냥을 하러 갔는데 동냥을 하러 갔는데 이 할아버지가 얼마나 못됐는지 동냥 줄 게 어디 있냐고 머슴이 거름을 치는데 그러면 거름이나 한 삽 줘서 보내라고. 그래가주구 머슴이 거름을 하나 해서 찌었었어.

며느리가 안에서 이렇게 숨어서 봤던가 봐. 그래가주구 너무너무 안타까워가주구 며느리가 쌀을 퍼가주구 나오면서 시아버지 들어가고 없길래 이걸 가져가시라고 죄송하다고 그래니까 이 중이 하는 말이 뒤도 돌아다보지 말고 날 따라오라고. (금방?) 응, 금방 날 지금 따라 오래. 뒤도 돌아다보지 말고 날 따라 오라고. 근데 며느리가 참 중을 따라서 이렇게 중턱에 있어. 산에. 중턱에 이렇게 바위가 있어. 그게 그 며느리 죽은 거래요. 그러니까루. 뒤도 돌아다보지 말고 따라오라 그랬는데 어떻게 뒤를 돌아다봤디야.(돌아다보지 말았어야 되는데) 그러더니 뇌성벽력을 치더니 그 응어릴 다 벼락을 때려가주구 장자못이라고 아주 엄청 큰 못이 생겼어.

(원순희, 여, 78세, 충청북도 충주시 목계2리, 2002년 2월 14일)

첫 번째 안타까움은 시아버지가 왜 그렇게 마음을 넉넉하게 쓰지 못했을까 하는 것이다. 다른 사람도 아니고 스님이 시주를 왔다면 조금 더 여유롭게 대처해야 하지 않았을까 하는 것이다. 쌀을 더도 말고 한 바가지라도 퍼 주었다면 그렇게 물 속에 잠기는 일은 없었을 것 아닌가? 게다가 보통 먹고사는 집도 아니고 장자면 아주 부잣집인데 말이다. 시주할 만큼 넉넉하지 않은 집에서 그랬다면 이렇게까지 엄청난 재앙을 맞지는 않았을 것이다.

두 번째 안타까움은 역시 며느리에 대한 것이다. 뒤돌아보지 말라고 할 때 뒤돌아보지 않았다면 그 험한 상황에서도 혼자 자유로웠을 것을. 왜 뒤를 돌아보았단 말인가? 그러나 이런 안타까움도 이야기에서도 모두 부질없는 것이다. "금기는 깨지기 위해 존재한다." 돌아보지 말라면 보고 싶고, 판도라의 상자는 꼭 열어 보기 위해서 "열어 보지 말라"는 금기가 붙어 있는 것임을.

특별히 "뒤돌아보는 것"은 인간적인 약점을 얼마나 잘 반영한 것이던가? 앞을 내다보며 나가기도 힘든 게 인생이지만, 미련 남는 것, 두고 온 것에 마음이 더 쏠리는 것이 인생 아니던가? 더군다나 자신이 애지중지하던 모든 것들이 물에 잠기는 것을 외면하고 앞만 볼 수 있는 사람은 별로 없지 않나 싶다. 바위가 된 며느리의 심정은 어땠을까? 물에 잠기는 집을 바라보며 자신도 차라리 바위로 굳어져 그 집을 바라볼 수나 있게 된 것을 다행이라고 생각했을까? 구약 성서의 롯의 아내는 소금기둥이 되고, 우리의 장자집 며느리는 바위가 되면서 어떤 생각을 했을까?

(거가 장자늪이유?) 그리여. 그 위에 다리 논 데, 새로 다리 논데. 아주 그 위에여. 중학교 짓던 거기. 장자늪이 을마나 컸는데? 저쪽에. 저우네 저 꼭대기 있어. 지금은 메어지고 을마 안 되더라고. 그속에 금방아도 들었대여. 얼마나 부잔지. (하? 금방아도 들었대요?) 금방아도 들었대여. 그 속에. 다 없어지고 늪만 생긴거고 며느리는 거기서 돌아다 봐가지고 죽어가지고 돌이 돼. 돌이 이 사람 같은 게 저기 섰어. 지금 있어. 저만치 올라가서. 그게 전설이여. (다리울 있는 쪽으로 있다고?) 아니지. 저우네서 저리 올라 가. (얼마 전에 우리가 조개 줏은 데). 다리 있는 데 댐 거기여. 장자늪이 있었는데 장

자늪이 있었는데 지금은 메고서 을마 안 남았어. (동네 이름이 뭐예요?) 저우네. 저우네.(그래 맞어.) 장미산은 여기고 저우네는 저기고 그리여. 그 안에 부둑골 있는데 거기서 그 뭐 마라든가 올미(?) 같은 걸 빠면 묵을 해먹는디여? 장자늪에서 새카마. 그걸 잡아다가 우리 아저씨가 가서 고기 많이 잡아왔어. 그 장자늪에서 (우리덜도 거기서 어려서 조개비도 줏어오고 장자늪에 가서) 이렇게 연못 같이 동그랗게. 집은 온 데 간 데 없고 못만 생겼어.

집은 온데간데없고 못만 생겼다는 얘기를 들으면 정말 그 연못에 집이 있었을 것 같은 기대가 생긴다. 그러니 "지금도 맑은 날이면 그 집 맷돌이랑 가마솥이 잘 보면 보인다"고 말한다. 햇볕 좋은 날 장자늪에 가서 그 집 맷돌이랑 가마솥을 한 번 보고 싶다.

11. 전쟁 중에 사람 살린 호랑이

요즘 세상에서 가장 무서운 것을 들라면 무엇을 들 수 있을까? 아마 핵무기나 전쟁, 교통사고 등등을 들 수 있을 것이다. 물론 예나 지금이나 가장 무서운 것은 사람일 테지만……. 울울창창한 숲이 펼쳐져 있던 그 옛날 가장 무서운 것은 아무래도 호랑이였다.

예전에 6 · 25 사변. 6 · 25사변 알어? 우리하고 남도 아니고. 목계에 아주 부자로 살았걸랑. 우리 아버지의 오촌 당숙이래. 나도 너머로 알았는데. 오촌 당숙이란 말이여. 빨갱이들이 와서 와가지고서는 사람을 막 그냥 잡아가고 그랬어. 그랬는데 우리 아부지 오촌 당숙이 너무너무 그냥 저거하니까. 그랬는데 세상에 갔다가 들어가고 나니까 우리 아주머니가 그 아저씨 우리 아주머니가 식구가 다 놀랜거지. 인제 무슨 빨갱이한테 가가지고 인제는 죽는 목숨이다. 이러고선 목계 지서로 갔었대. 갔는데 그냥 애를 태우고 인제는 그냥 못보겠다.

(윤원식, 여, 74세, 충청북도 충주시 목계2리, 2002년 12월 27일)

전쟁을 안 겪어 본 세대는 전쟁에 대해서 모른다. 물론 나도 전쟁을 겪어 보지 않아서 전쟁의 비참함을 알 수 없지만, 어르신들의 이야기를 들어보면 전쟁의 잔혹함과 혹독함에 대해서는 몸서리가 쳐진다. 오죽하면 소설가 박완서 선생님은 자신이 겪은 전쟁의 상처를 계속 이야기하고 싶었지만, 전쟁이 끝난 지 몇 년 안 되어 모두 전쟁 이야기를 새까맣게 잊어버리는 통에 누구를 붙잡고 전쟁의 상처를 말할 수 없어 소설을 쓰게 되었다고 고백했겠는가? 한국 전쟁 때 곡식을 구하러 부부가 나갔다가 남편은 총 맞아 죽었는데, 구해 온 곡식으로 자식들과 밥을 해먹은 아내의 얘기, 아들을 잃고도 멀쩡하게 참외 장사를 하는 부부의 얘기. 평상시라면 예의범절을 갖추고 살았을 보통 사람들이 전쟁의 비참함과 혹독함 앞에서 무참하게 깨어지는 현실. 전쟁 때문에 생사가 오가는 현실 앞에서 예의범절은 고사하고 기쁨과 슬픔을 챙기는 것도 사치였으리라.

게다가 부자로 살던 사람이 빨갱이, 공산당 앞에 끌려갔다는 사실은 정말 목숨을 부지하기 어려운 난관이다. 살아 돌아오기 어려운 엄청난 일이 벌어진 것이다.

낭중에 우리 아주머니가 어디를 갔다가 오자니까 호랑이가 이렇게 다리를 이렇게 하고 있더리여. 너무너무 무서워가지고 이 아주머니가 너무너무 무서워 가지고 이 아주머니가 호랑이 보고

"아이고 호랑이, 그냥 오늘 지서에를 갔는데 잘 풀려 나오게 해 달라."

고 이래 하는데 대들지는 안하고는 이래고 앉아서 후 숨을 이렇게 후 쉬더래요.(호랑이가요?) 호랑이가 이래고 보더니만 고개를 이렇게 하더니만 요쫙으로 요렇게 하더니 요래고 보더래요.

그러고서는 인제 집에를 갔다. 그랬더니 정말 정장으로 다 벗어 놓고 마고자를 쓰고 지서에를 갔는데 그냥 그렇게 살아 오셨대. 그렇게 살아 오셔가지고서는 너무너무 감사하더래. 그래가지고 호랑이도 정말 그렇게 아는 거는 다 알고 있다.

호랑이를 만난 것은 아무래도 우연은 아니었을 법하다. 호랑이를 만나서 빈 것이 제발 잡아먹지 말아달라고 한 것이 아닌 것을 보면. 호랑이에게 빈다. 제발 지서에 간 우리 양반 목숨을 구해달라고. 호랑이의 반응이 재미있다. 그냥 가거나, 외면한 것이 아니라, 한숨을 쉬고 고개를 돌리고. 아마 호랑이가 사람의 말을 알아들었다는 의미일 것이다. 이런 것을 보면 호랑이에게 '동물의 왕'이라든가, '산중왕'이라고 부르는 호칭이 아깝지 않은 듯 하다.

윤원식 할머니는 강원도에서 사시다가 열다섯 살에 목계로 오셨다. 그런데 호랑이가 너무 무서워서 화장실에도 못 가셨다고 한다. 호랑이가 그냥 오는 것도 아니고 여자 소리를 하면서 사람들을 불러낸다. 불러내가지고는 그냥 먹지도 않고 공깃돌 받듯이 받아서 가지고 놀다가 정신을 다 빼서 잡아먹는다고 한다. 정말

강원도에 호랑이가 많았고, 잡혀 죽은 사람도 많았다는 이야기가
실감이 났다.

　　예전에는 이 라디오도 없고 유성기판이라고 있었어. 거 갈 때 그
　렇게 가믄 그냥 거기서 우리가 현재 우리가 현재 강원도 살았는데
　쬐맨해서 거기서 그 얘기를 많이 들었던 거야. 그래서 내가 아주 그
　냥 화장실에도 혼자 그냥 못 나가고 그렇게 그냥 많이 그런 얘기를
　들었다구.

　호랑이가 사람을 잡아먹으면 머리는 남겨 놓고 잡아먹는다거
나, 여자 소리를 내면서 유인한다거나, 공깃돌처럼 가지고 놀다가
잡아먹는다거나, 간절하게 소원을 빌면 이루어준다거나 하는 이
야기들이 지금은 단순히 지나간 옛날이야기지만, 그 옛날에는 소
중한 정보가 아니었을까? 호랑이 반, 사람 반이었다는 그 옛날,
호랑이에 대한 이야기는 호환을 막는 소중한 정보였을지도 모르
겠다. 동물원에서 낮잠만 쿨쿨 자고 있는 호랑이만 볼 수 있다는
사실이 얼마나 다행인지 모른다. 물론 그 옛날 천하를 호령하던
그 기상은 간데없지만……

12. 나이는 어려도 마음은 넓은 신랑

　우리나라 부부들이 이혼하는 경우가 많이 늘었다고 한다. 대표
적인 이유는 '성격차이'.

지금에 비하면 옛날에는 이혼하거나 떨어져 사는 경우가 매우 드물었지만, 바로 그런 사회적 분위기 때문에 문제가 생겨도 속으로 가슴앓이 하는 부부도 많았을 것이다. 특히 조선 후기에 들어오면 상대적으로 약해진 여성의 권리 때문에 여성들의 고통은 더 많았다. 그러니 하고 많은 민요 속에 나오는 가사가 여성들의 한이 아니겠는가? 그렇게라도 풀면서 자신의 애환을 달랬으니 그 고단한 시집살이와 많은 가사노동을 견뎠을 것이다.

일이 아무리 고되고 힘들어도 아무래도 시집, 남의 집에 들어와서 살아야 하는 여성의 마음을 가장 잘 위로해 줄 수 있는 것은 남편의 따뜻한 말 한 마디, 애정 어린 시선이었을 것이다.

　　쬐끄만 신랑한테 시집을 갔는데 아이구 들에 밥을 가지고 갈라니까 요게 앞에 따라 나서서 갈고쳐서 죽겠디리여. 그래서 발길로 툭 찼더니 저 도랑에 가서 빠졌대. 하하하. 신랑이 너무 즉어서.
　　밥 해면 울지 말래도 귀찮게 울고 귀찮더래네. 한번은 너무 그래서 부아가 나서 집어가지고 지붕에다가 던졌대여. 조금 있다가 시아버지 시어머니가 들에 갔다 오더리여. "이놈의 자식, 아니 너 왜 거가 있니?" 그러니까 "나 호박 따러 왔지, 뭐." 그래면서 "이걸 딸까 저걸 딸까." 그러더리여. 아 그 저 년이 날 여기다 던졌다고 그랠텐데 아 그래고 "나 호박 따러 왔지." 그래가지고 아이고 신랑 깔보다가 큰일 나겠디리여. 그래 가주구 그다음엔 다시는 안 그랬대요. 나이는 어려도 그 감싸주는 거 봐. 내가 이러다간 클 나겠다. 안 그랬디여. 못 그랬디여.
　　(원순희, 여, 78세, 충청북도 충주시 목계2리, 2002년 12월 27일)

나이나 많은 신랑이면 모르지만 어린 신랑에게 시집을 갔다. 고된 시집살이에 의지나 되었으면 좋겠는데, 말이 통하기는커녕 갈고친다.(충청북도 방언－거치적거린다, 귀찮다) 들에 밥을 가지고 나가는데 도와주기는커녕 따라나서서 앞에서 거치적거리니 얼마나 귀찮았을 것인가? 거치적거리던 참에 발길로 툭 차니 도랑에 가서 **빠졌다.** 상황을 생각하면 한 편의 개그처럼 코믹하기만 하다. 어린 신랑을 한 발에 툭 차서 도랑에 **빠뜨리는** 여장부!

그것뿐만이 아니다. 어린 신랑이 울기에 화가 나서 '집어다가 지붕에 던졌다' 얼마나 화가 났으면 그랬겠는가? 그런데 이어 시아버지 시어머니 등장! 긴장되는 대목이 아닐 수 없다. 신랑이 앙심을 품었으면 이때다 하고 고자질 한 마디만 하면 이 여장부는 당장 호령감이 되었을 텐데. 이 어린 신랑이 신부를 감싸주는 것이다. 하얀 거짓말로, 호박 따러 왔다고. 이렇게 위기를 모면한다. 거치적거리고, 울고 짜고 어린 애 같기만 하던 신랑의 깊은 마음씨에 감동된 신부가 신랑을 깔보면 안 되겠다고 다짐하게 된다.

이렇게 통쾌하게 복수할 수 있는 상황에서 "나? 호박 따러 왔지!" 하는 여유를 가져 본 적이 있는가? 나는 아직 없는 것 같다. 복수를 복수의 기회로 삼지 않고, 아량과 여유를 가지면 무엇보다 자신의 정신 건강에 좋다고 정신과 의사들은 말하던데.

어려도 아내를 감싸줄 줄 아는 넓은 아량을 가진 꼬마 신랑과 그의 씩씩한 아내는 아마 오래오래 행복하게 살았겠지?

13. 중을 사랑한 신부(新婦)

갑돌이와 갑순이는 한마을에 살았고, 사랑을 했지만, 그들의 사랑은 이루어질 수 없었다. 한국적 사랑의 비극의 결정판이 갑순이와 갑돌이의 이야기. 노래에서뿐만 아니라, 얼굴 맞대고 살면서 마음속에 연정을 품고 있던 사람을 가슴에 묻어 두고 얼굴도 보지 못한 다른 사람에게 어쩔 수 없이 시집을 가야 하는 것은 견디기 힘든 사람의 비극이었을 거다. 여기 다른 사람도 아닌, 중을 사랑한 것이 비극의 비극을 낳은 이야기 전문을 소개한다.

옛날에는 열 살만 되면 하마 장가를 보내여. 열 살만 되면 장가를 보냈는데 신랑은 열 살이면 색시는 이런 열댓 살, 색시는 또 컸어. 그래 가지고 열 살 먹은 거를 장가를 보내는데 할아버지가 후황을 따라 갔어. (이성희: 후황이 뭐예요? 할머니?) 신랑 따라가는 거. 대표로다가. 그냥 신랑만 안 보내고 열 살 먹은 거 가는데 할아버지가 따라갔어. 옛날엔 그 집에서 예를 치르고 하룻밤 자야 왔거든. 처녀 집에서 하룻밤 자고 온다구. 안채가 이렇게 있고 행랑채는 조롱게 있고 그랬거든. 그래서 인제 행랑차에서는 할아버지가 주무시고 안채에서는 신방을 안채에다가 채려줬는데 첫날밤을 인제.

할아버지는 그날 저녁 때 갈라 그랬대. 손주는 놔두고 저녁 때 그냥 갈라 그랬는데 자꾸 까막까치가 앞에 와서 가로막드래여.(못 가게요?) 응, 할아버지가 예감이 이상해서 도로 갔대. 도로 사돈네 집으로 가가지고는 도로 가서 자는데 잠이 안 오래. 남의 집에 갔으니까 잠이 안 오겠지. 그래서 밤중이 지났는지 어떻게 됐는지 이렇게 보니까 그 신부 방에 이렇게 방에서 불을 켜 노면 밖에서 그림자가 보이지 왜? 옛날에 그 종이문으로 발른 거. 그게 보이는데 그 신부방이 보이드라네. 바깥에 나와가지고 들여다보니까. 신부 방이 보이는데. 근데 어떻게 하니까루 중머리가 보이드리여. 신부 방에서 중머리가. 아이구 참 이거 큰일났다. 노인네가 한참을 그래고 문을 보니까 아 중이 대가리가 이래 널찐한데 큰일났더리여. 가서 신부방에 가서 들었대여. 문 앞에 가서. 들으니까 신랑은 어디 갔는지 간 데도 없구. 둘이 앉아서 왜 신랑 신부 왜 차리다가 뭘 먹으라고 주잖아? 둘이 앉아서 자커니 받거니 먹드리여. 손자는 간 데가 없드리여.

을마나 놀래고 마음이 급해가지고 이 노인네가 막 문을 열고 들어갔디여. 들어가니까 손주를 이불 속에다 늫구 깔고 앉아서 먹드리여. 그 이놈의 손주를 쪼끄만 놈의걸 깔고 앉았으니 죽지 안 죽어? (누가 깔고 앉았어요?) 신부가. (신부가요?) 응. 신부가 그 인제 중하고 도망갈 챔이라 말이여. 망했지? 안 망했어? 그 중을 보고 목숨을 살려달라고, 살려 노라고 소원했지. 연놈은 도망을 갔대여. 연놈은 막 도망을 가 버리고. 벼락을 맞은 거지 인제. 세상에 장가 든 놈을 쥑여놨으니.

하마 집에를 와서 저거 했는데 그때 또 이 신랑 죽은 영혼이 그집 집안까지 다 댕기며 망해놓드리여. (억울하게 죽어서.) 그럼 억울하게 죽어서. 중은 물론이고. 집안까지 애들까지. 그래가주구 애들이 죽어 가지고 다 댕기며 귀신이 망해놓드리여. 외아들 장가 너무 일찍 보내가지고 쥑이드리여. 그게 아마 중하거 사전에 뭔 일이 있던 거지 사전에. 그날 밤에 인제 쥑이고선 즈들도 도망가자 그랬던가 봐. 그런 일이 있었디여 옛날에. (그게 인제 왜 그렇냐 하면은 예전에는 신랑이 쪼끄맣고 색시가 업고 댕겨 그랬다고) 중하고 좋아하면서 신랑을 깔보면서 그랬더리여.

(원순희, 여, 78세, 충청북도 충주시 목계2리, 2002년 12월 27일)

다른 사람을 사랑하여 어린 새신랑을 깔고 앉아 먹고 마시다가 죽인 이야기는 듣기만 해도 소름이 오싹 돋는다. 원순희 할머니께 들을 때도 꺼림칙했는데, 정리하는 지금 역시 여러 가지 안타까움이 든다.

그러니까 위험한 사랑은 안 된다고!

14. 사랑의 실수를 임시변통하다

이야기에서 이루어질 수 없는 사랑의 이야기들은 단골 소재가 된다. 이야기의 플롯이나 구성을 보면 요즘 인기 드라마 뺨치는 이야기들이 많다. 또한 상대에 대한 절절한 마음이 여과 없이 그대로 드러나 있어, 그 흥미는 배가 된다.

한 사람이 여행 중에 만난 의사 부인을 짝사랑하여 병이 난다. 이 이야기를 들은 의사 부인이 그를 만난다. 이야기가 여기서 끝나면 재미없다. 긴장도 없고 서스펜스도 없으니……. 의사가 그 남자를 대면하여 남자의 상세한 이야기를 듣게 되는 데서 이야기의 긴장은 고조된다. 치밀한 구성과 청자의 뒤통수를 치는 유쾌한 반전이 있는 재미있는 이야기를 소개한다.

그전에 아주 한 부잣집 아들이 공부도 할 것 다하고 돈도 많고 그런데 직장도 안 댕기고 여행을 나갔대여. 조선 팔도를. 여행을 하러 나갔는데, 어디로 어디로 갔는데, 좋은 호텔에 가서 자지 인제 비싼 여관에. 그런 데 가 자고 먹고 이렇게 돌아다니는데. 어느 곳에를 갔는데 아마 충주쯤 이런 덴가봐 도시, 쪼끔만 도신데. 여관을 정해갖고 잘라고 이렇게 인제 도시에서 내다보는데 아주 앞집에가 앞집 병원인데 병원 의사의 부인인데 을마나 잘났는지 그이한테 반해가지고 이이가 고만 못 가는 거여. 못 가고서는 거기서. 못 가니까 나중에 병이 났어 거기서. 병이 나서 그냥 갑작스럽게 병이 나서 앓는 소리를 말소 못허게 앓는 거여.

그래 이 주인마누라가 가만히 생각해 보니까 아주 이 부잣집 아들 신산데 들어올 때는 갑자기 아파가지고 가지를 못하고 있으니 이상해잖어? 그래 가주구 가서 물었대여. "나한테는 동생 같고 그러니까 왜 그러는지 손님이 이렇게 병이 있나 우쩐 일로 이렇게 못 가느냐고. 나한테 얘길 하라고." "얘기할 것도 못 된다"고. 그 사람이 죽겠더리여 참말로. 그래서 또 갔더리여. "얘기 좀 허라고. 이러다가 무슨 일이 생기면 으떡하냐고." 그래서 그 여자를 보는 순간 자기가 그렇게 됐대여. 그 여자를 보는 순간. 의사 마누라를 보는 순간. 그게 으뜧게 고치냐 그러니깨 난감해잖어? 아이 그래가지고 그 여자가 생각을 했대여.

그래서 그 여관 주인이 인제, 이웃이니까 서로 친구가 되잖어? 그래서 인제 "아이고, 아무개 아무개 내가 얘기 하나 할게. 얘기 좀 들어 봐." "무슨 얘기여?" 그러니깨 "옛날에 어떤 부자 아들이 어디를 가서 여자를 보고 너무 그 여자한테 반해가지고 신병이 나서 못 가고 있는데, 그런 사람 있으면 그거 어떻게 해야겠어?" "그런 사람이 있으면, 여자가 뭐라고 고쳐야지. 그냥 두냐고?" "아, 자네 같으면 그래겠어?" "아 고쳐야지 그래. 남자가 그 여자 때문에 죽는 게 되냐고." 그러더리여. 으 그래서, "다름 아니라 자네야 자네. 우리 집에 어떤 신사가 어느 날 들어 왔는데 자네를 보고 반해서 오도 가도 못하고 아파서 저러고 있으니 으떡 할 거여?"

아 그러니 이 여자가 뭐 난감해잖어? 의사가 어디 출장을 갔는데 삼일 만이면 온대여 집에를. 낼 저녁에 이층이 집인데, 몇 시에 집에를 오라 그러더래 여자가. 그 남편네가 집에 없으니까. 근데 아주 이 사람이 좋아가지고 와서 그래니까 대번 일어나 앉더리여. 그날 저녁에 가 노니까 고만 병이 났지 뭐. 그래가지고 인제 또 떠났더리여.

떠나 가지고 인제 서울을 갔더니 어디를 갔는데 어디를 가서 여관에 가서 인제 하숙을 하룻밤 자고 가기로 했는데 아주 자기하고 똑같은 사람이 한 방에 같이 자게 됐더리여. 신사가. 그래가주구 같이 자는데. 여자나 남자나 만나면 내 얘기 자네 얘기 뭐 이래 해잖어? 얘기 얘기 해다가 이 사람이 그 얘기를 핸 거여. 어디서 어느 부인을 보고 내가 병이 나가지고 이래저래 해서 이러 저래했으니까 이 사람이 듣고 보니까 자기 부인이여. 하하하. 가만 듣다 생각하니.

그래 인제 얘기 끝이 어지간히 날라 그러는데 "형씨 잠깐만 있어. 나 화장실 좀 갔다오거든 얘기 끝을 내." 그러고 나가더리여. 나가더니 부인을 불렀어. 오라고. 와서 방에 앉혀 놓고서 "자 인제 얘기 끝을 내여." 이래는 거여. 그래니 으뜩해여. 글쎄.

그래 가지구 "놀고서 그 여자가 명주 끝을 주면서 이걸 타고서 내려가라고 그래가주구 그걸 타고서 뚝 떨어지니까 꿈이더라" 이거여. 꿈을 이렇게 꿨대는 거여. 그러니 뭐라 그래. 꿈 꿨대는대. 그래서 거기서 한 번 더 만난거지.

이거 임시빈통하는 얘기여. 임시빈통. (임시빈통 얘기가 뭐예요?) 임시빈통이지. 그냥 아주 그렇게 급하게 당했는데 곧장 해면 껄리고 말잖어. 근데 임시빈통을 해서 꿈이라고 돌렸잖어. 그게 그 임시빈통이지. 명지 끝을 줘서 타고서 내려와서 떨어지니까 이게 꿈이다 이거여. 그러니까로 모면했다구.

(원순희, 여, 78세, 충청북도 충주시 목계2리, 2002년 12월 27일)

왜 사람들은 모르는 사람을 만나 자기의 이야기를 서슴없이 하는 걸까? 여행 중에 집 떠나 있는 객창감이 이야기를 술술 풀어내게 하는 걸까? 지나보니 꿈과 같고, 한 편의 소설 같기도 한

자기 얘기를 풀어냈는데, 아뿔싸 듣고 있던 사람이 자기가 그토록 연모했던 여인의 남편이라니! 이런 우연의 일치가 있을까?

이야기에서는 극도의 반전을 꾀한다. 그런데 이게 다 꿈이라고! 할말 없어진 의사 남편의 낭패와 의사 부인의 난처한 표정을 상상해 보는 것도 꽤 재미있다.

어차피 사랑은 한 편의 짧은 꿈인 것을……

15. 장편 콩쥐 팥쥐

옛날이야기의 고전은 흥부놀부와 콩쥐팥쥐이다. 한국 사람치고 흥부놀부와 콩쥐팥쥐 모르는 사람은 없다. 흥부는 착한 사람, 놀부는 나쁜 사람, 콩쥐는 예쁘고 착한 여자 아이, 팥쥐는 못생기고 나쁜 여자 아이의 대명사로 통하니까. 이와 같은 극명한 대립이 이야기의 기억을 도와 지금도 아이들에게 가장 많이 해 주는 이야기가 되었다.

다 아는 얘기 콩쥐팥쥐도 원순희 할머니의 구수한 음성으로 들으니 더욱 구수하고 재미있다.

영화 하잖아, 왜. 내가 그걸 어디서 봤드라? 어디서 봤는데, 어느 대가집에서 엄마가, 콩쥐 엄마가 돌아가셔가주구, 아부지가 재가했잖아. 재가했는데, 팥쥐 엄마가 들어와 가주구, 자기가 난 딸은 저기 해구, 콩쥐는 맨날 일만 하라 그래구 혼인 집엘 가면서 이걸, 방아를 내놓으면서, 이거를 찔 걸, 이거를 다 찌놓고 오라고, 그래 그걸 무슨 수로 찌놓고 거길 가. 그랬는데 그냥 느닷없이 새떼가 와서 그걸 다 까주구 가더리여.

어떻게 그래서 잔치집에 갔단 말이야. 갔는데 팥쥐 엄마가 가만히 생각해 보니까, 아니 저걸 다 찌놓고 못 왔을 텐데. 찌고 왔나. 하 근데 와 보니까 다 찌놨 거든. 아이구 이거를 또 어떻게 골탕을 먹어야 하나. 그래서 인젠 또 한번은 저 깨진 독에다가 여기다 물을 다 져다 놓고서는 오라고, 팥쥐만 데려가면서롬. 게 나중에 물을 다 여다 부니 그게 물이 있을 텍이 있나. 그랬는데 어디서 두꺼비가 엉금엉금 오더니 항아리를 쑥 막으면서 여기다 퍼다 부라 그러더리여. 아, 그래 부니까로 물이 안 넘어가고 채워지고, 또 갔지.

아 갔더니 또 저 년이 어떻게 또 그 물을 봐 놓고 왔나. 집에 얼른 가더래. 인제 물 퍼다 났나 볼라고. 아 콩쥐를 앞세우면서 와 보니까 아, 물이 가득해거든. 아 이 년이 귀신이 협조를 했나 어떻게 돼서 이렇게 됐나. 그런데 미워가지고 인제 콩쥐를 시집을, 아니야, 인제 신을, 어디를 가다가 신을 한 짝, 신이 없어가지고 맨밸로 갈 지경이여 인저, 콩쥐가. 맨발로 갈라니까. 빼 났네. 갈라니까 신이 없어가지고 맨발로 갈 수는 없고, 저기해 가니까 어떤 사람이 신을 갖다 주더래. 이걸 신고 갔다 오라고. 그래서 그걸 신고서 갔는데 팥쥐가 그걸 뺏어 신을라고. 그게 신이 이상한 신이거든. 옛날에 참 공주덜이나 신는 건데 이게 너 이거 어서 났느냐 그러니까 아 누가 신고 갔다 오라고 그래서 신고 왔다고 그래니까 아 나 좀 달라고 내가 신어야 된다고 지가 신을라고 그러니까 발이 들어가? 안 들어가거덩. 그러니까 심술이 나가지고 그 신을 신다가 집어 나던지고 한 짝만 신더래. 그래서 한 짝을 잊어먹었대.

그래서 한 짝만 신고 일 갔는데 나라에서 그 신짝 임자를 찾는 거여. 이 임자가 누구냐고. 그래서 찾는데 엉 팥쥐 엄마가 내가, 팥쥐가 지 신 임자라고 그래 신을 인저 신어 보라고. 들어가지도 않는데 어떻게 인제 신고서 신 임자래냐고 그러니까 콩쥐가 있다가 제가, 이걸 누가 잊어먹었느냐고 그러니까 제가 잊어버렸다고. 그래 콩쥐가 신 임자가 나섰잖어. 그래서 콩쥐가 인제 그 집으로 그 신 임자를 그러니까 뭐여. 세자빈인가 뭘 삼아 갈려고, 지금은 말하자면 세자빈 아니여? 임금의 메누리니까. 그래 데려갈려고 그래는데 이 집에서 몰래 팥쥐를 보냈어. 콩쥐는 내놓고. 팥쥐는 원래 인물도 읎고, 그런데 팥쥐를 보냈단 말이여.

  (원순희, 여, 78세, 충청북도 충주시 목계2리, 2004년 2월 14일)

여기까지 들으면 화자나 청자의 두근거림은 고조된다. 이야기에서는 반드시 선한 사람의 승리로 끝나야 하니까, 여기서 이야기를 끝낼 수는 없다. 팥쥐와 팥쥐 엄마의 심술과 욕심이 한껏 고조되었다는 것은, 반전으로 말미암아 승리가 그만큼 다가왔다는 것을 의미한다.

  그런데 거기서는 하나 뭐 바뀌었단 소리를 안 하고 저기 어느 도 와주는 사람이 그랬겠지. 수라상이 들어오면은 항상 젓가락을 하나 바꿔놨디여. (네?) 젓가락을. 상을 들어오면 젓가락을 항상 바꿔 놓더래. (어떻게요?) 다른 걸 갖다 놓고 그걸 몰래 몰래 감추는 거지 인제. (짝짝이 되게). 그 사람이. 그 인제 콩쥐 본인 찾아줄라고 그랬지 인제. 억울하니까. 하하. 그래. 얼마를 있다가 인제 그게 나중에 가서 인제 젓가락을 이렇게 바꿔서 놓느냐고. 그러니까 누가 인제 그 상궁이지 말하자면 밥 갖다 주는 사람이. 그 젓가락 바뀐 줄은 알고 사람 바뀐 줄은 모르냐고 그래고서 인제 그게 무슨 소리냐고 무슨 소리냐고 그러니까 그걸 얘길 해줬대. 상궁이 인제 억울하니까 가르쳐 준거야. 그렇잖어? 아주 콩쥐는 인물도 잘나고, 근데 인물도 못생기고 그냥 그런 거를 그래도 임금이라 나서 차마 그걸 박대를 못하고 참아 있는데 그래고도 그래가주구 상궁이 얘길해가주구 젓갈 바뀐 줄은 알고 사람 바뀐 줄은 모르냐고 그렇게 얘길 해줘가주구 진짜 콩쥐를 데려갔어.

데려갔는데 정말 정말 인물도 좋고 그렇게 훌륭하거든. 그래서 팥쥐는 쫓겨나왔지 뭐. 하하하. 마음을 그렇게 쓰니 뭐가 되겠어? 그래 가주구 콩쥐가 거기 가서 세자빈 되가주구 얼마나 잘 살았는지. 그래도 콩쥐는 자기가 저기라 소릴 안 했대. 그렇게 착해 가주구. 그러니까 나중에 잘 산 거여. 콩쥐가 나중에 들어가서. 그렇게 잘 나고 그런 사람을 그렇게 팥쥐가 대신 지가 가서 저길 할라 그러면 되어? 안 되잖아. (이성희: 안 되죠. 하하하. 할머니 너무 재미있어요. 책에서 나온 것보다 훨씬 더 얘기도 많고 재미있어요. 젓가락 바뀐 얘긴 처음 들었어요.) 새떼가 와서 보더니 금방 다 까주더래잖어? (이성희: 새떼가 고맙네요.) 아, 그러니까 콩쥐를 다 하늘에서 도와줘가주구 그렇게 된 거잖어. (이성희: 상궁이 대단하네요.) 어, 그래 상궁이 얼마나 화가 나겠어? 콩쥐가 어엿이 있는데 그게 바뀌어 가주구 하는 행동이 다 틀리잖어. 양반하고 상사람하고, 양반이 따로 있느냐고 내가 행동에 달렸다 그러는데 그래도 어딘가 양반은 그 사람한테 표시가 있어. 상사람하고 달러. 이렇게 모여서 대화를 해 봐도 달르다고. 아 그 상궁이 부아가 을마나 나면 그랬겠어? (이성희: 할머니 이 얘기는 어디서 들으셨어요?) 어디서 들어 그전에 저기서 보고 또 영화에서도 보고 (영화에서 보셨어요?) 옛날에 그런 책도 읽었을 거야.

선한 자는 하늘이 돕고 이야기에서는 영웅이나 선한 인물을 돕는 원조자가 등장한다. 임금도 못 보는 것을 상궁이 간파하고, 스스로 정의의 입장에 선다. 콩쥐는 지혜로운 상궁의 도움으로 세자빈의 자리에 오른다. 젓가락을 이용한 비유로 오류를 살짝 꼬집어

주는 상궁의 지혜에서 청자들은 해방감을 맛본다. 그래, 착한 사람
은 반드시 복을 받는 거지. 착한 사람이 행복해지는 이야기의 결
말은 언제나, 세상은 한번 살아볼 만하다는 희망을 편지처럼 얹고
오기에, 나는 오늘도 이야기 듣는 재미에 푹 빠져 본다.

Ⅷ. 경기도 양평

〈두물머리 전경〉

1. 떠드렁산 이무기

　용이 못된 이무기의 심술은 사람의 목숨을 요구할 정도로 심하다. 사람의 목숨이 아니면, 어떤 것으로든지 심술을 달랠 만한 것을 바쳐야 잠잠해진다. 바닷길을 이용해 장사하는 상인들이 한 해에 한 번 처녀를 용에게 바치는 인신공의 풍습은 우리의 고전 『심청전』에서 심청의 헌신으로 드러나면서 주요한 모티프가 된다.

두물머리 떠드렁산 앞에도 사람 목숨 앗아가는 이 무기가 살고 있어서 무고한 목숨을 많이 앗아갔다고 한다. 어떻게 달랬는지 마옥복 할머니의 이야기를 들었다.

〈두물머리 동제의 제수〉

거긴 뭐 저기 옛날에요 거기가 두물머리잖아요. 북한강 남한강 합쳐가지고 내려간데서 두물머리라고 이름을 지어놓고. 거 내려가면서 강테 이렇게 보면 거기 산이 하나 있어요. 떠드렁산. 산이 있는데 그 산이 을축년 때 떠내려 온 산이래요.

그러니까 을축년 하면은 을축년이 한 번 지나가고 지금 다시 돌아오고 있는 중이지. 언젠지 그 을축년. 그때 떠내려가 떠내려와서 걸린 그 산이 떠드렁산이에요. 그러니까 팔당댐을 하기 전에는 여기 양수국민학교 학생들이 그리 소풍들도, 소풍도 가고 우리가 나물도 가고, 또 가을봄으로 우리도 놀러갈 때 왜 시골에서는 지금들은 아니지만 쌀이니 반찬이니 막 이런 거 준비해가지고 하루 날 받아가지고 거가서 놀고 해먹고 이래고 오고 그랬거든요. 뭐 걷고 갈 때도 있고 걷지 않고 물이 너무 얕아가지고. 그렇게 살기 좋았어요. 그리고 백사장이에요 아주 돌이 없이. 모래사장.

서울에 학생들이 말도 못하게 놀러왔어요. 그래가지고 그 강에서 일년에서 하나 한두 명은 항상 서울사람이 죽었어요. 거기. 떠드렁산 앞에서요. 말 듣기는 명주실이 닿지를 않는데요. 그 정도로 깊으다 소문이 이렇게 났어. 저 쪽댄 머리가 두목리. 그런데 수종사 절에서 두멍을 두 개를 사서 싣고 서울서 사서 싣고 배를 타고 오는데, 두멍이라고 있어요. 이만한 솥 같은 거. 두 개 싣고 오는데 거 머릿배기 와서는 세상에 배가 내려가지도 않고 올라가지도 않고 그래더래. 머리빼기에서 머리빼기서 그래서 두멍 하날 두멍 하날 거다 넣었대 그때니 배가 잘 올라와. 수종사에 그 두멍이 아직 있어요.

아 두 개를 가지고 오다가 배가 안 가서 하나를 떠드렁산 앞에다 노니깐 배가 가더라 이 소리예요. 하나는 갖다가, 여기서 보면 수종사 보여요. 날이 맑으믄 근데 수종사 상상봉에 올라가면은 서울 삼각산도 보여요. 거가 젤 높아요.

(마옥복, 여, 92세, 경기도 양주군 두물머리, 2002.12.12)

〈마옥복 할머니〉

이무기가 두멍(솥)이 왜 필요했을까마는, 어쨌든 사람들에게서 무언가를 요구하여 자기 욕심을 채우는 것이니 이무기 심술이랄 수밖에 없겠다. 물과 사람 목숨. 물에 대한 공포의 상상력은 오래 전부터 현재에 이르기까지 사람들을 괴롭히는 것임에 틀림없다. 물에 대한 공포를 막연한 것으로 간주한다기보다 '이무기의 심술'로 형상화하여 무언가로 달랠 수 있다고 생각하는 것이 정신건강에 더 이로운 것일지 모른다. 어쨌든 두멍보다 더 소중한 것은 사람 목숨일 테니까.

〈두물머리 동제의 한 모습〉

2. 신선 봤소?

배를 타고 다니면서 일어난 일들 중에는 재미있는 이야기도 많다.

〈손낙기 할아버지가 직접 만드신 배〉

　배를 타고 이 강에 올라가면, 그 참 바람이 잘 불 때는, 바람에 참 잘 올라가거든 그러니까 그 선비가 참 걸어 올라가는 것을 보고서 두루매기 자락을 날리면서 걸어가는 것을 보고서, 그 사공이 말한 게 뭐라고 했는고 하니 이제 그 선비한테 빗대고 얘기를 한거지.
　"신선 봤소?"
　이제 이랬단 말이야.
　그래 인제 뭐 신선이 부럽지 않다 그런 얘기지. 그 사공들은. 참 배 타고 앉아서. 소리를 하면서 거 걸어가는 사람보다는 참 기가 맥히다.

그래 인저 저기 가면은 정자산 묘소 있는데 거기 가면은 후미가
져서 산이 높고 바람이 안 태여. 거기 저 고랭이 여울이라는 데 있
는데 거기 가면 기록에 나온다구. 그래 거 보면 물발에 게 보니까
거가 마주쳐 오는데 게서 들을 꾸부려서 인제 걸어 나오는 사람하
고 인제 거서 또 마주친 거야. 그래 인제 거 선비가 하는 얘기가.

　　"거 참 신선 좋시다."

　　그래. 뭍에서 끌어올리니까. 인제. 신발은 벗고 그래 인제 서로 비
웃었다. 이런 얘기도 있고.

　　　　　　(손낙기, 남, 78세, 경기도 양평군 배알미, 2002. 9. 12)

　　직접 배를 타고 다닌 사람들이 전해주지 않고서는 알 수 없는
이야기. 열흘 붉을 꽃 없다고, 양지가 음지 되고, 음지가 양지 되
는 것이 인지상정인가 보다.

〈낚시법을 시연하고 있는 손낙기 할아버지〉

3. 밥찌의 설움

꾀 많은 상좌나 하인이 스님이나 주인을 곯려 먹는 것은 옛날 이야기의 오래된 주제 중의 하나이다. 평소에는 엄격한 질서 때문에 감히 넘볼 수 없었던 윗사람의 권위가 한꺼번에 추락하면서 반전의 미학을 보여 준다. 배를 타고 다니던 사람들에게도 위아래 구분은 엄밀히 존재하는 법. 늘 밥이나 하고, 앞사공의 비서역할을 하던 밥찌가 앞사공을 골탕 먹이는 이야기는 색다른 재미가 있다.

그리고 또 하나는 인제 삼인조가 댕기는 게 큰 배가 있었거든? 그런 배가 많이 떠댕겼어 여기. 근데 인제 서이 가는데, 게 인저 앞사공이 있고 뒷사공이 있고 복판에 인저 물이나 푸고 밥 푸고 인제 거 '밥찌'라 그러지. 앞사공은 내가 '선사사공'이라 그랬지? 물길을 잘 아는 사람이 인제 앞사공인데. 인제 그 사람이 인제 선사야. 선사 사공이라는 거야.

근데 그 앞에 인제 선사사공이 하도 이제 그 밥찌, 복판에 있는 놈을 인제 그 인저 시켜 먹는 거야. 게 인제 배를 짊어지고 가면 땅이 선창이 아니니까는 그 물 미루라고 그러지 여기서 땅에까지 장에 못 가고 얕으니까는 배가 깊이 가니까는 여기서 업어 내려야 해. 거 이제 밥찌라는 사람이. 인제 제일 아주 거기서 심부름꾼이야.

게 인제 앞사공은 버선발에다 인제 짚세기 신고서 물에다 안 들어 갈려고 그래거덩? 그러니깨 이놈이 하도 인제 거기다가 대면은 술 먹을라고 인저 술집이 인저 주막집이 인저 가는데 이 나 좀 업어 내리라고 그런다 말이야. 그래 인제 이 사람은 인제 신발을, 양말을 벗고 인제 물로 업어 내리는 거야. 가을엔 추울 때도 있었거

덩? 그래니까 괘씸허거덩? 그래니께 이놈이 저놈의 늙은이 골리는데 어떻게 골리는고 하니, 인제 거기는 주석간이라고 해서 밥을 먹게 이런 솥을 걸고, 배 안에다가 그땐 이런 사발이야. 이런 스댕 그릇도 아니고. 그래 사발이 두꺼우니까는 이놈이 물을 펄펄 끓여가지고 찬물에다 사발을 텀벙 담갔다가 뜨거운 물을 한 그릇 퍼서 딱, 뭐 숭늉 달래니까 줬단 말이야. 그래 보니깐은 손은 줬는데, 쥐고 보니까는 그릇이 차거든? 그래니까 홀딱 마셨어. 그레니까 이놈의 늙은이가 그냥 뜨거우니까 눈물이 꿀꺽 나고 그러니까 "아저씨 왜 눈물을 흘리세요?" 그러니까 말은 못허고

"집 떠나온 지 며칠 되니까 자식들이 보고 싶어서 운다."

이런 식으로 해서 골렸다. 이런 얘기가 있고.

(손낙기, 남, 78세, 경기도 양평군 배알미, 2002. 9. 12)

늘 자기가 부려먹던 밥찌에게 당하고 나서 말은 못하고, 자식들이 보고 싶어서 운다고 핑계를 대는 앞사공의 비애. 웃음이 절로 나오는 이야기이이다. 공격적으로 표현하지 않고, 은근히 자신의 반감을 표출하는 우리식 정서의 귀감이랄까?

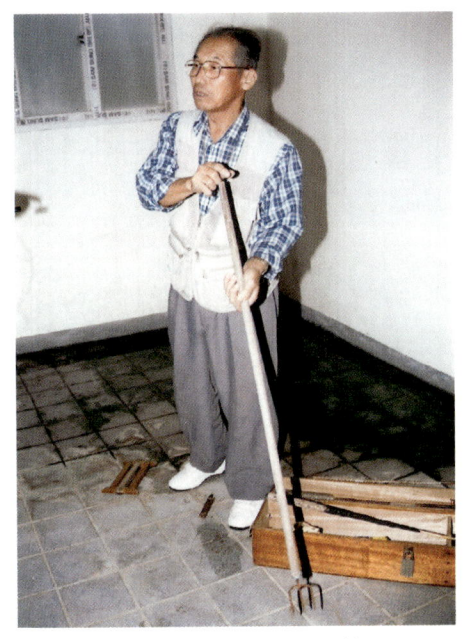

〈낚시법을 시연하고 있는 손낙기 할아버지2〉

4. 노 젓지 말라고?

숙련된 앞사공과, 앞사공에게 하나씩 일을 배우는 위치에 있는 뒷사공. 두 사람의 관계가 편할 리 없었겠다. 앞사공의 이야기를 새겨들어야 할 텐데, 눈치껏 알아서 일하는 사람이 몇이나 되겠는가? 마음에 안 들어도 한 배를 타야 하는(?) 앞사공과 뒷사공에게 얽힌 이야기.

또 하나는 뭐가 있는고 허니, 인제 이 그 배 운항하는데 이 좌우로 뱃머리를 돌려내는 소리가 있어. 앞사공이 그러면 인제 짐을 많이 실으면 뒤에서 앞이 보이질 않어. 그러면 앞에서 시키는 대로 뒷사공이 뱃머리를 돌려줘야 해. 그런데 그 소리를 어떻게 하는고 허니, '좌, 우'인데. 원 이 저 글자로 따지면, 거 좌로 가라는 건 이제 '저로-'이렇게 얘길 허고, 우측으로 가라는 건 뭐 우향우가 아니라 '으짜우-' 이런 식으로 운행을 하는 거야.

그렌데, 이 앞사공이 인제 평소에 봐서 그 물발이 있는 데는 긴장이 되지만, 이 평소에는 배가 마냥 돌아가도 괜찮아. 그래니까 인제 배가 이 배가 돌아가니까 이 앞사공이 인제 담배를 태다 보니깨 배가 돌아가거든. 그래 인제 '너무 젓지 말아라.' 그랬단 말이야. 그러니까 이놈은 뒤에서 노를 젓지 말라는 줄알고 이 놈은 젓다 말고 노를 끌어안고 그 위에 올라앉아서 앞사공이 인제 보니까

"아 이놈아 왜 노 젓다 거기 앉았나?"

아 젓지 말라면요? 그래서 인저 그 우스운 얘기도 몇 마디 있었지만, 게 인저 그 사람들 그 뱃사람들 운항하는 방법을 보면 아주 기가 맥힌 게 참 우스운 얘기도 많이 있고 그래. 그 인제 그 뭐 좌로 우로 그래는 게 아니라 왜 그전에 그 인저 버스 저 뭐야 인저

조수들이 돈 많고 버스 다닐 때 '안 기셔? 안 기셔." 뭐 인저 내리실 손님 안 기시냐 아 인저 그랬지? 그 배도 좀 멋들어지게 하느라고 그 좌로 가라는 소리를 인제 "저로-" 인제 그 이랜단 말이야. 인제 그 좌쪽으로 뱃머리를 돌려라. 그 담에 인저 그 우측으로 가라는 소리를 "으짜우-" 인제 이렇게 점잖게. 이런 식으로 해서 배를 뱃머리를 물곳으로 타고 가는 그런 얘기가 인제 그 사람들 얘기가 그런데. 게 나도 인제 우습지. 그 얘기가. 그렇지만 사공들은 안다 그 말이야. 뒷사공은. 모두 소리 지르면 뒤에서 앞에 안 봬도 '아 여기는 무슨 여울이니까 어떻게 해야 한다' 이게 벌써 손발이 척척 맞아 들어간다. 인제 그런 게 거 먼 옛날에는 젊은 애들 처음 데려간 애들 젓지 말라니까 젓지 말래는 줄 알고 노를 끌어안고 올라와서 앉았다 그 말이야. 그게 그 얘기야. 옛날 얘기야.

(손낙기, 남, 78세, 경기도 양평군 배알미, 2002. 9. 12)

새겨듣지 못하고 자기 마음대로 해석하여 고만 노를 끌어안고 앉은 뒷사공의 모습이 한 편의 만화 컷처럼 다가온다. 노 젓기 싫었던 건 아닌지?

배 탄 사람들 얘기, 배 만들 때 얘기를 신바람 나게 하셨던 손낙기 어르신의 활기찬 음성과 손짓, 그 표정이 아직도 생생하게 살아난다.

이제는 다 옛날 얘기라고. 배 얘기, 버스 차장 얘기마저도 "옛날"이라는 그리운 단어 속에 묻혀 실려 가고 있다.

Ⅸ. 이야기를 마치며

삶은 많은 이야기를 남긴다. 애꿎은 삶의 여러 모습들은 한 사람의 가슴에서 그대로 삭아 없어지기도 하지만, 이렇게 저렇게 이야기로 엮여져 입에서 입으로 전해지는 것이 아니던가? 슬픔과 기쁨이 마음의 집에서 함께 묵어 한 편의 이야기로 남는 것을 생각하면 삶은 그리 슬프지만도, 그리 애꿎지만도 않다.

살다 보면 슬퍼도 울지 못할 때가 있지, 기뻐도 마음껏 웃지 못할 때가 있지. 그러나 돌아 앉아 이렇게 저렇게 세월 보내다 보면 이야기 하나가 뚜-욱 떨어졌다.

누가 인생은 허무한 것이라고 했던가? 이 땅 위에 살던 많은 사람들이 이리도 많은 이야기들을 남겨 놓았는걸. 이야기를 남긴 이상 사람은 죽어도 죽는 것이 아니다. 이야기 속에 자신의 혼과 마음을 새겨 놓고 떠나는 것이다. 이야기 속에 계속 살아서 우리에게 말을 건네는 것이다.

남한강에서 들은 이야기들을 정리했다. 정선에서 시작하여 수

많은 물길을 돌고 돌아 한강에 이른 물줄기처럼, 수많은 날들을 몸으로 가슴으로 살아내며, 머리에서 익히고, 가슴에서 익힌 어르신들의 이야기 속에는 함부로 저울질할 수 없는 깊이가 있음을, 이번에 이야기를 정리하면서 다시 생각하게 된다.

명주실 한 꾸리를 다 풀어도 안 닿을 장자늪의 깊이와 강물의 깊이가, 닿을 수 없는 물 깊이의 최대한의 표현이라면, 이 깊이를 어르신들의 이야기의 깊이에 빗대어도 좋을까?

사는 것이 이야기를 만들어내는 일이며, 이야기를 짓는 일이 곧 삶임을, 이야기가 있어서 삶은 그런대로 아름다움을 다시 한 번 마음속 강물에 띄워 놓는다.

남한강, 그 길고 깊은 강에게 나는 물었다. 남한강 어르신들의 삶과 이야기의 깊이를……

제2부

남한강과 야담

1. 야담은 시대를 반영하는 거울

흔히들 '문학은 시대를 반영하는 거울'이라고 한다. 이 말은 어떠한 갈래의 글이 되었건, 그리고 그 작품의 수준이 높건 낮건 간에 문학이라 하면 모름지기 그 시대를 살던 사람들의 삶의 모습이나 가치관, 사회적 상황이나 문제점 등을 나타내고 있다는 의미일 것이다. 그렇다면 문학의 여러 갈래 중에서도 어느 것이 가장 당시대를 사실적으로 진실하게 반영하고 있을까? 적어도 고전문학의 갈래 중에서는 '야담(野談)'이 아닐까 싶다.

야담은 '패설(稗說)', '패사(稗史)', '한문단편(漢文短篇)'이라고도 한다. 주로 조선 후기 역사적 인물이나 당시에 실제 있었던 사건에 관하여 민간에서 구전되던 이야기를 바탕으로 삼는데, 이런 점에서 야담은 설화와 비슷하다고 하겠다. 그러나 설화와는 달리 작가의 개인적 창작 의식이 가미되어 소설적 짜임새를 갖추었다는 점에서 분명한 차이를 둔다.

야담은 길거리나 사랑방의 이야기꾼들이 들려주던 몰락한 양반, 상인, 부자, 빈농(貧農), 도적, 기생, 이인(異人) 등의 다양한 계층의 이야기들을 거의 그대로 옮겨 놓다시피 한 것들이 대부분이다. 때문에 당시의 삶의 모습이나 서민들의 세계관, 가치관 등을 생동감 있게 반영하고 있다.

특히 야담의 시간적 배경으로 자주 나오는 조선 후기(18C)는 '변화의 시대'였다. 이러한 변화 양상은 신분제도와 경제 분야 쪽에서 두드러졌다.

신분제도의 동요는 임진왜란과 병자호란이라는 두 차례의 큰 전란을 겪고, 치열한 당쟁을 거친 뒤 양반 사대부 계층의 광범위한 몰락이 일어나면서 생겨났다. 그리고 이와 맞물려 농업 기술의 발전과 상품 화폐 경제의 발달로 인해 지방 도시가 확대·발전되고, 농촌에도 종전의 지주형(地主形) 부농(富農)을 대체한 경영형(經營形) 부농의 등장이라는 큰 변화가 일어났다. 다시 말해서 이때까지 양반들로부터 천대받고 살아왔던 중인(中人), 상인, 농민, 수공업자들, 혹은 몰락한 양반들 중에서 부(富)를 축적한 사람들이 나타나 양반 계층들을 대신해 사회의 주도적 세력을 형성하면서 새로운 움직임, 새로운 변화에 가속도를 붙였던 것이다.

이 시기에 많이 창작되었던 야담은 이렇듯 다채롭게 나타나는 사회적 변화상을 개성 넘치는 등장인물들을 통해 때로는 생생하게, 때로는 진지하게, 때로는 꾸밈없이 소박하게 반영해 주고 있다. 그리고 이 글에서는 이러한 야담 속에 나타나는 다채로운 모습들을 특별히 남한강과 관련시켜 살펴보도록 하겠다. 남한강은 예로부터 한반도의 정 중앙을 가로지르는 젖줄기와도 같은 강이었고, 이에 걸맞게 수운(水運)이 발달하여 우리 한민족의 경제활동에 지대한 영향을 미쳤던 강이었다. 그러므로 남한강과 관련된 야담들을 자세히 살펴봄으로써 조선 후기 우리 선조들의 삶의 형상들이 보다 생생하게 드러날 수 있으리라 기대해 본다.

2. 여주에 사는 허홍이 재산을 모아 부자가 되다.

조선 후기의 대표적 야담집들인 『청구야담(靑邱野談)』, 『계서야담(溪西野談)』, 『동야휘집(東野彙集)』, 『동패락송(東稗洛誦)』 등에서는 '허홍(許弘)'[1]이란 사람을 주인공으로 삼은 이야기를 다음과 같이 일제히 전하고 있다.

"경기도 여주(驪州)에 허씨 성의 양반이 살았는데, 사람됨이 어질고 착했지만 매우 가난하였다. 그는 친지들로부터 먹을 것을 얻어서 생계를 꾸리며 아들 셋을 가르쳤는데, 그만 얼마 후 부부가 함께 세상을 떠나고 말았다.

세 아들이 부모의 삼년상을 마쳤는데 그중 둘째아들인 허홍이 형과 아우에게 의견을 내기를, 10년 기한을 두고 자기는 집안 재산을 늘릴 것이니 형과 아우는 절에 들어가 공부를 계속 하고, 형수와 제수는 친정에 가 있으라고 당부했다.

---

1) 『동패락송』에서는 그의 이름을 허공(許珙)으로 달리 기록하고 있다. 그러나 다른 책들과 비교했을 적에 내용 전개상 별다른 부분이 없기 때문에 이는 어디까지나 기록상의 차이일 뿐 동일한 인물이라고 생각된다.

허홍은 그날로 즉시 아내의 패물을 팔아 면화 장사를 하고, 10년 동안 부부는 죽 반 사발씩만 먹기로 작정했다. 그러나 계집종에게는 한 사발을 주었다.

1년 동안 허홍은 밤낮을 가리지 않고 길쌈에 공을 들여 수백 냥을 마련한 후, 10두락[2]짜리 논과 하루갈이 밭을 샀다. 허홍은 남의 손을 빌려 땅을 갈면 비용이 나갈 뿐만 아니라 자기가 힘써 하는 일만 못하리라 여기고, 촌로(村老)에게 쟁기질을 배워 몸소 땅을 갈면서 벼와 담배를 심었다. 그해 마침 가뭄이 들었으나, 허홍은 워낙 농사에 정성을 쏟았기 때문에 10두락짜리 논에서 소출된 벼가 100석[3]에 이르렀다. 밭에 심은 담배도 보통 때보다 수십 배 이상 가격이 뛰어 경강상인(京江商人)[4]에게 수백 냥을 받고 팔았다.

이로부터 재산이 매년 불어나 5~6년 만에 쌀이 곳간에 그득하고 논과 밭이 연달아서 10리 안팎 농민들 중 허홍의 집에 의지하지 않는 자가 없게 되었다. 그러나 허홍 내외는 여전히 밥상 위에 죽 반 사발만 얹어 놓고 먹었다.

자기들 집이 큰 부자가 되었다는 소문을 듣고 8년 만에 형과 아우가 절에서 내려와 허홍을 방문했다. 하지만 허홍은 아직 약속한

---

2) 1두락은 약 150~200평 정도이므로 10두락은 약 1,500평 내외.

3) 10말이 약 1석, 1석은 2가마이므로 100석은 약 200가마 정도.

4) 경강상인은 경강인(京江人), 강주인(江主人), 경강선인(京江船人), 강상부민(江商富民), 선주인(船主人) 등 다양하게 불렸다. 경강상인은 한강의 주요 나루터인 양화진, 서강, 마포, 용산, 노량진, 동작진, 두모포, 뚝섬, 송파, 광진 지역을 본거지로 삼아 세금으로 거둔 곡식이나 서울에 사는 지주들이 지방의 소작농들로부터 거두는 소작미(小作米)를 자신들의 배로 운반해 주면서 자본을 축적한 상인들을 말한다. 이들은 조선 후기로 내려올수록 곡물뿐만 아니라 담배, 소금, 목재, 땔감 등 생활용품 및 모시, 면화, 삼베 등 수공업품에 이르기까지 매점매석과도 같은 부당한 방법을 써서 부를 축적하였기 때문에 심각한 사회 문제를 불러일으키기도 하였다.

10년 기한이 차지 않았다고 하면서 아내가 차린 밥상을 물리고 죽을 대접한 후 도로 절로 보냈다.

다음해 형과 아우가 과거에 급제하고, 10년 기한이 이르게 되자 허홍은 어느덧 만석꾼 부자가 되었다. 봄철이 되자 허홍은 친히 장터로 가서 쌀을 팔아 좋은 옷감을 산 뒤 동네 부녀자들에게 삯바느질을 시켜 남녀 의복을 부지기수로 만들었다.

허홍은 형과 아우, 형수와 제수를 모두 불러 모은 뒤 재산을 똑같이 나누어 가졌다. 그후 허홍은 활쏘기에 전념하여 마침내 무과에 급제하고 안악(安岳) 군수로 부임하게 되었다. 그러나 부임할 즈음에 아내가 병들어 죽었다. 허홍은 벼슬아치가 되려던 것은 다 아내를 영광스럽게 하기 위함이었는데, 이제는 소용없게 되었다고 탄식하면서 벼슬을 사임하고 시골에서 여생을 마쳤다."

위의 이야기는 가세가 몰락한 양반이 밤낮을 가리지 않고 농업과 상업에 각고의 노력을 들여 마침내 가업을 일으켰다는, 매우 단순하고 흔한 옛날이야기 정도로 비쳐질 수 있다. 그러나 우리는 위 이야기를 통해 당시 조선 후기의 사회 · 경제적 변화에 대한 다양한 정보들을 비교적 소상히 접할 수 있다.

우선 이야기 속 주인공 허홍이 스러진 가계(家計)를 일으키는데 제일 주력하고, 가장 크게 이바지했던 사업은 무엇이었는지부터 살펴보기로 하자. 그것은 바로 쌀농사였다고 할 수 있는데, 그렇다면 그 이유는 무엇일까? 다음과 같은 몇 가지 이유를 들 수 있다.

3. 쌀은 곧 돈이다

첫째, 쌀은 경제적 가치가 매우 높은 작물이라는 것이다.

쌀은 특히 조선 후기로 접어들면서 전국에 걸쳐 가장 활발하게 생산되고 유통된 중요 농산물이었다. 18세기 후반 서유구(徐有榘)가 편찬한 『임원십육지(林園十六志)』[5]를 보면, 한강변 주요 장터인 경기도 품목에서 쌀이 주요 물품으로 가장 많이 나오는 것으로 보아도 증명된다고 하겠다.

〈표 1〉

쌀	도명	경기도					강원도			충청도				
	장시	광주	양근	여주	이천	지평	영월	원주	정선	평창	단양	영춘	제천	청풍	충주
	거래	○	○	○	○	○		○		○					○

쌀이 이렇듯 중요 농산물로 자리 잡게 된 이유로는 우리나라 식단에 빠져서는 안 될 생필품이기도 해서지만, 상품 경제적 측면에서 보더라도 쌀이 갖는 효용 가치가 만만치 않았기 때문이다.

쌀은 일단 수확량이 보리나 밀에 비해서 배 이상으로 많고, 가격 면에서도 훨씬 비쌌다. 때문에 쌀은 예로부터 화폐의 대용품인 물품화폐 내지는 현금작물로 사용되었기에, '쌀은 곧 돈'이라는 인식이 강했던 농작물이다.

---

5) 조선 후기 농업을 비롯한 각종 산업에 관련된 내용을 수록한 백과사전서. 『임원경제지(林園經濟誌)』라고도 한다.

〈흙을 갈고 잡초를 제거하는 데에 쓰였던 쟁기〉

쌀이 우리나라에서 화폐의 대용으로 쓰인 경우는 역사적으로 볼 때 꽤 오래 되었다. 『삼국유사(三國遺事)』에 보면 다음과 같은 기록이 있다.

신라 태종무열왕 때 성(城) 안의 베 한 필 값이 벼 30석 내지 50석이었으므로 백성들이 성대(聖代)라고 하였다.

이 기록은 화폐가 사용되기 전에는 쌀이 화폐 대용으로 사용되었음을 보여 주는 것이다. 이러한 쌀의 물품 화폐적 기능은 화폐가 본격적으로 통용되면서 많이 약화되기는 했다. 그러나 조선 중기 때인 선조 41년(1608), 영의정 이원익(李元翼)의 건의로 모든 세금을 일제히 쌀로 납부하게 했던 '대동법(大同法)'의 실시라든가 공양미 300석에 팔려간 심청이의 경우 등을 볼 때 쌀의 화폐적 기능은 조선 후기까지 오랫동안 지속되었음을 알 수 있다. 심지어 1970년대까지만 하더라도 농촌 지역에서는 노임(勞賃)이나 소작료를 지불할 때 현금보다 오히려 쌀을 지급했던 경우가 더 일반적이었다. 그리고 오늘날까지도 흔히 부자를 이를 때, '천석꾼', '만석꾼'이라고 부르는 까닭은 바로 '쌀＝돈'이라는 의식이 사람들 머리 속에 남아 있기 때문이리라.

4. 인구 증가와 농업 기술의 발전

조선 후기는 인구수가 급격히 증가하고, 농업 기술이 눈부시게 발전하여 쌀에 대한 소비와 생산이 이전에 비해 훨씬 늘어난 시기였는데, 바로 이 점을 허홍이 쌀농사에 주력한 두 번째 이유로 들 수 있다.

조선 사회는 17~8세기로 접어들면서 인구수가 예전에 비해 큰 폭으로 증가했다. 『증보문헌비고(增補文獻備考)』에 의하면, 17세기 중엽인 1669년 전국의 인구수는 5,018,644명이었는데, 그로부터 약 110여 년 후인 1786년 『정조실록(正祖實錄)』에는 230여만 명이 늘어난 7,330,965명으로 기하급수적 증가세를 보이고 있다. 숙종과 영조를 거쳐 정조에 이르는 이른바 조선의 '문화 융성기'

에 따른 일종의 '베이비붐(baby boom)' 현상이었을까? 어쨌든 이렇게 인구수가 증가함에 따라 자연히 생필품인 쌀에 대한 수요가 늘어났을 것이고, 그 수요를 충당하기 위해 필요한 유휴(遊休)노동력도 더불어 늘어났으리라 추정할 수 있다.

때맞춰 조선 후기는 농업 기술의 눈부신 발전이 이루어졌던 때이다. 논에서는 벼의 이앙법(移秧法), 즉 모내기의 보급과 그에 따른 이모작(二毛作)6)의 성행이 이루어졌고, 밭에서는 밭작물의 2년 3작 내지 2년 4작 등의 현상이 확대된 시기였다.

이처럼 이 시기는 유휴노동력의 증가와 맞물린 농업 기술의 발전으로 말미암아 생산력이 매우 향상되어 잉여생산물을 통한 상업적 농업이 본격적으로 발생했던 시기였다. 그런 만큼 이야기 내용 중 "10두락 되는 논에서 100석의 쌀을 소출했다."는 부분과 "허홍이 5~6년 만에 쌀이 곳간에 그득하고 논과 밭이 연달아서 10리 안팎 농민들 중 허홍의 집에 의지하지 않는 자가 없게 되었다."는 부분을 단순히 문면에 나타난 그대로만을 보고 '허홍이 정성껏 농사를 져서 소득을 증대'시켰다든가, '불쌍한 이웃 농민들을 도와주었음'을 의미한다고 보아서는 안 될 것 같다. 오히려 상품 생산을 목적으로 허홍이 선진 농업 기술을 익힘과 동시에 할 일 없이 남아도는 유휴노동력을 적절히 잘 활용한 결과, 잉여생산물을 축적하여 상품 생산력과 이윤을 증대시켰음을 반증하는 표현쯤으로 보는 것이 옳겠다.

───────

6) 같은 논에서 1년에 두 번 농작물을 수확하는 토지 이용법. 보통 하절기 때에는 벼를, 동절기 때에는 보리나 밀을 수확했다.

5. 하늘이 내린 땅, 여주

허홍이 쌀농사에 힘을 기울였던 세 번째 이유로는, 허홍이 살던 여주의 지역적 특성을 들 수 있다.

현재까지도 '쌀' 하면 곧바로 '여주' 아니면 '이천'을 떠올리듯이 이 지역은 가히 쌀농사에 관한 한 '하늘이 내린 땅'이라고 할 수 있다.

〈당시 대표적인 물화였던 쌀〉

여주·이천 지역은 낮은 구릉(丘陵)성 침식지와 평야가 매우 넓게 자리하고 있어 쌀농사에 아주 적합한 지역이다. 또한 고산지의 언덕배기도 완만하게 경사를 이루어 넓게 발달되어 있기 때문에 밭농사에도 그만일 뿐만 아니라 지류 하천 연안에는 충적지까지 넓게 발달되어 있다.

기후 조건에 있어서도 이 지역은 사계절과 24절기가 뚜렷한 기후 특성을 나타내고 있다. 가뭄과 홍수에 큰 영향을 받지 않고, 높은 산이 적어 하루 종일 햇볕을 받을 수 있으며 낮과 밤의 일교차가 다른 지역보다 크다는 등의 쌀농사에 유리한 천혜적(天惠

的) 조건을 골고루 갖추고 있어 당도와 전분이 많이 함유된 질 좋은 쌀이 생산되었다. 그렇기 때문에 이익(李瀷)은 『성호사설(星湖僿說)』에서 "여주 이천 사이는 벼가 다른 고장보다 먼저 익으므로, 매우 많은 이득을 본다"라고 말했고, 이중환(李重煥) 역시 『택리지(擇里志)』에서 "사대부가 살 만한 지역"이라고 거론할 정도로 생활환경이 좋았던 곳이었다. 그리고 실제 이 지역들은 조선 시대 때 양반들이 개인적으로 직접 쌀을 세금으로 거둬들일 수 있는 '수조권(收粗權)'을 갖는 사전(私田) 농장이 집중적으로 밀집되었던 곳이기도 했다.

〈남한강에 수송됐던 대표적인 물화(쌀, 포, 젓갈)의 모습〉

이렇게 해서 생산된 쌀의 출하는 해마다 상당량이 가까이는 여주의 억억장이나 이포장, 이천의 장호원장으로 출하되었고, 멀리는 남한강 줄기를 따라 돛배에 실려 서울 뚝섬, 한강리, 서빙고 등지로 출하되어 지역민들에게 막대한 이윤을 제공했었다.

6. 담배의 기능에 따른 갖가지 별명

이번에는 허홍이 쌀농사 못지않게 치부(治富)에 역점을 둔 사업인 담배 재배에 대하여 살펴보도록 하겠다.

담배가 우리나라에 들어온 것은 임진왜란 이후 1618년 광해군 때 일본을 경유해 조선에 들어왔다는 것이 정설이다. 이 시기는 담배뿐만 아니라 호박, 고추, 고구마, 감자 등 신종 작물이 일본이나 중국을 통해 수입되던 시기였기도 하다. 그런데 이 중에서도 특히 담배는 인삼과 더불어 특용 작물의 대표적 작물로 인식되어 수입된 지 얼마 되지 않는 재배 초기부터 고급 기호품으로 애용되어 재배가 급속도로 증대되었다.

담배는 심심함을 달래 주고, 무료함을 풀어 준다 해서 '심심초', 술처럼 정신을 취하게 한다 해서 '연주(煙酒)', 차와 같이 피로를 풀어 준다 해서 '연차(煙茶)', 한 번 맛보면 잊을 수 없다 해서 '상사초(相思草)' 등으로 별명 지어 불렸는데, 이는 모두 담배의 기호품적인 속성을 담아 표현한 것들이다.

또한 담배는 거담(去痰)이나 각성(覺醒) 효과에 뛰어난 약용품(藥用品)으로 인식되기도 했다. 요즘 시각에서 본다면 당치도 않은 황당무계한 이야기쯤으로 여기겠지만, 어쨌든 담배의 또 다른 별칭인 '남령초(南靈草)'나 '반혼초(返魂草)' 등은 담배가 지니고 있는 약용 기능을 담아 표현한 별명들이다.

조선 중기 때 살았던 이수광(李睟光)은 『지봉유설(芝峰類說)』에서 담배의 거담 효과에 대해 말하고, 조선 후기 때 사람인 이광사(李匡師)는 『원교집(圓嶠集)』에서 담배의 각성 효과에 대해 각각 말하고 있는데, 소개하면 다음과 같다.

"담배는 풀이름이다. 남령초라고도 하는데 일본에서 들어왔다. 잎을 따서 바싹 말리고 불에 태운 것을 병 든 사람이 대통으로 연기를 빨았다가 도로 콧구멍으로 내뿜는다. 이것은 가래와 습기를 없애고, 기(氣)를 내리고, 술을 깨게 하는 데 매우 효험이 있다. 그러나 독(毒)도 있으니 함부로 쓰지는 말아야 할 것이다."

"멀리 동해 밖에 귀국(鬼國)이 있는데, 도덕도 법도 없어 임금과 아비도 모른다. 미신을 몹시 믿기 때문에 사람 죽는 것을 매우 꺼려한다. 중환자가 있으면 죽기도 전에 산과 들에 버린다. 그 나라 공주가 중병에 걸려 산에 버려졌다가 3일 후에 살아서 돌아왔다. 임금이 그 까닭을 물었더니, 자신이 버려진 곳에 이상한 풀이 있어서 그 냄새를 맡은 뒤부터 정신이 깨어났다고 한다. 임금이 공주의 말을 듣고 그 풀을 찾아내어 백성들에게 시험해 보았는데 사실이었다. 그 뒤로 백성들은 그 풀을 뜰에다가 옮겨 심었고, 죽었던 사람들을 살리는 풀이라 해서 '반혼초'라고 불렀다."

담배가 갖고 있는 이러한 다양한 기능 때문일까? 18세기 후반 서유구의 『임원십육지』에 나타난 남한강변 주요 장시의 거래 품목들을 살피면, 담배가 쌀, 면포, 마포, 소, 소금 다음인 여섯 번째로 많이 거래되었던 품목임을 확인할 수 있다.

〈표 2〉

담배	도명	경기도					강원도				충청도				
	장시	광주	양근	여주	이천	지평	영월	원주	정선	평창	단양	영춘	제천	청풍	충주
	거래	○	○	○			○	○	○						

7. 담배의 고수익성

위의 내용을 볼 때 담배는 생활필수품이 아닌 기호품임에도 불구하고 당시 생활필수품에 버금가는 상업적 비중을 차지했던 농작물임을 알 수 있다. 그래서 18세기 중엽과 19세기 초엽에 이르러서는 담배 재배가 전국적으로 확산되어 평안도의 경우 담배 밭의 수익이 수전(水田)의 최상급 밭보다 10배나 이익이 많게 되었고, 주민들이 담배재배만을 전업으로 삼고도 생활을 영위할 수 있는 진안(鎭安)과 같은 담배 산지가 형성되기도 했다.

이후로도 담배 재배는 곡물 재배보다 이로운 것으로 계속 인식되어 농작물을 심어야 할 비옥한 밭이 담배를 재배하는 밭으로 바뀌는 부작용도 생겨나게 되었다. 이에 대한 『승정원일기(承政院日記)』의 상소문 일부와 조선 후기 정상기(鄭尙驥)의 『농포문답(農圃問答)』에 실린 담배재배 금지에 대한 글을 소개하면 다음과 같다.

무릇 남초라 하는 것은 남녀노소 누구 하나 안 피우는 사람이 없습니다. 피우는 사람이 많으니, 심는 사람도 따라서 많아지고, 그러한 까닭으로 최고로 비옥한 땅이 전부 남초밭으로 바뀝니다. 팔도를 모두 합해 계산해 보아도 몇 평쯤 되는지 알 수 없을 정도입니다.

천산, 만산이 모두 연초밭으로 되고, 평원과 광야의 태반이 연초밭으로 되니 곡식이 자라나는 땅은 점점 줄어들고, 백성들은 비싼 돈을 들여 연초를 사서 피우니 재정난이 막심합니다.

대저 담배라는 것은 백 가지로 해는 있어도 한 가지도 이로움은 없다. 먹어도 배가 부르지 않고, 마셔도 갈증을 없애주지 못한다. 맛은 쓰고 냄새는 고약한 것이 사람의 간과 장에 독을 끼치고, 정신을 혼미하게 하는데도 지금 남녀노소 누구나 심히 즐기지 않는 자가 없다. 밥은 안 먹어도 담배는 피워야 하니 옷을 팔고 그릇을 팔아 담배를 사먹는다. 재물을 축내고 사람을 해롭게 하기 이렇건만 사람들은 스스로 깨닫지 못한다.

이렇게 담배를 바라보는 사회적 시선이 곱지 않았음에도 불구하고 줄기차게 담배가 재배되고 판매된 까닭은 무엇일까? 앞에서도 잠깐 언급했지만 무엇보다도 담배 한 근의 가격이 은(銀) 한 냥으로 교환될 정도로 고가의 환금작물(換金作物)로 취급되었다

는 데에 매력이 있었기 때문이다. 따라서 위의 이야기 중에 나오는 허공이 담배를 팔아 수십 배의 이문을 남겨 치부(治富)의 기반으로 삼았다는 대목이 전혀 허무맹랑한 이야기가 아닌 것이다.

특히 여주, 광주, 용인 지역에서 재배되었던 담배는 일명 '용인엽(龍仁葉)'이라 해서 평안도의 '성천초(成川草)', 영월의 '영월엽(寧越葉)'과 더불어 가장 품질이 우수한 고가품으로 대접을 받았던 것이다.

담배를 재배하거나 판매해서 얻은 돈으로 치부(致富)의 밑천을 삼게 되었다는 이야기는 허공이야기 말고도 『차산필담(此山筆談)』[7]과 『청구야담(靑邱野談)』[8]에서 더 찾아볼 수 있다. 특히 『차산필담』의 이야기를 통해서는 당시 남한강변 객점(客店)에 대한 사실까지 소상히 알 수 있어 흥미로운데, 소개해 보면 다음과 같다.

8. 가난한 여인이 은혜를 입고 재산을 불리다

경주 사람 김기연(金基淵)은 무과에 급제한 선달(先達)로 집이 매우 부유하였다. 그러나 그는 서울로 올라와 술과 도박으로 가산을 다 탕진하고 겨우 남은 돈 7~80꿰미[9]만 가지고 고향으로 내려가던

---

7) 19세기 말엽 대원군 때 김해(金海) 아전으로 있던 배전(裵㙉)이 지은 야담집으로 추정. 총 16편의 소품집이나, 가까운 시대, 구체적인 장소 설정, 흥미로운 사건 구성 등이 돋보이는 야담집이다.

8) 19세기 초엽 순조(純祖) 때에 편찬된 듯한 작자 미상의 야담집. 야담의 집대성이라 할 만큼 방대한 분량의 야담집이다.

중, 광주(廣州) 송파(松坡) 거여(巨余) 객점(客店) 앞을 지날 때에 한 여자가 아이를 데리고 굶주려 있는 것을 보고서는 돈 2꿰미를 주었다.

그 여자는 객점의 부엌데기로 연명하던 차에 강원도 담배상으로부터 김선달이 주고 간 돈 2꿰미를 전부 들여 담배 50다발을 샀다. 그해 5월에 담뱃값이 올라 담배 50다발을 10배 가격인 20꿰미에 되팔 수 있었다.

이에 그 여자는 객점의 빈 곳 하나를 세내어 어물, 과일, 생강, 마늘, 치자, 지초, 백반 등속을 벌여 얼른얼른 사고팔고 하니, 그해 겨울에 가서는 여러 곱 이득을 보게 되었고, 돈이 늘어남에 따라 전포(廛鋪)도 늘렸다. 미투리, 종이, 명주 등 손쉽게 교역할 수 있는 것도 취급하고, 떡이나 청주, 막걸리 등도 팔았다. 10년간 풍년이 든 덕분에 열 곱, 백 곱의 이문을 보아 결국 재산이 만 냥에 이르러 객점 옆에 큰 집을 사서 발을 내리고 술집을 열었다.

양주(楊州), 광주(廣州)의 술손님들이 그녀가 과부에다가 돈이 많다는 소문을 듣고 눈독을 들였으나, 여자는 그들을 피해 남대문 밖으로 이사해 살면서 오로지 김선달이 다시 나타나 주기만 바랐다.

1856년 철종 때에 송시열(宋時烈)의 후손인 송근수(宋近洙)가 경주 사또로 부임하게 되었다. 경주의 이방(吏房)이 잔치에 참석하기 위해 올라오자, 여자는 그에게 김선달에 관하여 물었다. 이방이 여자의 이야기를 들은 후 그 사람이 거지가 되었었는데, 지금은 자신의 도움으로 짚신을 삼으며 생계를 유지하고 있다고 말해주었다. 여자가 이방 편에 편지와 약간의 재물을 보내니, 이것을 받아본 김선달이 '서울 가서 4~5천 꿰미의 돈을 헛되이 썼는데, 단 2꿰미의 돈만 올바로 쓰였구나'라며 탄식하였다. 그후 서울로 올라온 김선달은 여자와 더불어 단란하게 살았다.

---

9) 꿰미는 노끈으로 엽전을 10냥씩 묶은 것을 말한다. 7~80꿰미는 약 7~800냥.

9. 부부가 각방을 쓰면서 재산 늘리기에 힘쓰다

상주(尚州)의 김 생은 일찍이 고아가 되어 남의 집 머슴살이를 하다가 26~7세 때에 장가를 갔다. 첫날밤에 아내가 방을 아래위로 각각 나누어 같이 자지 말고, 짚신 삼기와 길쌈으로 10년 동안 하루에 죽 한 사발씩만 먹으며 돈을 벌자고 말했다.

김 생도 아내의 의견을 들어 주머니를 많이 만들어 개똥 한 섬씩을 받고 팔았다. 개똥을 비료로 삼아 보리를 심었더니 그해 큰 풍년이 들어 수확한 보리가 거의 100여 짐이나 되었다. 또 담배를 심었는데, 그것도 잘 되어 수십 냥의 돈을 만지게 되어 6~7년 만에 집에 돈과 곡식이 그득 쌓이게 되었다.

9년째 되는 해 섣달그믐, 김 생이 죽 대신 밥을 먹자고 했지만, 아내는 기한이 다 차지 않았다고 하면서 오히려 책망하였다. 김 생은 10년 만에 큰 부자가 되었지만, 아내의 나이가 많아 아이를 갖지 못하였다. 이에 김씨 성을 가진 아이를 양자로 맞아들였는데, 이것이 상산(商山) 김씨의 시작이라고 한다.

담배는 육로, 수로 할 것 없이 모두에 걸쳐 활발하게 유통되고 판매되었다. 이는 정상기의 『농포문답』을 통해서 확인할 수 있는데, 18세기 중엽 당시 담배 판매의 유통과 거래량에 대해서 다음과 같이 기록하고 있다.

산야의 비옥한 땅에 모두 남초를 심고, 배와 수레로 운반하여 탁 트인 도시와 큰 마을 한 가운데에 쌓아 놓는다. 길가와 마을에 연이어 벌여 있어 남초를 팔지 않는 가게가 없는데, 아침이면 산처럼 쌓였다가도 저녁이면 모두 없어지니 세상에 이런 이익이 없다. 비교컨대 차와 술의 100배는 된다.

남한강 상류 지역의 담배는 영월과 원주에 집산되었고, 남한강 하류 지역의 담배는 광주, 여주, 용인, 양근 등지에 집산되었다가 현지 시장에서 매매가 이루어지기도 하였고, 서울로 수송되기도 하였다.

10. 남한강변 객점 풍경

이번에는 남한강변 객점에 대해서 이야기해 보도록 하자.

객점은 '객주(客主)', '여각(旅閣)' 등으로도 불리는데, 장날이 되면 팔도 각지에서 몰려든 상인들에게 거처할 곳을 제공하고 물건을 보관하기도 하며 매매를 성립시켜 주는 등의 일로 생업을 삼았던 위탁상인들을 말한다.

보통 소규모로 운영하던 이들을 '객점', '객주'라 하고, 상당한 자본을 갖고 대규모로 운영하던 이들을 '여각'이라고 하는데, 일의 성격은 크게 다를 바가 없었다.

객주는 업종에 따라 물산(物産)객주, 청선(淸船)객주, 보부상(褓負商)객주, 보행(步行)객주, 환전(換錢)객주 등으로 나뉘었다.

물산객주는 '물상(物商)객주'라고도 불렸는데, 곡식이나 과일, 수산물, 일용잡화 등 가장 광범위한 물품들을 다루었던 객주이다. 청선객주는 '만상(灣商)객주'라고도 불렸는데, 중국에서 들여온 수입품을 관장했던 객주이다. 보부상객주는 보부상들을 상대로 주로 내륙에서 활동했던 객주이고, 환전객주는 오늘날의 은행과 같이 대출 등 금융업에 종사했던 객주를 말한다. 보행객주는 숙박업으로 주로 '주막(酒幕)'을 통해 상인들에게 숙식을 제공하던 객주였다.

이로 볼 때 위 이야기 속에 나오는 객점집 여인은 담배로 장사 밑천을 삼아 어물, 과일, 생강, 마늘 등과 미투리, 종이, 명주 등 손쉽게 교역할 수 있는 것을 취급하고, 술집을 열어 떡이나 청주, 탁주 등도 팔아 막대한 이윤을 축적했다는 것으로 보아 물상과 주막을 동시에 운영했던 객주라는 것을 알 수 있다.

그렇다면 조선 후기 당시 객주나 여각이 가장 밀집하고 성행했던 곳은 어디였을까? 다름 아닌 송파였다. 송파는 한강, 마포(麻浦), 동빙고(東氷庫), 용산(龍山)과 더불어 한강의 오강(五江)으로 일컬어졌던 곳이다. 아래의 〈표 3〉을 보면, 송파는 한양으로 들어오는 길목에 위치하여 전국의 마행(馬行)상인들이 이곳에 집결하였을 뿐만 아니라 뱃길로는 남한강 줄기를 따라 강원도와 충청도 깊숙이까지 뻗쳐 있었던 교통과 상업의 요충지였음을 알 수 있다.

〈표 3〉 조선 후기 송파의 유통 경로

청주→진천→죽산→안성→용인→판교→		
충주→석원→광암→양지→용인→판교→	송파	한양
충주→영춘→제천→음죽→이천→광주→		
원주→여주→이천→광주→		

이러한 입지적 조건 때문에 송파는 장날만 되면 뱃길, 육로 할 것 없이 각지에서 온 상인들이 들끓고, 각양각색의 농축산물들이 집결되어 조선 후기 서울 외곽에서 가장 큰 난전을 이루어 번창하였다. 이때 송파 지역에서 영업을 했던 객줏집은 약 270호 정도로 성업을 이루었다고 한다.

이처럼 『차산필담』에 소재된 객점집 여인의 이야기는 당시 활기 넘치던 시장 풍경을 생생하고 실감나게 전해주는 소중한 자료가 아닐 수 없다.

11. 돈을 벌더라도 사람답게 벌어야

이상으로 조선 후기 야담집에 나타난 남한강 유역과 관련된 이야기 중 가장 대표적으로 생산되고 유통되었던 물품인 쌀과 담배를 중심으로 삼아 살펴보았다. 그런데 이들 이야기 속에 공통적으로 흐르는 주제 의식이라면, 쌀과 담배가 비록 많은 이윤을 남겨주는 고소득 작물이지만 그것을 재배하고 판매하는 사람의 성품이 올곧을 때에만 성공과 치부가 보장된다는 윤리의식일 것이다.

위에 소개한 이야기 속 주인공들 중 허홍과 김 생 부부는 부유하게 되었음에도 검소한 생활 방식을 버리지 않았다. 특히 허홍의 경우 자신들은 죽 반 사발씩을 먹었지만 여자 종에게는 죽 한 사발을 내주는 인간미를 보이기도 한다. 또한 가세가 몰락한 와

중에서도 부모님의 삼년상을 치르는 예절과 법도를 차렸고, 재산을 형제들과 똑같이 삼분(三分)하는 의로움이라든가, 아내에 대한 애틋한 사랑 등등 사람으로서 마땅히 지켜야 할 도덕과 가치를 유지해 나간다. 객점집 여인의 경우도 마찬가지이다. 그녀는 온갖 유혹이 도사리고 있는 정황 속에서도 자신의 절개를 지킬 줄 아는 여인이었으며, 은혜를 베푼 사람에게 그 은혜를 되돌릴 줄 아는 인물로 나타난다.

『주역(周易)』에도 이르기를 "선한 일을 쌓은 집안에는 반드시 넉넉한 복이 깃들 것이다[積善之家 必有餘慶 積不善之家 必有餘殃]."라는 대목이 새삼 떠오르게 되는 이야기들이다. 그러나 이러한 인간적인 가치와 도덕을 도외시한 채 오로지 자신의 잇속을 채우는 데만 혈안이 된 인물에게는 필경 커다란 낭패가 찾아오게 마련이다. 조선 후기 안석경(安錫儆)이 편찬한 『삽교별집(霅橋別集)』[10]에 다음과 같은 이야기가 실려 있다.

숙종 때 원주(原州)에 이가(李哥)가 있었는데, 배를 타고 장작, 소금 등을 팔아 10년 만에 큰 돈을 모았다. 어느 해 대흉년이 들어 이가는 쌀 300석을 배에 싣고 한강을 따라 내려와 10년 동안 주인으로 삼았던 서울 객줏집에 정박했다. 주인은 흉년 때문에 굶은 지 3일이었다. 이가를 보고는 반겨 맞으며 쌀 10석만 달라고 애원했지만, 이가는 응낙하지 않았다. 5석만 달라고 해도 거절했고, 한 말만

---

10) 노론계(老論系) 유학자인 안석경이 지은 야담집. 사물에 대한 관찰이 예리하고 사회를 비판하는 기준도 합리적이며, 무엇보다 이야기의 출처 및 제보자가 누군지 밝혀 놓았다는 데에 특장(特長)이 있다.

달라고 통사정을 해도 이가는 거절한 채 다른 부잣집으로 가서 쌀을 팔았다.

3년 후 다시 한강을 타고 서울로 올라온 이가는 옛날 객줏집 주인이 흉년에 굶어 죽었으려니 여겼지만, 그는 뜻밖에도 예전보다 더 큰 부자가 되어 있었다. 이가는 의아하여 주변 사람들에게 연유를 묻자, 사람들은 3년 전 이가가 매정하게 주인의 부탁을 거절했던 일과 그 후 객줏집 주인이 마음씨 좋은 상인을 만나 목숨을 구한 뒤 하는 일마다 다 잘 돼 지금은 100만 전을 소유한 부자가 되었다는 이야기를 해 주었다.

그 말을 들은 이가는 부끄럽기도 하고, 사람들의 비난이 무서워 다시는 한강에 배를 띄우지 못했다고 한다.

12. 용이 소금배를 뒤엎다

남한강에서 유통되던 물품을 이야기할 때 또 하나 빼놓을 수 없는 것은 소금이다.

유몽인(柳夢仁)의 『어우야담(於于野談)』[11]에 보면 다음과 같은 이야기가 있다.

1618년 광해군 10년 여름에 커다란 대선(大船)이 소금을 싣고, 경강(京江) 용산에 정박했다. 그때 갑자기 큰바람이 불어 폭풍우와 번개가 일어났다. 잠시 뒤 거대한 붉은 용이 강 속에서 일어나 강물을

---

11) 조선 중기 어우당(於于堂) 유몽인(柳夢寅)의 설화집. 풍자적이며 기지에 찬 내용들이 많다. 조선 후기 야담집의 효시이다.

〈염전의 모습〉

꼬리로 쳐서 배를 뒤집어엎어 소금을 강물 속으로 빠뜨렸다. 간신히
살아난 선원들이 배 주인에게 가서 제사 비용을 아끼느라 해신(海
神)에게 제사 지내지 않아 용의 노여움을 산 것이라고 책망하였다.
옛말에 용은 사람들의 돈을 탐낸다고 하였다.

　용은 우리나라 설화나 민속에 자주 등장하는 동물이다. 주로
물을 주재하는 수신(水神), 해신으로 풍농(豊農)과 풍어(豊漁)의
신앙 대상이다. 농경민족인 우리들은 물이 생명처럼 소중했기 때
문에 예로부터 가뭄이 심할 적에는 용신에게 기우제(祈雨祭)를
지냈다. 또 어로를 생업으로 삼고 있는 어촌에서는 아직까지도
용왕굿이나 용왕제 등을 지내면서 배의 무사고와 풍어, 마을의
평안 등을 기원하고 있다. 이러한 용신신앙은 『삼국사기(三國史

記)』, 신라본기(新羅本紀), 진평왕조(眞平王條)와 『삼국유사』권 4, 의해(義解) 보양이목(寶壤梨木) 등에 나타난 기록으로도 그 연원(淵源)이 퍽 오래 되었음을 알 수 있는데, 각각 소개해 보면 다음과 같다.

신라 진평왕 50년(628), 여름에 큰 가뭄이 들었다. 이에 왕은 시장(市場)을 옮기고 용(龍)을 그린 다음 기우제를 지냈다.

신라 말 고려 초에 살았던 보양 스님이 중국에서 불법을 받고 귀국할 때 서해(西海) 한가운데에 다다르자 용이 용궁으로 스님을 맞이해 드렸다. 용이 스님에게 불경을 외게 하더니 금빛 비단 가사자락 한 벌을 주고, 더불어 아들인 이목(璃目: 이무기, 즉 용의 음차)에게 스님을 모시도록 하였다. 보양 스님은 이목과 함께 작갑(鵲岬: 경상북도 청도군)이란 곳에 이르러 작갑사(鵲岬寺)란 절을 짓고 살았다. 어느 해인가 갑자기 심한 가뭄이 들어 밭에 심어놓은 채소가 모두 타고 말라 버리자, 보양 스님은 이목으로 하여금 비를 내리게 하니 온 지방이 해갈되었다. 이에 하느님이 노하셔서 하늘의 허락도 받지 않고 함부로 비를 내리게 한 이목을 죽이려고 하였다. 이목의 위급함을 알아차린 보양 스님은 침대 밑에 이목을 숨겨 주었다. 이윽고 하늘의 사자가 절의 마당에 와서 이목을 내놓으라고 하자, 보양 스님은 뜰 앞에 심어진 이목(梨木: 배나무, 이무기인 '이목'과 음이 동일함)을 가리켰다. 그러자 하늘의 사자는 배나무에 벼락을 내리치고는 하늘로 올라갔다.

물을 주관하는 용신에 대한 제의는 단지 국가나 마을 단위처럼 대규모로만 이루어지지 않았다. 가정에서도 용신에 대한 제의를 올렸는데, 이때는 집 뜰에 있는 우물이나 샘이 마르지 않기를 기원했다고 한다. 이처럼 용은 우리 민족에게 크게는 국가에서부터 작게는 가가호호에 이르기까지 신이하고 영험한 존재로 나타나는데, 이런 용신에 대한 예우를 돈 몇 푼 아끼느라 치르지 않았으니 노여움을 살 만도 하리라 여겨진다.

13. 용의 정체

그렇다면 이쯤에서 위에 소개한 『어우야담』 속에 나오는 용에 대한 정체를 민간신앙적 차원과는 좀 다른 과학적 각도에서 살피는 것은 어떨까 싶다. 즉 용이란 짐승은 원래 상상 속의 짐승이다. 그런 만큼 이 이야기 속에 나오는 용 또한 실제 용이었다고는 볼 수 없다. 그렇다면 이 이야기 속에 나오는 용은 정체가 과연 무엇이었을까?

상상 속의 동물인 용의 출현과 관련된 가장 합리적이고 과학적인 설 중에 이른바 '용권설(龍卷說)'이란 것이 있다. 이는 바닷물 가운데서 회오리바람이 생기면 물과 회오리바람이 함께 휘감겨 기둥 형태로 높이 솟아올라 하늘 끝까지 닿는 것처럼 보이게 되는데, 다른 말로 '용오름', '용솟음'이라고도 한다. 마침 『세종실록(世宗實錄)』에 보면 황해 앞바다에 일어난 거대한 회오리바람을 용으로 표현한 대목도 있다.

이를 참고로 한다면, 여기 나오는 용도 거센 풍랑을 동반하고 나타난 회오리바람의 설화적 표현쯤으로 짐작할 수 있겠다. 그런데 위 이야기의 문맥을 잘 살펴보면 용이 소금배를 뒤엎은 까닭은 평소에 용이 사람들의 돈을 탐냈기 때문이라는 것이니, 당시에 소금은 곧 돈과 같은 개념으로 인식되었음이 분명하다 하겠다.

『삼국사기』, 고구려본기, 미천왕(美川王)조에 실린 미천왕의 청년 시절 이야기와 민간에서 전승되던 구전 설화 한 편을 통해 소금이 고대(古代) 때부터 화폐 대용품으로 쓰였음을 알 수 있는데, 각각 소개하면 다음과 같다.

14. 소금장수 을불

고구려 제15대 임금인 미천왕의 이름은 을불(乙弗)이다. 큰아버지인 봉상왕(烽上王)이 을불의 아버지 돌고(咄固)를 의심하여 죽여 버렸다. 을불은 자기에게도 해가 미칠까 두려워 수실촌(水室村)이란 곳으로 도망가 음모(陰牟)라는 사람의 집에서 머슴살이를 하였다. 그러나 음모는 을불이 왕손인지 모르고 아주 심하게 괴롭히며 고된 일만 시켰다. 괴로움을 견디지 못한 을불은 1년 만에 그 집을 나와 압록강변에서 재모(再牟)라는 사람을 만나 그와 함께 배를 타고 소금장수를 하며 살았다. 하루는 압록강 동쪽에 사는 사람 집에 머물고 있는데, 그 집 할머니가 와서 소금 좀 달라고 했다. 을불이 한 말 정도를 할머니께 드렸더니, 또 달라고 한다. 을불이 이번에는 소금을 주지 않자, 할머니는 앙심을 품고 자기 신발을 소금짐 속에 몰래 숨겼다. 을불은 그런 줄도 모르고 소금짐을 지고 길을 나서려는데, 할머니가 쫓아와서 을불이 자기 신발을 훔친 도둑놈이라고 고을 원님에게 고자질했다. 원님은 을불을 붙잡아 볼기를 때린 다음, 신발값으로 소금을 몽땅 할머니에게 주었다. 풀려난 을불은 몸이 몹시 여위어지고, 옷은 남루해서 어느 누구도 그가 왕손임을 알지 못할 정도였다. 그러던 차에 재상 창조리(倉助利) 등이 천신만고 끝에 을불을 찾아내서 옹립하고, 포악한 봉상왕을 폐위시켰다.

미천왕이 청년 시절 망명 생활을 하면서 소금장수로 연명을 하였고, 할머니가 집요하게 을불의 소금을 탐냈다는 점으로 볼 때 소금 또한 쌀처럼 화폐가 사회에 본격적으로 유통되기 이전 시대에는 화폐 대용으로 쓰였던 물품임을 짐작할 수 있다.

15. 바닷물이 짠 이유

옛날 어떤 나라에 임금님이 큰 맷돌 하나를 가지고 있었는데, 그 맷돌은 마치 여의주와 같아 무엇이든 갖고 싶은 물건을 말하면 그것을 나오게 하는 보물이었다. 마침 그 나라에 물건을 잘 훔치는 도둑이 있어 어느 날 궁궐에 잠입해 감쪽같이 그 맷돌을 훔쳐 갖고 나왔다. 도둑은 나라 안에 머물면 오래지 않아 붙잡힐 것이라 여겨 맷돌을 갖고 얼른 바다로 배를 저어 나갔다. 바다 한가운데까지 다다른 도둑은 배를 멈추고 생각하기를, '요즘 소금 값이 엄청 귀하니 맷돌에다가 소금 나오게 해달라고 빌어 큰 부자가 되리라.' 하였다. 도둑이 맷돌에게 소금 나오라고 빌자, 맷돌은 저절로 빙빙 돌며 소금을 한없이 만들어 냈다. 도둑은 너무 기쁜 나머지 그만 맷돌 멈추는 법을 잊어먹고 말았다. 결국 배에 가득 찬 소금으로 말미암아 배는 뒤집어지고 도둑은 맷돌과 함께 물에 빠져 죽고 말았다. 바닷물이 짠 까닭은 아직까지 바다 밑 한가운데에서 맷돌이 소금을 계속 만들어 내기 때문이라고 한다.

위 구전설화는 귀한 재물이 자꾸 생겨 아무리 써도 줄지 않는다는 이른바 '화수분' 모티프(motif)의 설화다. 이와 유사한 설화는 우리나라뿐 아니라 세계 도처에서 발견할 수 있는데, 화수분에 해당하는 용기로는 맷돌, 절구, 화로, 항아리 등 다양하게 나타난다. 그런데 용기야 무엇이 됐건 화수분의 임자들이 한결같이 많이 나오게 해달라고 비는 물건은 돈, 쌀, 소금 등인 것으로 나온다. 이로 볼 때, 소금도 쌀과 마찬가지로 옛날에는 화폐와 동종의 개념으로 인식되었음을 확인할 수 있다. 그리고 비교적 최근까지 농촌지역에서는 소금을 그 집안의 매우 귀중한 재물로 여겨 해가 떨어진 후에는 집 밖으로 소금 내가는 것을 꺼려했던 풍속도 이와 일맥상통하는 경우라 하겠다.

16. 소금의 다양한 효용성

소금은 쌀과 더불어 조선시대 생활필수품 내지는 현금작물로 쓰인 식품이었다. 그렇기 때문에 그것의 유통 문제도 매우 중요하게 여겨져 화폐무용론자였던 이익마저도 그의 저서에서 "반드시 유통되어야 하는 것은 오로지 소금과 철이다."라고 말하기까지 했다.

〈표 4〉

도명	경기도					강원도				충청도				
소금 장시	광주	양근	여주	이천	지평	영월	원주	정선	평창	단양	영춘	제천	청풍	충주
거래	○		○	○	○		○	○	○					○

  소금의 중요성은 특히 임진, 병자 양란을 겪고 난 후인 17세기 이후 더욱 강조되고 있는데, 여기에는 다음과 같은 몇 가지 이유를 들 수 있다.

  첫째, 이 시기는 두 차례의 커다란 전란을 겪은 후에 무너진 사회 기강과 질서를 바로 잡기 위해 '예(禮)'의 개념이 강조되던 시기였다. 이에 따라 『주자가례(朱子家禮)』식 관혼상제가 서민들에게까지 일반화되기에 이르렀던 시기이며, 심지어는 최하위 계층인 노비들에게까지 부모상에 있어서 3년상이 보급될 정도의 시기였다.

  이렇다 보니 전 사회 구성원들 사이에 조상숭배 운동이 광범위하게 전개되어, 지배층과 피지배층을 막론하고 모두 관혼상제에 사회적 관심을 집중시켰고, 조상과 선현에 대한 제사(祭祀)가 더욱 중요한 위치를 장악하게 되었다. 이에 따라 제사가 각계각층에서 빈번히 거행되는 바람에 제사에 필수적인 제수물의 수요도 덩달아 더욱 증대되어, 제수물 가운데 큰 비중을 차지하는 어물을 비롯한 해산물의 수요도 연쇄적으로 크게 증가될 수밖에 없었다.

  이들 어물 중에서도 관혼상제에 빼놓을 수 없는 북어와 조기에

대한 요구는 매우 커서, 이규경(李圭景)은 『오주연문장전산고(五
洲衍文長箋散稿)』에서 다음과 같이 말하고 있다.

　　여항(閭巷)의 보잘것없는 백성들까지 이 명태로 포를 만들어 조
　상신께 제향을 올린다.

이로 볼 때 제수품의 하나로 어물에 대한 수요와 선호도는 매
우 높았다고 할 수 있는데, 이러한 어물에 대한 수요 확대는 소
금에 대한 수요 증가를 자연스럽게 불러일으키게 되었다.

둘째, 소금에 대한 수요 욕구는 당시 인구의 급격한 증가와 농
업 생산 기술의 발달과도 밀접한 관련이 있다. 왜냐하면 인구의
증가와 농업 생산 기술의 발달로 인해 쌀과 곡식의 생산량이 확
대되었고, 이에 따라 쌀과 곡식 소비 증대에 대비한 염분이 다량
함유된 장이나 젓갈 같은 저장 식품의 가공이 필수적으로 증가되
었기 때문이다.

셋째, 전통 사회에서 소금은 기아에 허덕이는 백성들을 구제하
는 구황(救荒)작물로 중요하게 작용했다는 점이다. 소금은 17세
기 이전부터 구황물로 인식되어 『중종실록(中宗實錄)』을 보게 되
면, "만약 소금만 있다면, 비록 곡식이 없어도 채소와 함께 먹으
면 생명을 연장할 수 있고, 죽음에 다다르지는 않는다."라고 나와
있다.

17. 소금 제조와 교역

남한강 수운의 소금 교역은 경기만 일대에서 생산되는 서해안 소금과 동해안에서 생산되는 소금으로 갈려 유통되었다.

서울의 마포, 용산, 서강을 비롯한 남한강 하류 지역인 광주, 여주, 이천 지역에서는 서해안 소금이 유통되었지만, 남한강 중상류 지역인 원주, 영월, 정선, 평창, 목계 등지에서는 동해안 소금이 유통되었다. 『택리지』의 기록을 살펴보기로 한다.

> 원주는 경기도와 영남 사이에 끼어서 동해로 수운하는 생선, 소금, 인삼과 관곽(棺槨)과 궁궐에 소용되는 재목 따위가 모여들어서 하나의 도회(都會)를 이룬다.

> 목계에서는 생선배와 소금배가 정박하고, 외상 거래도 이루어진다. 동해의 생선과 영남 산골의 화물이 모두 여기에 집산되므로 주민들은 모두 판매에 종사하여 부유하다.

위의 기록들로 보아 강원, 충청 지역에서는 원래 동해안 소금이 유통되었다는 것을 알 수 있다. 그런데 서해안에서 생산되는 소금은 해변의 토사(土砂)를 갈고, 그 위에 소금물을 부어 수분을 증발시킨 후 농도가 짙은 소금물을 얻어 이를 끓이는 '전오법(煎熬法)'이라는 방식으로 소금을 만들었다. 이 소금은 바닷물을 직접 볶는 동해안의 소금보다 품질이 좋은 고급품으로 평가받았다. 게다가 조선 후기로 들어와서는 한양의 상인들이 편리한 수로를 이용하기까지 하여 단양, 영춘, 영월까지 서해안의 소금이 공급되었을 뿐만 아니라, 횡성, 평창 등 영서 산간 지역으로까지 공급이 확대되었다.

소금을 수송하는 배는 '아랫강배'로 불리는 밑바닥이 평평하고 이물과 고물이 넓은 편인 완만한 곡선형의 배였다. 아래에 있는 〈표 5〉를 참고할 때 아랫강배의 종류는 대선, 중선, 소선으로 나누는데 주로 사용된 배는 대선(大船)이었지만, 지류에서는 중소선(中小船)을 이용하였다. 아랫강배는 인천 앞바다 또는 강화도 근처에서 서풍(西風)이나 밀물 때를 기다렸다가 마포지역까지 올라오게 되는데, 소금배에는 소금 외에 새우젓이나 염장(鹽藏) 어물들도 함께 실었다.

소금은 당시에 상당한 고가품으로서 마포, 용산, 서강 등 소위 '아랫강 여각 상인'들의 전략 상품으로 역할을 하였다. 보통 콩, 팥, 쌀, 잡곡, 담배 등과 물물교환 방식으로 거래가 이루어졌는데, 상류로 갈수록 소금의 가격은 상승하였다. 특히 새우젓은 이포(梨浦)에서 10되들이 새우젓 항아리와 쌀 반 가마가 교환되고, 상류에서는 콩 한 가마 이상을 지불해야만 교환이 될 정도로 고가였다.

〈표 5〉

구 분	길 이	너 비
대선(大船)	50자(약 16m)	10자 3치 이상(약 3. 5m)
중선(中船)	46자(약 14m)	9자 이상(약 2. 7m)
소선(小船)	41자(약 12m)	8자 이상(약 2. 4m)

18. 남한강, 그 거대한 용해수

남한강은 우리 민족의 젖줄기와도 같은 강이었다. 그리고 이러한 비유에 걸맞게 우리 민족의 정치, 경제, 사회, 문화 등 모든 생활 영역에 걸쳐 엄청난 영향을 미쳤던 강이었다. 그 결과, 비록 옛 야담집 속에서나마 남한강의 강줄기를 따라 가다 보면, 우리 조상들의 다양한 삶의 모습들을 생생히 만나볼 수 있다. 그 속으로 들어가면 걸인에서부터 몰락 양반에 이르기까지 모든 인간 군상(群像)들을 만날 수 있다. 그 속으로 들어가면 그들이 어떤 방식으로 농사를 지었고, 뭘 재배해서 먹고 살았고, 생산물을 어떻게 사고팔았고, 어떤 신앙을 믿었는지 등의 삶의 갖가지 모습들을 살필 수 있다. 그리고 그 속으로 들어가면 그들이 이러한 인생 여정에서 느꼈을 법한 감정까지도 함께 느낄 수 있다.

영월에 영춘에 흐리고 나리는 물은
도담 삼봉 안고 돌고
도담 삼봉 흐르는 물은
만학 천봉 안고 도네
만학 천봉 흐르는 물은
옥순봉을 안고 돌고
옥순봉에 흐르는 물은
흘러흘러 잘도나 가네

앞 편 강에 띄우는 배는
임을 실은 꽃배인데

뒤 편 강에 띄우는 배는
놀이하는 놀이배고
얼씨구 좋다 얼씨구 좋다
술렁술렁 잘도나 가네

충북 지역에서 불리는 이 민요처럼, 남한강은 우리 민족의 모든 삶의 기쁨과 슬픔, 희망과 좌절, 한(恨)과 신명을 용해시킨 채, 오늘도 내일도 도도히 흘러갈 것이다.

참고문헌

경기도박물관 편, 『한강』, 경기도박물관, 2002.

김부식, 신호열 역, 『삼국사기』, 동서문화사, 1978.

김용섭, 『조선후기농업사연구(2)』, 일조각, 1990.

김필래, 「남한강변 장시에 유통된 품목 고」, 『한국문화연구(9)』, 경희대 민속학연구소, 2005.

배규범, 「경강상인의 자본 축적 과정과 전개 양상」, 『한국문화연구(9)』, 경희대 민속학연구소, 2005.

서대석 편, 『조선조문헌설화집요(1)(2)』, 집문당, 1991.

서유구, 『임원십육지』, 서울대학교 규장각본.

신경림, 『민요기행(2)』, 한길사, 1989.

이수광, 남만성 역, 『지봉유설』, 을유문화사, 1975.

이영학, 「18세기 연초의 생산과 유통」, 『한국사론(13)』, 서울대학교 국사학과, 1985.

이우성·임형택 편역, 『이조한문단편집(상)』, 일조각, 1997.

이월영·시귀선 역, 『청구야담』, 한국문화사, 1995.

이 익, 『국역성호사설』, 민족문화추진회, 1974.

이 행 외, 『국역신증동국여지승람』, 민족문화추진회, 1970.

이중환, 이익성 역, 『택리지』, 을유문화사, 1982.

일 연, 권상로 역, 『삼국유사』, 동서문화사, 1980.

정상기, 이익성 역, 『농포문답』, 을유문화사, 1983.

정승모, 『시장의 사회사』, 웅진출판, 1992.

정약용, 이익성 역, 『경세유표』, 한길사, 1997.

최영준, 「남한강 수운연구」, 『지리학(35)』, 대한지리학회, 1987.

한국정신문화연구원 편, 『한국민족문화대백과사전』, 한국정신문화연구원, 1995.

한우근, 『한국통사』, 을유문화사, 1985.

국사편찬위원회 편, 『승정원일기』, http://sjw.history.go.kr

국사편찬위원회 편, 『조선왕조실록』, http://sillok.history.go.kr

제3부

남한강과 시문학

Ⅰ. 남한강 문학 여행을 시작하며

1. 남한강 단상(斷想)

남한강은 북한강과 함께 한강의 2대 지류이다.

남한강의 물줄기는 강원도 평창군(平昌郡) 진부면(珍富面) 오대산(五臺山)에서 시작되었다. 그 후 정선군(旌善郡)에서는 북동쪽에서 오는 송천(松川)과 합류하고, 다시 영월읍(寧越邑) 남쪽에서 평창강(平昌江)과 합한 뒤 충청북도 단양군(丹陽郡)에 이른다. 거기서 단양팔경(丹陽八景)의 하나인 도담(島潭)을 이루고, 충주시(忠州市)에서 달천(達川)과 합하여 흘러가다 경기도 양주시(楊州市)에서 북한강과 합류한다. 실로 긴 여정임에 틀림없다. 이는 수치상으로 볼 때도 확인된다. 총 길이 375㎞에, 유역면적만도 1만 2577㎢로 여의도의 약 1500배라고 한다. 또한 강줄기가 지나가는 지역만도 3개 도, 10개 시군에 달한다. 실로 이 거대한 물리적 수치에서 우리는 남한강의 중요성을 쉽게 느낄 수 있다.

그러나 무엇보다도 남한강은 그 종착지가 수도 서울이라는 점에서 더욱 큰 의미를 가진다고 할 수 있다.

중세 이후 강의 주된 임무는 교통 및 운송에 있었다. 특히 한강의 본류와 남한강, 북한강은 인적 자원과 물적 자원의 교류를 담당하는 교통로이자 국가 경제의 기둥인 조세(租稅)의 운반로로써 역할을 담당하였다. 조선 초부터 수도를 끼고 흐르는 한강은 우선 전국의 세곡(稅穀)이 조운(漕運)을 통해 집결되었고, 서울에 살던 지주들이 각 지방에 소유하고 있던 땅에서 거두어들인 소작료의 대부분이 운반되었다. 그리고 무엇보다도 서울 시민들의 생활필수품을 공급하는 역할을 하였다.

이렇듯 무수한 사람과 물산(物産)들이 오고가는 강에서는 분주함과 함께 사람 사는 냄새가 배어 있었다. 강에서 생계를 유지하며 살아가는 어부나 사공에서부터 나룻배를 이용하는 승객들, 그들을 대상으로 주막 등을 운영하는 사람들, 그리고 물산의 이동을 통해 이윤을 추구하는 장사치들에 이르기까지 각계각층의 사람들과 그들이 엮어 내는 갖가지 사연이 얽혀 있는 곳이다.

2. 강과 문학

우리 조상들은 이러한 하나하나 사연의 조각들을 시에 담아 표현하였다.

시인은 때론 굉음과 함께 집채라도 삼킬 듯이 넘실대는 파도

속에서 두려움에 떨었으며, 때론 저녁노을 아래 금물결에 손을 담그며 부드러운 그 감촉과 평화를 즐겼었다. 또한 경제적 착취 속에서 궁핍한 삶을 이어가는 백성들을 보며 분노와 처연함을 느꼈으며, 삿대를 쥔 늙은 사공의 팔뚝에선 삶의 시름을 읽었었다. 그 미세한 감정의 결들을 넘실대는 파도와 함께 하나하나 시로 그려내었다.

남한강을 배경으로 하는 시를 보면 흥미로운 점들이 여럿 있다. 그중에서도 제일 먼저 언급할 수 있는 것이 지역성이다. 이른바 남한강을 끼고 도는 특정 지역을 배경으로 모든 시적 상상력이 펼쳐진다는 점이다. 그 옛적 그곳은 어떤 곳이었고, 누가 무슨일을 했는지가 파노라마처럼 전개된다. 그러니 강줄기를 오며가며 스쳐가는 산과 들녘이 하나같이 예사롭지가 않았던 것이다.

자, 그럼 남한강 푸른 물결에 몸을 싣고 우리 함께 문학 여행을 떠나 보도록 하자.

3. 남한강 구역

여행을 앞두고 우선 떠오른 고민은 어떻게 강을 탈 것인가였다. 강줄기의 흐름을 지도와 함께 짚어 보았다. 남한강의 강줄기는 크게 세 부분으로 나눌 수 있었다. 우선 상류 쪽으로 평창과 정선-영월이 합류하는 구간이 있을 수 있다.[강원지역] 그리고 그 합류된 물이 단양을 거쳐 충주로 갔다가 괴산의 달천과 합류하여 서쪽으로 흐르는 구간이 있었다.[충청지역] 마지막으로 여주 – 이천 – 양평 – 광주를 지나 서울의 뚝섬까지 흐르는 구간이 있었다.[경기지역] 신기하게도 현재의 도(道) 구역과 일치했다. 하긴 시도 경계가 산이나 강을 중심으로 생겼으니 당연한 일이기도 했다. 우리의 여행은 서울의 한강 하류 지역에서 시작하여 본류인 남한강을 거쳐 상류로 거슬러 가며 진행될 것이다.

구역은 얼추 정해졌으니 남은 것은 출발지였다.

Ⅱ. 경기지역 : 서울-광주-양평-이천-여주

1. 한강의 나루터

서울에는 많은 나루터가 있었다. 사실 한강에 나루터가 생긴 것은 오래 전부터였다. 물고기를 잡으며 살았던 원시인들은 한강 이남에 터전을 잡기 위해 한강을 건너야 했다. 아마도 삼국 시대에는 한강을 중심으로 서로 힘을 겨루는 과정에서 대규모 군대의 이동을 위해 나룻배가 붐볐을 것이다. 그 후 고려시대에 이르자 정식으로 나루터에 이름이 붙여지기 시작했다. 지금의 한남대교 자리에 사평도(沙平渡)가 개설되었으며, 그 밖에도 양화도(楊花渡), 사리진(沙里津) 등의 나루에 이름이 생겨났다.

조선 왕조는 고려의 체제를 거의 이어받았다. 사평도를 한강도(漢江渡)라고 이름을 바꾼 것 외에는 거의 그대로 운영하였다. 그러나 이후 중앙 집권 체제를 강화하고자 호패법을 실시하게 되면서 진도제(津渡制)는 보다 본격화되기 시작했다. 전국의 인구

동태를 파악하기 위해 주요 나루에 별감(別監)을 파견하게 되면서 한강의 진도(津渡)는 나라에서 관리하는 체제로 바뀌었다. 그러면서 새로 자리를 잡은 나루가 바로 한강 일대의 노량진(鷺梁津), 광진(廣津), 용진(龍津), 삼전도(三田渡) 등이었다. 이후 강을 중심으로 하는 경제활동이 구체화되면서 한강의 나루는 대체로 다섯 개로 분류되었다. 이른바 오강(五江)이라고 하는 것으로 정확한 명시는 아니었지만 대략 상업적 시가지로서 두드러진 용산(龍山) · 마포(麻浦) · 서강(西江) · 양화진(楊花津) · 한강진(漢江津)으로 짐작된다. 이 밖에도 한강변에는 노량진 · 동작진 · 서빙고 · 두모포 · 뚝섬 · 송파진 · 삼전도 등도 유통기지로서 주목을 받았다.

우리는 이 중 마포나루에서 배를 띄우기로 했다.

2. 마포나루의 활력

마포나루는 서울 도성에서 제일 가까운 나루터였다. 본래 마포와 용산이 한강을 이용한 운수의 중심지가 된 것은 그 포구가 구릉을 따라 굽어진 골짜기에 위치해 있고, 그 앞의 강줄기는 호수를 닮아 배가 정박하기가 편했기 때문이라고 한다. 남대문을 나서 청파역을 지나면 용산이었고, 만리재와 아현을 넘어 공덕리를 지나면 바로 마포였다. 더구나 용산 땅을 남으로 관통하는 만초

천(蔓草川)은 조선시대에 도성을 지나는 개천으로 오늘의 청계천 다음으로 큰 물줄기였다.

마포는 삼개라고도 하였다. 『신증동국여지승람(新增東國輿地勝覽)』에는 도성 서쪽 10리 지점에 있는 용산강의 하류지역이라고 하였다. 인근에 서강과 양화진 등의 포구가 있었기에 마포는 예로부터 전국 각지에서 찾아오는 배들로 붐볐다. 자연 이 지역은 뱃사람들의 근거지로서 선촌(船村)이 형성되어 있었다. 마포 새우젓 장수라는 말에서도 알 수 있듯이 마포는 특히 생선과 같은 어물을 실은 상선들의 출입이 잦았다. 조선 전기만 하더라도

〈현재 마포대교 남단의 모습〉

이웃의 용산강이 으뜸가는 포구였다. 그러나 점차 한강의 수위가 낮아지면서 조수가 용산강까지 들어오지 않게 되자 그 뒤부터는 세곡선과 상선들이 마포와 서강에 주로 정박하게 되었다.

조선시대 문인 성간(成侃: 1427-1456)은 강가의 아름다운 풍광을 다음과 같이 노래했다.

검은 구름 한 조각 푸른 하늘에 나직한데
가끔 들리는 먼 물가 외로운 학의 울음.
지난 밤 사이 나루터에 남풍이 세차더니
서강(西江) 물결 걷어다 빗발 되어 날리네.
고기들 나고 들며 다투어 거품 뿜는데
물귀신[馮夷]은 물결치고 신령은 춤추네.
섬들을 휘어 싸서 홍몽(洪濛)으로 돌아가니
창에 서린 서늘한 기운 남은 더위 가시네.
강 기러기 뒤섞여 날며 끼룩끼룩 우는 소리
마름과 연 바람과 물결 따라 이리저리.
어부는 닻줄 잃고 강에서 소리치는데
큰 배는 옆으로 기울고 작은 배 떠내려가네.
…… 후략 ……

黑雲一片低靑天　時聞獨鶴遠鳴渚
夜來渡口南風顚　倒捲西江作飛雨
魚兒出沒爭唅喝　馮夷鼓浪神靈舞
勢包島嶼歸洪濛　凉生軒戶牧餘暑
江鴻搖蕩聲啁嘈　菱荷歷亂隨風濤
漁翁失纜叫江湖　大船傾倒小船飄
…… 後略 ……

나직이 깔린 먹구름 속에 떨어지는 빗방울 소리가 들린다. 산과 들에 내리는 빗소리와 처마 끝 빗소리, 그리고 호수나 강 위에 내리는 빗소리는 제각각이다. 굵은 동그라미를 그리며 퍼져가는 빗방울은 시각과 청각을 고루 자극한다. 이어 물 아래 물고기들은 물 위로 고개를 내밀어 숨을 쉰다. 과학적으로 보면 보다 많은 용존 산소를 찾아다니는 물고기의 본능에 따른 행동으로 볼 수 있다. 즉 물고기는 물 속에서 늘 산소 부족에 시달린다고 한다. 그런데 대기 속을 스치며 내려오는 빗방울 속에는 상대적으로 풍부한 산소를 담고 있다고 한다. 자연 용존산소가 많은 곳을 찾아 물 위로 뜰 수밖에 없는 것이다. 으~응, 그렇구나! 그래서 비 오는 강물 위로 물고기들이 고개를 내밀고 거품을 뿜는구나. 그런데 시인은 이런 생각을 참 재미없어 한다. 그냥 한 폭의 그림 속으로 빠져들기만을 본능적으로 느낄 뿐이다. 하늘의 기러기와 강가에 맴도는 마름, 그 시각과 청각의 조화, 그것을 사랑할 뿐이다. 그러기에 갑자기 내린 비바람에 닻줄을 잃고 허둥대는 어부의 모습조차도 그림 속 한 풍경이 된다.

이제 포구로 내려서니 전국 각지에서 몰려든 배들로 분주하다.

각도각선(各道各船)이 다 올나올 제 상고사공(商賈沙工)이 다 올나 왓늬

조강(助江) 석골 막창(幕娼)드리 비마다 추즐 제 싁늬 놈의 먼정이와 용산(龍山) 삼포(三浦) 당도라며 평안도(平安道) 독대선(獨大船)에 강진(康津) 해남(海南) 죽선(竹船)들과 영산(靈山) 삼가(三嘉)ㅣ 지토선(地土船)과 메욱 실은 제주(濟州)빅와 소곰 실은 옹진(甕津)빗드리 스르를 올나들 갈 제

어듸셔 각진(各津)놈의 나로삐야 쐬야나 볼 줄 이스랴

이정보(李鼎輔: 1693-1766)

이 사설시조는 『청구영언(青丘永言)』에 수록된 이정보(李鼎輔)의 작품이다. 『청구영언』은 조선시대 노래집 중 가장 방대하면서도 오래된 것으로 영조 때의 가인(歌人) 남파(南坡) 김천택(金天澤)이 고려 말엽부터 편찬 당시(1728년)까지의 여러 사람의 시조를 모아 엮은 고시조집이다.

이 작품을 보면 배들로 가득한 강과 포구의 활기찬 모습이 잘 느껴진다. 조선 팔도 각 지방에서 올라온 배들은 대부분 경제적 이윤을 위해서였다. 상고(商賈)는 배에 실은 화물의 주인이자, 배의 주인일수도 있었다. 그리고 그 밑에서 배를 운영하는 사공들이 있었다. 그들은 타고 온 배를 나루에 정박시키고, 일꾼들은 싣고 온 화물을 내려서 일정한 공간에 적재하였다. 그러면 거기에 달라붙는 다양한 사람들이 있었다. 우선은 물건을 구입하려는 중간 도매상이 있었으며, 사공들을 대상으로 술과 음식 그리고 몸을 파는 막창(幕娼)들이 있었다. 이들로 붐비는 포구는 생동감이 넘쳤다.

또한 강 쪽으로는 각 도에서 올라온 다양한 배들이 묶여 있었다. 이 시에서는 전국 각지의 다양한 배의 종류를 죽 열거하고 있다. 새내에서 온 이물이 뾰족한 큰 나무배인 만장이, 용산과 마포의 당도리[圓船], 평안도(平安道)의 독대선(獨大船), 강진과 해남에서 대나무를 싣고 온 죽선(竹船), 경상도 영산(靈山)과 삼가(三嘉)의 지토선(地土船), 미역 실은 제주배, 소금 실은 옹진배

등이 그것이다. 이 정도면 마지막 장에서 부린 호기대로 어디 가
도 이런 갖가지 배들을 구경하기 힘들 것이다. 사실인즉, 한강의
나루터이기에 가능한 것이다.

이어지는 나루터의 활력을 한참이나 넋을 잃고 보는 사이 배는
동쪽으로 미끄러져 갔다.

3. 세고탄(洗姑灘) 새색시 노래

어느새 해는 뉘엿뉘엿 저물고 배는 광나루[廣津]를 지나고 있
다. 광나루는 현재의 광진구 광장동에 있었던 도선장으로 광진,
너븐나루, 광장진 등으로 불렸다. 이곳은 한강 이북과 이남 지역
을 연결하는 중요한 길목의 하나로서 일찍이 상고시대부터 사람
들의 왕래가 많았던 곳이다. 광나루는 평소에도 강폭이 넓고 물이
많아 그 관리에 자못 유의하였다고 한다. 물론 조선 세종 때에 이
르러 이웃에 삼전도(三田渡)가 개설됨으로써 그 기능은 상당히
위축되었으나 일반인의 왕래는 계속되었다. 특히 명종 때는 지금
의 천호동 부근에서 효험 있는 약수가 샘솟아 성 안 사대부 부녀
자들의 가마가 나루터에 붐비는 진풍경이 연출되었다는 기록이
있다. 그러던 것이 일제시대에 들어와(1936년) 너비 9.4m, 길이
1,037m의 광진교가 세워지면서 나루터로서의 기능을 잃고 말았다.

　　광나루 하류 쪽에는 세고탄(洗姑灘)이 흐르고 있었다고 한다.
조선시대 문인인 서거정(徐居正)은 이곳에서 빨래하는 새색시의
모습을 노래했다.

　　강가 빨래하는 색시 얼굴 꽃과 같은데
　　어려서부터 한평생 빨래하며 지냈지
　　아침엔 흰 발을 씻으니 눈빛 같고
　　저녁에 흰 팔을 씻으니 서릿발 같구나
　　아침마다 저녁마다 씻고 또 씻어
　　제 한 몸 깨끗해져 흐뭇한 마음이라네

　　고치에서 실 내리니 빙사(氷絲) 더 희고
　　밤마다 흰 달 아래 찬 북[梭]을 밟혔네
　　가는 비단을 짜 마름질하여 옷을 만드니
　　교초(蛟綃)보다 가늘고 월사(越紗)보다 가볍네

<조선중기 광나루 전경>

　　씻고 나니 소박한 화장 물 밑에 비치니
　　소아(素娥)도 강비(江妃)도 비길 바 없지
　　문득 광풍이 불어 천지가 어두워지자
　　먼지들이 자욱이 일어나 갈 곳을 잃었네
　　허둥지둥 흙탕물 가운데서 넘어져 버리니
　　옥 같은 얼굴은 물론 옷까지 죄다 버렸지

　　시누이 문에 나와 색시를 기다리다
　　빨래가 왜 이리 늦었냐고 성화라네
　　색시가 돌아오자 시누이 손뼉 치며 웃으며
　　더럽고 못나 우리 집 식구 아니라 하네
　　시누이 나이 이제 겨우 열세 살

그때는 아직 철이 들지 않았었지
시누이야, 시누이야 색시 보고 웃지 말거라
이 한(恨)을 다른 날 너도 알게 되리라

江邊洗姑顏如華　小少辮洗爲生涯
朝洗白足如雪色　暮洗白腕如霜華
朝朝暮暮洗復洗　一身自潔心自多
繰白白於氷縞絲　夜夜白月明寒梭
織成纖縞裁爲衣　細於蛟綃輕越紗
洗罷淡粧照水底　素娥讓潔羞江妃
忽有狂風天地黑　塵沙漠漠迷所之
蒼黃顚倒泥潦中　玉質已誤衣復緇
小娘出門待姑歸　姑洗姑洗來何遲
姑歸小娘拍手笑　醜惡不是吾家施
小娘年期纔十三　當時見事猶兒癡
小娘小娘莫笑姑　此限他年汝或知

서거정(徐居正: 1420~1488)

　　빨래터는 동네 아낙네들의 사랑방 구실을 한 곳이다. 빨래가
여인네들의 몫이었기에 그곳은 여인네들만의 삶이 깃든 곳이다.
마을의 공동 우물이 그렇고, 동구 밖 작은 시냇가가 그렇다. 특히
이 시의 배경이 된 세고탄(洗姑灘)은 말 그대로 아낙네들이 빨래
하는 냇가라는 뜻이다. 그곳은 가부장제의 압박에서 벗어나 한껏
웃고 얘기꽃을 피우며 스트레스를 푸는 곳이었다. 당시 여인네들
의 해방구라고나 할까. 더러워진 빨랫감을 치대거나 방망이로 두
들기며 온갖 시름을 벗었다. 미운 얼굴 떠올리며 방망이에 힘을

주었다. 그러다 보면 시어머니와 시누이들, 그리고 낯선 곳에서 만난 달갑지 않은 존재들로부터 벗어날 수 있었다. 며느리에게 있어 그야말로 '시'자가 들어간 존재는 그 자체가 스트레스였다.

젊은 새색시가 세고탄에서 빨래를 하고 있다. 문득 강가에 비친 자신을 보았다. 물살에 곱디고운 손과 발을 담갔다. 차가운 감촉과 물 아래 투명하게 비치는 두 발을 보며 시간이 정지된 듯한 느낌이었다. 편안했다. 비록 소박한 단장이었지만 양귀비가 부럽지 않았다. 한껏 스스로에 취해 있었다. 그런데 별안간 돌개바람

〈봄날 냇가에서 빨래하는 여인네들〉

이 불어댔다. 강가의 먼지를 일으키면서 갑자기 찾아온 흙바람에 색시의 행복했던 순간은 허공으로 사라졌다. 현실로 돌아온 것이다. 허둥지둥 빨랫감을 추스르고 일어났다. 순간 먼지의 작은 입자가 눈 속을 파고들었다. 빨랫감을 놓지 않으려고 몸을 기울인 순간, 훌러덩 진흙탕 위로 넘어지고 말았다. 좀 전의 고운 얼굴은 간데없이 흙탕물로 범벅이 되어 울상을 짓고 있는 아낙이 있었다. 다급해졌다. 몸을 추스르기보다는 서둘러 집으로 돌아가야 한다는 생각뿐이었다. 아니나 다를까 문 앞에서는 어린 시누이가 손을 허리에 올린 채 가자미눈을 하고 있었다. 무슨 재미를 보느라고 이리 늦었냐고 성화다. 이내 몰골을 살피더니 큰 소리로 웃는다. 이제 겨우 열세 살인 시누이지만 얄밉기는 매한가지다. 제역시 시집가면 같은 신세이건만 그리도 독하게 구는 것이 답답하다. 예나 지금이나 역지사지(易地思之)한다면 훨씬 잘 살 수 있는 것을.

시집살이 고된 시간과 함께 남한강의 물살도 흘러간다.

4. 독포(禿浦)의 달밤

원채 출발이 늦은 탓도 있지만, 세고탄 새색시의 처지를 생각하다 보니 주위는 벌써 어둑어둑해졌다. 길 떠나자 해 저문다고 하는 수 없이 배 위에서 밤을 보내게 되었다. 독포(禿浦)에 배를 대었다. 독포는 도미진(渡米津) 하류에 있는 작은 포구다. 조선시대에는 미호진(渼湖津)·노수포(鹵水浦)라고도 불렸는데, 흔히 미음나루·둔지나루라고도 하였다. 독포는 군량미나 둔전세를 하역하여 남한산성으로 운반하던 포구였다고 한다.

독포(禿浦) 모래 가에 어둠이 내리니
먼 산 고른 들 형세가 굽이쳐 뻗었네
뱃사람 닻줄 걷어 물살 따라 가노니
달 밝은 양주 땅 시상(詩想)이 떠오르네
禿浦沙頭暝色來
遠山平野勢逶迤
舟人解纜隨流下
月白楊州恰得詩

이색(李穡: 1328~1396)

노을 진 강가에 아득히 펼쳐지는 산과 들. 그리고 저녁 물살을 따라 한가로이 움직이는 배. 그 속에서 달빛을 받으며 앉았노라니 절로 시인이 된다. 저녁이 되자 사공이 닻줄을 걷어 물살 위에 배를 놓는다. 환히 비치는 달빛 아래 배 안의 사물은 물론 강 너머로 펼쳐진 풍경은 독특한 풍광을 낳는다. 간간이 전해오는 뱃전의 울렁임은 쏴~아~퍽 하는 물결 소리와 조화를 이룬다.

5. 아! 도미의 아내여

삼국시대 한강변엔 네 개의 큰 나루가 있었다고 한다. 도미진, 광진, 송파진, 삼전도가 바로 그것들이었다. 독포를 거슬러 가니 바로 도미나루다. 「용비어천가」에서는 광주(廣州)의 북쪽 검단산 기슭으로 흐르는 한강변에 도미진(渡迷津)이 있다고 소개하였다. 김정호가 만든 「대동여지도」에서는 이 나루를 두미진(斗迷津)으로 표기하였다. 『세종실록』「지리지」에도 도미진은 광주의 동북부에 있는데 나룻배로 왕래한다고 하였다. 또한 「여지도서」와 「대동지지」도 광주 검단산(黔丹山) 아래의 한강변으로 동북 20리에 '두미진'(斗迷津)이 있으며, 그 북안(北岸)을 두미천(斗迷遷)이라 불렀다고 하였다.

〈검단산: 경기도 하남시, 광주군 남종면 위치〉

〈서울특별시 강북구 우이동에 소재한 북한산〉

햇살이 잠깐 비치자 바람도 부드럽고
하늘 그림자 멀리 잠겨 돛배는 한가롭네
머리 돌려 은근히 삼각산과 이별하되
달이 반쯤 차기 전 나 돌아오리라
日華乍動風來軟 天影遠涵帆去閑
回首慇懃別三角 月輪未半我當還

한수(韓脩: 1333~1384)

어느 봄날 따사로운 햇살을 받으며 강변에 돛배가 떠 있다. 한
가롭기 그지없다. 오늘도 나루터엔 길 떠나는 객들로 넘쳐난다.
은근한 마음으로 삼각산을 돌아보며 돌아올 날을 기약한다. 삼각
산은 그야말로 서울을 떠나는 이들의 마음을 담고 있는 이별의
상징어이다. 병자호란(丙子胡亂) 때 청나라에 끌려가면서 청음
(淸陰) 김상헌(金尙憲)은 "가노라 삼각산아/ 다시 보자 한강수야
/ 고국산천 떠나려."라고 노래했다.

삼각산은 곧 북한산을 이름이다. 삼각산 유래에 대해 어떤 이들은 "백운대, 만경대, 인수봉의 세 봉우리가 솟아 있으므로 삼각산이라 부른다"고 하였다. 하지만 이 역시 어불성설이라는 주장이 있다. 북한산이 어찌 이 세 봉우리만이겠는가. 아마도 삼각(三角)이란 제목에서 세 봉우리라는 뜻만을 연상한 결과라는 것이다. 그 주장을 따르면 "삼각산"이라는 이름은 "서울산"을 한자로 나타낸 것이라고 한다. 무슨 말인고 하니 "서울"의 본딧말은 "셔불"(세불)이다. 그러니까 "삼각(三角)"의 "삼(三)"은 "세(서)"이고, "각(角)"은 "불(뿔)"로 곧 "서불〉서울"이 된다는 논리이다. 삼각산이라는 이름은 부산광역시 기장군 장안읍, 광주광역시 북구 문흥동 등 여러 곳에서 찾을 수 있다. 그 역시 산세가 세 봉우리 내지는 삼각형이라서 붙은 이름이 아니다. 우리말의 "셔불", "세부리"를 한자로 바꾼[漢譯] 것뿐이다. 그것은 옛날 그 지역이 부족국가의 군장(君長)이 있는 곳이기 때문이다. "서울"(셔불, 세부리)은 그 지역의 "수부"(으뜸도시)라는 뜻이다. 따라서 삼각산은 한강 이북에 있는 산[북한산], 그리고 서울에 있는 산[삼각산]이라는 의미를 담고 있다는 것이다.

산 가운데 구불구불 사다리 길 비꼈는데
가다가다 길 다한 곳에 사람 집 있구나
찬 하늘 날 저물고 바람은 몹시 부는데
고개 돌리니 긴 강 물결이 꽃을 피우네
山腹蜿蜒棧道斜 行行盡處有人家
天寒日暮風吹緊 回首長江浪作華

권우(權遇: 1363~1419)

강을 뒤로 우뚝 솟은 산이 바로 검단산이다. 해발 650m의 검단산은 동쪽 한강변에 솟아 있는데, 한강을 사이에 두고 운길산(雲吉山), 예봉산(禮峰山)과 이웃해 있다. 백제 때 검단선사(黔丹禪師)가 이곳에 은거하였다 하여 검단산으로 불리게 되었다고 한다. 검단산은 『동국여지승람(東國輿地勝覽)』에서 광주목의 진산(鎭山)이라고 일컬을 정도로 산세가 특이하다. 가파른 경사를 지나 능선에 올라서면 사방의 전경이 시원하게 열리고, 서서히 정상에 이르는 길이 다채롭다.

재미있는 것은 도미진과 검단산 근처에서 유황이 나왔다는 것이다. 『조선왕조실록』 숙종 36년(1709년) 11월 28일조에 다음과 같은 기록이 있다.

　　도제조 이이명이 말하기를 "우리나라는 예로부터 유황이 산출되지 아니하여 왜국과 연경에서 무역해 썼는데, 효종조 때 영남사람이 처음으로 캐내어 이때부터 나라 안에서 쓰는 데 부족함을 걱정하지 않게 되었습니다. 들건대 광주 도미진(渡迷津) 위의 군기시(軍器寺) 시장(柴場)에 유황이 산출되는 곳이 있다고 하는데, 금영(禁營)에서 유황을 많이 저축하지 못하여 매번 군색함을 근심하니, 마땅히 본영에 주어 캐서 쓰게 하소서." 하니, 임금이 이를 윤허하였다.

유황은 화약의 재료로 매우 드물게 귀한 광물 중 하나였다. 이 지역은 교통은 물론 자원 매장에 있어서도 중요한 위치를 점하고 있었던 것이다.

고려 말 문신 권우는 산에 올라 강을 내려다보았다. 검단산의 산세를 타고 구불구불 길이 나 있다. 그리고 그 끝에 사람의 집이 있다. 저문 하늘 아래 그리 반가울 수가 없다. 더구나 차가운 바람은 살결을 파고든다. 발아래 길게 이어진 강물 따라 넘실대는 파도가 어스름 보인다. 마치 흐드러진 모란화를 보는 듯 착각에 잡힌다.

도미 나루터를 내려다보니 문득 그 옛날 도미와 그의 처에 대한 이야기가 떠오른다.

도미는 백제 사람이다.

비록 벼슬 없는 백성에 불과했지만 의리는 알고 있었다. 또한 그에게는 아름답고 절개[節行]가 있어 사람들로부터 칭찬받는 아내가 있었다.

백제 4대왕인 개루왕이 그 소문을 듣고 호기심이 생겼다.

곧 도미를 불러 말하길, "대개 부인의 덕이 정결하다고는 하나 으슥한 곳에서 잘 유혹하기만 하면 마음이 변하는 경우가 많을 것이다."라고 떠보았다.

이에 도미는 "사람의 마음은 헤아릴 수 없사오나, 신의 아내는 죽을망정 그렇지는 않을 것입니다."라고 대답하였다.

발끈한 왕은 도미를 잡아두고서, 왕의 의관을 갖추고 신하들과 함께 그 집을 찾아갔다.

"내 오래 전부터 그대가 아름답다는 말을 듣고는 이제 그대의 남편과 내기를 하고 왔노라. 날이 밝으면 그대를 들여 궁인으로 삼아 일생의 부귀를 줄 것이니 오늘 나를 맞이하도록 하라."

드디어 그녀를 범하려고 하였다.

짐짓 놀란 도미의 아내는 웃으며 말하였다. "왕의 말씀을 내 어찌 어기리까. 왕께서는 먼저 방으로 드소서. 저는 옷을 갈아입고 오겠습니다."

그리고 한 계집종을 단장시켜 불 꺼진 방에 들이었다.

날이 밝은 뒤 왕은 그녀에게 속은 줄을 알고 크게 노하였다.

곧장 궁으로 돌아가 도미의 두 눈을 빼 버렸다.

그리고 배에 태워 강에 띄워 보냈다.

또한 곧장 도미의 아내를 잡아다 강제로 지난밤의 뜻을 이루고자 하였다.

도미의 아내는 눈물로 호소하였다.

"내 이제 남편을 잃은 몸, 누구를 의지하리까. 더구나 대왕의 명을 어찌 어기리까. 마침 몸이 더러우니 목욕을 하고 다시 오리이다."

왕은 그 말을 믿었다.

도미의 아내는 그날 밤 궁궐을 도망하여 강에 이르렀다.

남편이 떠나간 나루에 주저앉아 통곡하였다.

그러자 별안간 배 한 척이 이르렀다.

그녀가 올라타자 배는 곧장 물살을 가르며 앞으로 나아갔다.

결국 천성도라는 섬에 도착하여 그곳에서 남편 도미를 만나 풀뿌리로 연명하다 여생을 마쳤다.

도미의 처는 정절을 지킨 여성이다. 그러나 그녀가 단순히 정절만을 지켰기 때문에 위대한 것은 아니다. 여성이 남성에게 종속된 존재로서 그를 위해 정절을 지키고, 또 그러기를 강요받던 시대의 그것이라면 한결 여운이 떨어진다. 그녀가 아름다운 것은 인간에 대한 믿음을 위해 자신의 능력을 성공적으로 발휘했기 때문이다. 특히 상대는 왕이란 절대 권력이었다. 그녀는 이미 미모와 지혜를 갖춘 흔히 요즘 말로 '있는 놈'이었다. 그러기에 왕의 권력을 나눌 수 있는 유혹에 더욱 쉽게 넘어갈 수 있는 위치였다. 그러나 그녀는 얼굴도 예쁘고 똑똑한 것이 마음까지 착하고 곧은 완벽 그 자체였다. 비록 눈 먼 남편을 만나 풀뿌리로 연명하다 생을 마쳤지만 자신의 선택을 후회하지 않았다. 그러기에 이 이야기는 한 여인의 삶에 대한 것이기에 앞서 한 인간의 정신적 순결에 대한 이야기인 것이다.

도미 나루는 두 눈이 뽑힌 채 신음하는 도미가 버려졌고, 또한 그와 그의 처가 조각배에 실려 떠내려간 출발점이 된 곳이다. 오늘도 도미 나루는 그렇게 그곳을 지키고 있었다.

6. 대탄(大灘) 큰 바위의 심술

대탄은 여강(驪江)의 하류로 용진(龍津)과 합류한다. 북한강과 남한강이 합류하는 마재에서부터 섬강 입구에 있는 홍흥리까지는 병탄, 월계탄, 청탄, 제탄, 대탄, 모래 여울, 장탄, 파내탄(波乃灘), 고부 여울, 심반악 여울, 마단, 우지탄, 고유지탄 등 13개의 여울이 존재하였다고 한다. 월계천협(月溪遷峽)에 10개쯤의 여울이 몰려 있었고, 대탄은 그중 가장 유명한 여울이었다.

맑은 가을 어젯밤 상쾌히 누각 올라 보니
둥둥 떠가는 작은 배 또한 자유롭구나
흰 돌은 앞 여울에 이빨처럼 숨어 있고
푸른 산은 양 언덕에 희끗희끗 솟았네
키 앞에 잠시 앉았으니 말 탄 것보다 편코

〈여울 가운데 솟아오른 바위는 홍수 때면 강사람들의 큰 고민이었다〉

쑥 연기 아래 홀로 조니 한가함도 걱정이네
고개 드니 용문산의 높이가 만 길인데
남은 취흥을 타고 양주(楊州)를 지나네

淸秋昨夜快登樓 小艇怱流亦自由
白石前灘藏齒齒 靑山兩岸出頭頭
柁前小坐□於馬 蓬底孤眠閑似愁
仰面龍門高萬丈 又乘殘醉過楊州

서거정(徐居正: 1420∼1488)

옛날부터 대탄하면 빠지지 않는 것이 바로 여울 바닥에 박힌 큰 바위였던 것 같다. 서거정의 이 시 역시 그 돌에 대해 언급하였다. 흰 치아처럼 강물 속에 박힌 바위. 강 언덕의 푸른 숲과 절묘한 대비를 이루고 있었다.

『신증동국여지승람(新增東國輿地勝覽)』에서는 대탄에 대해 다음과 같이 설명하였다.

돌이 물 가운데를 가로질렀는데 물이 넘치면 보이지 않고, 물이 얕아지면 파도가 부딪쳐 격동하고 쏟아져 흘러서, 하도(下道)의 수운하는 배들이 가끔 표몰(漂沒)되었다. 고려 때에 왕강(王康)이 건의하여 그 돌을 조금 팠으나 공사가 쉽게 성취되지 못하여 그만두었는데, 그 뒤로부터 물 형세가 더욱 험하여졌다. 본조 세조 때에 구달충(具達忠)을 보내어 파게 하였더니, 물 가운데 나가서 그 돌의 둘레에 나무 문지방을 쌓아서 물을 말리고 팠으나, 또한 끝내 실패하였다.

역시 강 가운데에 있는 바위가 문제였다. 심지어 조운선(漕運船)마저 침몰될 정도였으니 그 폐해가 이만저만이 아니었다. 대탄을 거치는 조운선은 경상도와 충청도 일대의 세곡을 싣고 있었다. 국가 재정의 절대다수를 차지하는 세곡을 실은 만큼 거기에 들인 공은 상상을 초월하였다. 그런데도 서울을 목전에 두고 물 속에 모두 빠뜨려 버린다는 것은 말이 되지 않았다. 무엇보다도 그 수습 과정에서 생기는 피해는 엄청난 것이었다. 당장 운송을 맡은 관리들의 지위 박탈은 물론 국가는 침몰된 세곡에 대한 부담을 그 지역 백성들에게 전가함으로써 손실을 충당하였다. 어처구니없게도 조운에 방해가 되는 요소를 미리 제거하지 못하였다는 죄목이었다. 당시는 국가 중대사에 온 백성들이 적극 협조해야 하였고, 그 책임 역시 백성들이 진다는 인식이 지배하던 시기였다.

대탄 한 가운데를 가로지르고 있는 바위는 왕조를 이어 내려오던 골칫덩어리였다. 지금의 토목 기술로야 강 전체를 지하로 통하기도 하지만, 당시로는 물살이 세찬 강 가운데에 박힌 큰 바위를 제거한다는 것 자체가 국가적 사업이었다. 그리고 그렇게 했음에도 결과는 실패였다. 대탄의 큰 바위는 목적지 서울을 앞두고 사공들이 겪는 마지막 관문이기도 하였다.

구당이 험하다는 걸 알면서도
배가 무사히 가길 바랬다네
강돼지는 꽤나 좋겠지만
돛대 위 제비가 말리나봐
피리 부니 청산은 고요하고
배를 매자 해가 기우네
험한 길 무릅쓸 것 뭐 있으랴
머물러 살길 도모해야지
已識瞿唐惡 猶希舶趠平
江豚頗得意 檣燕似留行
拄笏靑山靜 維舟白日傾
不須衝險隘 濡滯且謀生

정약용(丁若鏞: 1762~1836)

다산(茶山) 정약용(丁若鏞)의 「바람에 갇혀 대탄에서 자다」란 시이다. 정약용이 살았던 19세기까지도 대탄은 험한 물길로 이름 나 있었다. 더욱이 날도 저무는 해질녘인데다 비를 몰고 온다는 강돼지와 돌제비가 설치는 상황이었다. 강돼지는 물 속에서 사는 돼지처럼 생긴 상상의 동물로 돌제비와 함께 비바람을 몰고 오는 것으로 알려져 있다. 허혼(許渾)은 「금릉회고(金陵懷古)」란 시에 서 "돌제비가 구름 털면 개인 날도 비가 오고, 강돼지가 물 뿜으 면 밤 되어 바람불지(石燕拂雲晴亦雨 江豚吹浪夜還風)."라고 하 였는데, 거의 유사한 상황이다. 매서운 강바람과 기후는 강바닥을 가로지른 바위와 함께 대탄의 악명을 드높였다. 중국 사천성(四 川省) 양자강(揚子江) 상류에 있는 아주 험준한 협곡인 구당에 비할 바 아니었다. 결국 시인의 말대로 이곳에 머물며 "살길을 도모"하는 수밖에 없었다.

물살 따라 내려가며 뱃사공 한가하다
잠깐 사이 험한 곳 만나 놀라 외치네
저물녘 흰 모래밭 바람과 이슬 찬데
외론 등불 깜박깜박 구름 산 비춘다
順流而下棹夫閑 遇險驚呼頃刻間
晚白沙洲風露令 一燈明滅照雲山

이색(李穡: 1328~1396)

뱃머리는 흘러흘러 병탄(幷灘)에 이르렀다. 이곳은 거의 양주 의 끝자락으로 여강(驪江)과 용진(龍津)의 물이 합쳐지는 곳이다. 전체적으로 평탄한 물살이지만, 언제 어디서 변수가 생길지 모르는 법. 잠깐 사이에 물살이 거칠어진다. 사공들의 목소리도 다급해진다. 그러기를 하루에도 몇 번씩. 그렇게 강가의 하루는 저무는 것이었다.

7. 이포 나루의 애수

앞서 밝힌 바대로 남한강 수로는 크게 세 부분으로 나눌 수 있다. 그중 서울에서 가장 가까운 지역이 바로 경기도 일대인 여주·이천·광주·양평 지구이다. 이 지역은 여주를 가로지르는 여강(驪江)이 그 중심에 놓여 있다. 대부분 물줄기는 이 여강을 중심으로 합쳐지고 갈라진다.

〈여강의 전경〉

이제 뱃전은 대탄과 병탄을 거슬러 본격적으로 여강에 접어들 었다.

> 저문 산은 천 겹으로 붉은데
> 가을 강은 한 띠인 듯 푸르네
> 나가고 숨는 것 단편(短楄)을 따르고
> 한 몸 신세는 부평초에 붙였네
> 쇠락한 촌백성의 가게요
> 쓸쓸한 역리(驛吏)의 정(亭)이로세
> 멀리서 날리는 어느 곳 피리인가
> 슬프고 근심스러워 들을 수 없도다
> 晚岫千層紫 秋江一帶靑
> 行藏隨短楄 身世寄浮萍
> 搖落村民店 蕭條一吏亭
> 悠颺何處笛 哀愁不堪聽

최숙정(崔淑精: 1433~1480)

이 시의 배경이 된 이포(梨浦) 나루는 천녕(川寧) 나루라고도 하였단다. 여주읍 서쪽 43리 지점의 여강 하류에 위치하며, 금사 면 이포리(천양)와 대신면 천서리 간을 왕래하는 나루였다. 이포 나루는 한양과 강원도, 충청도의 중부 내륙을 오가는 수운의 요 충지였다. 지금 그 자리에는 이천과 양평을 연결하는 이포대교가 들어서 있다.

이 시의 작가 최숙정은 시문에 뛰어나 승문원교리(承文院校理) 및 춘추관기주관(春秋館記注官) 등을 역임하였으며, 『조선왕조실

〈1960년대 이포나루의 전경〉

록』과 『동문선』 편찬에 참여했던 인물이다. 더욱이 그는 여주목
사(驪州牧使)를 지냈기에 이 지역의 상황에 대해서는 잘 아는 편
이었다.

동북쪽 해 저문 파사산 아래 쓸쓸한 가을 녘 나루터의 모습에
서 애수가 묻어난다. 촌부의 쇠락한 주막과 한적한 역참(驛站),
그리고 어디선가 들려오는 피리 소리는 시인의 감정을 그지없이
가라앉혔다. 차고 맑은 가을 강과 함께 조용한 이포 나루의 모습
이 이색적이다.

본시 이포 나루는 여주 신륵사 앞의 조포 나루, 서울의 마포
나루, 광나루와 함께 조선의 4대 나루 중 하나였다고 한다. 이포
나루는 영월과 정선에서 뗏목을 만들어 서울로 가던 떼꾼이 타고

다니던 "떼배", 소금을 싣고 올라가 콩이나 담배 등과 교환하던 "바꿈배(돛단배)", 일반 백성들을 실어 나르던 "황포돛배" 등으로 늘 붐비던 곳이었다. 그중에서도 마포에서부터 멀리 충북 단양, 제천 앞까지 오가던 황포돛배는 조선의 명물이었다. 장대 같은 돛대에 큼직한 돛을 펼치고 유유자적 물길을 거슬러 오르는 모습은 마치 한 폭의 동양화를 연상케 하였다고 한다. 그러나 한강 곳곳에 댐이 들어서면서 뱃길이 막혀 그 모습은 아스라이 사라졌다.

최근 반가운 소식으로 2004년 10월, 여주시에서 황포돛배를 원형 가까이 복원하여 남한강에 띄웠다는 것이다. 도편수로 인간문

〈최근 재현된 여주 돛배의 모습〉

화재급인 손낙기 옹(74)에 의해 길이 13.5m, 폭 3.5m, 돛대길이 11m, 6.4t 규모로 만들어진 황포돛배는 노 저을 사공이 없어 모터를 달았지만 모습은 옛날 그대로이다. 한꺼번에 12명밖에 탈 수 없으며, 지붕이 없어서 비가 오면 고스란히 비를 맞아야 한다. 신륵사 앞 조포나루터 자리에서 닻을 올리는 황포돛배는 영월루를 거쳐 옛 여주대교 밑을 지나 강월원 정자 앞까지 내려갔다 되돌아온다. 거리로는 2㎞쯤 되고 25분가량 걸린다고 한다.

8. 여강(驪江)과 여주팔영(驪州八詠)

이포 나루를 지나자 물줄기는 완연히 여강의 본류를 타기 시작하였다. 여강은 여주(驪州)를 관통하여 남북으로 나눈다. 즉 강원도와의 경계에서 섬강, 남서부 평지를 흐르는 청미천·양화천·복하천, 그리고 북부 산지에서 발원한 금당천 등이 합쳐져 북서 방향으로 시의 중앙부를 관류하여 남북으로 흐른다. 여주는 예로부터 질 좋은 쌀의 산지로 유명하다. 뿐만 아니라 조선왕조의 궁중에서 사용되는 그릇 등을 생산했던 사용원(司饔院)의 분원이 있어 도자기로도 이름난 곳이다. 오늘날 여주가 도자기 축제로 유명한 것이 다 이런 연유다. 여주에서 생산되는 이런 물품들은 주로 배편을 이용해 서울로 실어 날랐는데 이포나루와 조포나루가 그에 맞춰 발달한 포구들이다. 이 고을 사람들이 여강(驪江)

이라 부르는 남한강은 주변의 풍정과 어우러지며 그 수려함이 하도 뛰어나 문장가들이 그냥 지나친 적이 없었다.

조선시대 문인 서거정(徐居正)은 여강에 대해 "여강(驪江) 물은 월악(月岳)에서 근원하여 달천(獺川)과 합하여 금탄(金灘)이 되고, 앙암(仰巖)을 거쳐 섬수(蟾水)와 만나 달려 흐르며 점점 넓어져 여강(驪江)이 되었다. 물결이 맴돌아 세차며 맑고 환하여 사랑할 만하다."고 평가하였다.

끝없는 천지에 끝 있는 인생이로고
호연(浩然)한 뜻 어디로 돌아가련가
여강(驪江) 한 구비 산은 그림 같은데
반은 단청 같고 반은 시 같구려
天地無涯生有涯 浩然歸志欲何之
驪江一曲山如畵 半似丹靑半似詩

이색(李穡: 1328~1396)

이색의 이 시는 인생에 달관한 노학자의 풍모가 느껴진다. 그는 예문관대제학(藝文館大提學) 및 성균관대사성(成均館大司成) 등 요직을 거친 여말을 대표하는 성리학자이자 정치가였다. 1389년 위화도 회군으로 정권을 잡은 이성계(李成桂) 세력의 출사 종용을 끝내 거절하다. 1396년 여강(驪江) 근처에서 죽었다. 이 시에서 그는 잃어버린 왕조의 마지막 충신으로서 이미 쇠약해진 육신을 끌고 강가에 서 있다. 끝없이 펼쳐진 하늘과 땅을 보며 죽음이 임박한 육신을 슬퍼하고 있다. 물론 이승에 대한 절박한 집

착은 놓아버린 지 오래건만 순간 돌아갈 곳에 대한 막막함이 엄습하였다. 이때 한 구비 그림 같은 여강이 토해 내는 한 편의 시가 시인의 귀에 들려왔다. 그것은 바로 세속을 벗어난 자연의 시였다.

사람의 생애 백 년도 못되거늘
아직 백 년도 차지 못했네.
세상의 티끌 속에 얽혔으니
어찌 맑고 한가로이 지내리.
저 여강(驪江) 물 바라보니
물 맑아 갓끈 씻을 만하네.
내 세속에 적합한 취미 없어
시세(時勢)의 차고 더움 못 따르지.
늙어 버렸구나 내 벼슬 버리고서
적송자(赤松子)와 함께 살리라.
人生百年內 百年亦不滿
況嬰塵網中 何能任蕭散
瞻彼驪江水 水淸纓可澣
我無適俗韻 不隨時令暖
老矣謝簪笏 行與赤松伴

서거정(徐居正: 1420~1488)

이 시의 작가 서거정은 조선전기를 대표하는 문인으로 여섯 임금에 걸쳐 45년간이나 정승을 지냈던 인물이다. 한 평생 세속에서 부귀영화를 누린 인물의 시치고는 상투적인 면이 없지 않다. 우리는 그의 시에서 인생사 100년을 세속의 온갖 티끌 속에 얽혀

〈여강 신륵사의 정경〉

있었으니 이제라도 자연에 귀거래(歸去來)하고 싶다는 바람을 읽을 수 있다. 문사라면 누구라도 갖고 있던 마음이지만 그러한 생각을 표현할 수 있는 계기를 만들어 준 것이 바로 여강이었다. 여강은 예로부터 여주팔영(驪州八詠)의 첫머리로 꼽혀왔다. 『신증동국여지승람』에서는 여주팔영을 ㊀여강(驪江), ㊂도주(渡舟), ㊁팔대수(八大藪), ㊃벽사(甓寺: 신륵사), ㊄마암(馬巖), ㊅영릉(英陵), ㊆청심루(淸心樓), ㊇연촌(煙村)으로 들었다. 서거정은 이 시에서 세상의 부귀영화에 얽매임이 없이 자연에 순응하면서 순진무구한 아이들처럼 맑고 초연하게 살아가고자 하였다. 물이 탁하면 발을 씻고, 물이 맑으면 갓끈을 씻는 탁영탁족(濯纓濯足)12) 그대로 살 것을 기원하였다.

여주팔영 중 여강과 직접적인 관련이 없는 것은 팔대수와 영릉 두 가지뿐이다. 나머지는 모두 여강을 끼고서 펼쳐지는 풍경이다. 여강은 수로로서의 기능 때문에 항상 번성하였다. 강을 건너거나 타고 가는 물화와 사람들은 이 지역의 독특한 풍경이었다.

우선 강을 건너는 사람들의 모습을 최숙정은 다음과 같이 노래하였다.

> 둥둥 떠 있는 조각배들
> 여러 해 나루에 닿아 있네
> 남으로 맞고 북으로 보내며
> 사람 건네느라 조금도 쉼이 없네
> 파도는 산처럼 일어나고
> 가랑비 물가에 아득아득
> 매거나 닻도 내리지 않았건만
> 한가로이 계절 바뀌도록 떠있네
> 부열(傅說)이 돛대를 잡았다면
> 은하수 타고 올라가겠네
> 泛泛小孤舟 長年橫渡頭
> 迎南又送北 濟人無少休
> 波濤起山岳 烟雨迷汀洲

---

12) "孔子曰 小子 聽之 淸斯濯纓 濁斯濯足矣 自取之也"〈『孟子』, 「離婁」上〉.

不繫亦不纜 悠悠春復秋
如操傅說楫 可遡銀河流

최숙정(崔淑精: 1433~1480)

　최숙정은 1462년(세조8) 식년문과(式年文科)에 급제하여 사관(史官)이 된 인물이다. 그는 1470년(성종1) 춘추관기주관(春秋館記注官)으로 재직하며 『세조실록(世祖實錄)』과 『예종실록(睿宗實錄)』의 편찬에 참여한 뒤, 여주목사(驪州牧使)가 되었다. 이후 노사신(盧思愼)과 함께 왕명을 받들어 『삼국사절요(三國史節要)』를 편찬하기도 하였다. 그는 뛰어난 시 창작 능력을 가졌으나 술을 너무 즐겨한 탓에 병사했다고 한다. 냉철한 이성과 판단, 그리고 직필(直筆)을 모토로 하는 사관, 그리고 주독(酒毒)에 빠져 병사할 정도의 감성을 지닌 시인. 이 둘 사이의 괴리가 한 인간에게서 만났다. 아무튼 그는 여주목사로 있으면서 누구보다도 여주에 대한 시를 많이 남겼다.

　나루터에 작은 거룻배들이 매어 있다. 하루 이틀이 아니라 여러 해 동안 그런 모습이니 그 배들은 아마도 강을 건너는 데 쓰는 배일 것이다. 나루터에 상주하며 오가는 길손을 건네주는 배이다. 도사공이 있었을 것이고, 자연 그들과 길손을 위한 주막과 장터가 열렸을 것이다. 사람들로 북적대는 그 시절이 떠오른다. 줄로 매지도 닻을 내리지도 않은 채 한가로이 떠 있는 거룻배와 출렁이는 파도가 무척이나 인상적이다.

　마암은 여주읍 상리 소재로, 여주읍에서 신륵사로 가는 여강의

물길 속에 있는 큰 바위이다.

우뚝 솟은 마암(馬巖)이
널찍한 게 괴이하구나
강 흘러 밑동 씻어대도
만고토록 무너지지 않네
성난 물결 울렁거리다가
예서 나눠 물살 약해지네
외론 성 바위로 완전해지니
그 공을 논하기 어렵도다
사람들 이 고집 센 돌 보나
나만 홀로 그 절개 취하도다
穹隆馬巖石　盤礴亦奇怪
江流齕其根　萬古堅不塊
怒濤放蕩瀁　分此勢漸殺
孤城賴以完　論功難償債
人看一頑石　吾獨取其介

최숙정(崔淑精)

바위 이름이 말[馬]이니
기괴하고 기괴하도다
머리 들고 오르니 힘차고
단단해서 무너지지 않네
바다 귀신 넋이 나갔고
놀란 파도 예서 잦아드네
내 채찍 들어 다리 놓고자 하니
지주(砥柱)의 공을 잊으랴
종당 다듬어 하늘을 기울이니

좋은 이름 강가에 남았도다
巖以馬爲名 奇奇而怪怪
騰驤自崱屭 堅固亦不壞
海若以悸魄 驚濤此崩殺
我欲鞭作橋 可忘砥柱債
終當鍊補天 高名擅江介

서거정(徐居正)

우선 시에서 묘사된 마암은 우뚝 솟아 마치 용마(龍馬)가 하늘로 벅차오르는 듯한 모습이다. 서거정의 말대로 기기괴괴한 모습이다. 그런데다가 무수한 세월을 강물과 치대면서도 굳건하게 자기 자리를 지키고 있으니 진정 바위의 덕망을 갖추고 있다. 성난 파도가 몰려 왔다가도 마암의 위세에 눌려 이내 수세(水勢)는 잦아든다. 이 정도면 대탄의 바위와는 격이 다르다. 그래서 마암이란 이름은 여강의 명물이 되었다.

청심루 역시 여강가에 지어진 누대이다. 본래 청심루는 여주목의 객관 북쪽에 위치하였다고 한다. 지금은 여주여종고 옆 여주문화의 거리에 그 옛날 청심루가 있었다고 하는 표지석이 보일 뿐이다. 청심루에 올라서면 여주팔영을 다 볼 수 있었다는데, 안타깝게도 해방 직후 일어난 폭동으로 인해 전소되었다고 한다. 당시 여주군수였던 강진수가 일제의 앞잡이 노릇을 지독하게 한지라 해방 후 지역 백성들을 그의 관사에 불을 질렀다. 그런데 그 불이 청심루에 옮겨 붙은 것이었다. 청심루는 힘들었던 시절의 아픈 상처로 남은 것이었다. 다시 최숙정의 시이다.

작은 누대 맑고 깨끗한데
아래로 긴 강물 당기었네
강물은 넘실넘실 흘러가고
먼 산은 겹겹이 높았더라
삼면이 모두 비고 넓어
천리가 아득히 보인다네
악양루(岳陽樓)도 황학루(黃鶴樓)도
고개 들지 못한 바로다
좋은 문장 벽 사이 찬란한데
올라보니 세상 티끌 맑아지네
小樓亦瀟麗 下把長江水
江水去沄沄 遠岫峙累累
三方盡空濶 一望渺千里
岳陽可包羞 黃鶴堪懷恥
珠璣爛壁間 登覩淸塵滓

최숙정(崔淑精)

   청심루는『동국여지승람』뿐만 아니라『택리지(擇里志)』나『연려실기술(練藜室記述)』과 같은 옛 문헌에 항상 등장할 정도로 이 지역의 유명한 곳이었다. 고려조 이곡(李穀: 1298~1351)·정몽주(鄭夢周: 1337~1392)·이숭인(李崇仁: 1349~1392)·이색과 조선조 서거정·신용개(申用漑: 1463~1519) 등이 시를 지어 현판에 걸어 두었다. 그중 목은 이색(李穡)은 청심루 아래 연자탄(燕子灘)에서 생을 마감할 정도로 그곳을 각별하게 여겼었다. "좋은 문장 벽 사이 찬란한데"라는 문구로 보아 최숙정이 올랐을 당시에도 문인들의 시들이 누각 가득 걸려 있었음에 틀림없다.

서거정의 『동인시화』를 보더라도 청심루가 시인묵객들의 사랑을 듬뿍 받은 곳이었음을 알 수 있다. 『동인시화』에는 청심루에서 시회(詩會)를 열던 풍경이 나온다.

　　'야반종(夜半鐘)'이란 말은 장계(張繼)의 "姑蘇城外寒山寺, 夜半鐘聲到客船"이란 구절에서 비롯되었다. 근자에 대사성[司成] 최수(崔脩)가 여주 청심루(淸心樓)를 제목으로 시를 지었는데 "절의 종소리 한밤중에 울리니, 광릉 땅 가는 길손 꿈이 놀라 깨었네. 만약에 장계가 여길 지났더라면, 한산사만 뒷세상에 이름 떨치진 않았으리.(寺鐘聲半夜鳴 廣陵歸客夢初驚 若敎張繼曾過此 不獨寒山擅後名)"라고 하였다. 내가 일찍이 한두 문사와 시승(詩僧)과 더불어 청심루에 모여 앉아 최의 시를 읽다가 말했다. "옛사람이 장계의 시를 폄하하여 '절집에선 야반에 종을 치지 않는다'고 했는데, 최수의 시에서 이 실수를 다시 하였는데 그것은 어째서인가?" 그러자 한 승려가 흥분해서 말하기를, "예로부터 글하는 선비들은 승가(僧家)의 일을 잘 알지 못합니다. 요즘 재(齋)를 베푸는 절은 밤새도록 작은 종을 두드리기도 하는데, 어찌 다만 한밤중에만 그렇게 하겠습니까?" 하였다. 이에 그 자리에 있던 사람들이 모두 크게 웃었다.[13)]

　　청심루에 앉아 청심루를 읊은 시를 읽는다. 함께 자리한 이들은 모두가 시라고 하면 한 가닥씩 하는 이들이다. 거기다 시를

---

13) "夜半鐘之語 起於張繼 姑蘇城外寒山寺 夜半鐘聲到客船之句 近有崔司成脩題驪州淸心樓云 寺鐘聲半夜鳴 廣陵歸客夢初驚 若敎張繼曾過此 不獨寒山擅後名 予嘗與一二文士與詩僧 會坐淸心樓 讀崔詩曰 古人張繼詩云 僧家無夜半之鐘 崔詩亦蹈其失 何耶 有一僧奮然曰 自古文士不識僧家之事 今設齋之寺 徹夜擊小鐘 何但夜半而已乎 滿座大笑"〈『東人詩話』〉.

아는 스님까지 앉아 있다. 마침 한밤중 절에서 울리는 종소리에 대한 최수의 시구가 문제가 되었다. 절에서는 한밤중에 종을 치지 않는다는 말이다. 서거정의 정확한 지적이다. 하긴 시인들의 시에서 고적하고 애절함을 상징하는 원숭이 울음소리가 무수히 등장하고 있지 않던가. 정작 조선 땅에는 원숭이가 살지도 않는데 말이다. 그런데 가만히 앉았던 승려의 대답이 조금 생뚱맞다. 큰 종은 안 쳐도 작은 종은 밤새 친다는 것이다. 곰곰이 생각해 보면, 너희 문사들이 잘난 체들은 해도 절간 일은 알 수가 없지, 또 절에서 돈 되는 일이라면 밤새 종을 치든 뭐가 문제가 되겠느냐, 그리고 절간 종은 꼭 밤에는 쳐서는 안 된다는 법이라도 있느냐, 세상에는 반드시 그러해야 하는 절대적인 것은 없느니라 등등 이런 식의 대답으로 정리해 볼 수도 있겠다.

아무튼 작고 아담한 누각은 도도한 여강의 위용과 잘 어울렸을 것이다. 넘실대는 강물과 겹겹이 펼쳐진 먼 산 사이에 앉았노라면 그야말로 신선이 부럽지 않았다. 한껏 마음이 맑아졌을 것이다. 서거정의 말대로 "푸르고 맑아 침도 뱉을 수 없으니, 마음의 누(累)를 씻을 만하다." 그러니 중국의 그 유명한 악양루도 황학루로 부럽지 않았던 것이다.

다시 안개 낀 강가 마을이 펼쳐진다.

여염집 어지러이 가득하니
울타리 서로 바짝 붙어 있네
뽕과 길쌈은 봄날의 일이요

담소는 저녁 무렵 동네일이지
언덕 너머 나무꾼 노래 들리고
물가에선 어부의 피리 소리 전해오네
풍년이 드니 굶주리는 이 없고
태평한 시절에 부역도 드무네
희희(熙熙)하고 호호(皞皞)하여
다 같이 태평한 기쁨 누리누나
閭閻難撲地　籬落相依着
桑麻一春天　談笑四隣夕
隔壟聽樵歌　臨汀送漁笛
歲稔無饑餓　時淸稀賦役
熙熙復皞皞　同享大平樂

최숙정(崔淑精)

　평온하고 따스함 그 자체이다. 강가를 배경으로 사는 백성들의
생업은 농사와 함께 어업이 추가되었다. 한창 바쁜 농번기에는
당연 농사를 짓겠지만 나머지 시기에는 고기를 잡거나 배를 부려
먹고살았다. 특히 여강은 쏘가리[錦鱗魚]와 눌치[訥魚]가 많이
잡히는 곳이었다.

　최숙정의 시에서는 여느 지역 백성들과 다를 바가 없다. 여자
들은 봄날 뽕잎을 따고, 길쌈을 했고, 또 저녁이면 마실을 다녔다.
나무꾼도 나오고 고기 잡는 어부도 나오고, 그들이 부는 풀피리
와 젓대 소리도 나온다. 굶주리는 이도, 부역에 고생하는 이도 없
다. 그야말로 태평락(太平樂)이다. 격양가(擊壤歌)를 부를 수밖에.

Ⅲ. 충청지역 : 괴산-충주-단양

1. 괴강[槐灘]의 강 고사(告祀)

　어느덧 광주, 양평, 이천, 여주의 경기 지구를 넘어 충청도에 들어섰다. 여강의 상류는 곧장 괴탄(槐灘), 달천(達川)과 이어진다.
　괴산(槐山)은 경상북도와의 도계를 따라 동북에서 서남으로 뻗은 소백산맥과 차령산맥에서 나뉘어져 남북으로 달리는 노령산맥, 두 산맥의 가운데에 하나의 분지를 이루고 있는 곳이다. 그중 소백산맥에서 발원하는 달천(達川)이 괴산군을 남북으로 관통하며, 연풍천과 동진천 등의 지류와 합류하여 남한강으로 흘러들어간다.

> 강물 불어 망망해도 오던 비 개였는데
> 강나루에 사람은 없고 빈 배만 매였네.
> 강마을 어디선가 피리소리가 들려오니
> 그윽이 온갖 생각 들게 하네.

江漲茫茫積雨晴 渡頭人斷小舟橫
一聲何處漁村笛 使我悠悠百感生

이승소(李承召: 1422~1484)

이승소의 「괴강에서 배를 기다리며」란 제목의 시이다. 괴강[槐
灘]은 괴산읍 대덕리에서 달천(達川)과 합류한다. 달천이 괴산군
을 남북으로 가로질러 충주로 흘러간다면, 괴강은 동서로 흐르는
강으로 현재는 괴강교가 건설되었다. 그 시절 비가 와 강물이 불
면 뱃길은 끊기곤 하였다. 비록 비가 그치고 날은 개었지만 불어
난 강물은 나루터 사람의 발길을 묶었다. 어디선가 들리는 피리
소리에 사색에 잠기는 시인과 콸콸거리며 불어난 물을 토해 내는
괴강 나루터의 모습이 그려진다. 다시 강가 마을로 눈을 돌려보자.

여름 장마 끝나 말을 타고 먼 길 가니
흙탕물이 돌에 부딪치며 튀어 오르네.
오늘 아침 고삐 늦추고 산을 벗어나니
서리가 내린 앞 숲에 초가집이 보이네.
울타리 옆 북 쳐서 부녀자들 모여드니
강촌에서 가을고사 지내는 줄 알겠네.
가련토다 바삐 달려 맑은 성품 잃으니
관리 되어 행차하는 일 부러워 마라.
去夏瀑漲濺征馬 赤水○勝石爭下
今朝緩轡出山口 霜落前林見茅舍
籬邊擊鼓婦女集 知是江村作秋社
自憐驅馳損淸性 莫羨腰章擁征盖

임상원(任相元: 1638~1697)

임상원의 「괴산 강가 마을을 지나며」란 제목의 시이다. 시인은 불어난 뱃길보다는 육로를 택했다. 장마 뒤라 곳곳에 고인 물이 말발굽 뒤로 여기저기 튀어 오른다. 잠시 고삐를 늦추고 시선을 마을로 돌려보니 가을 강 고사로 한창이다. 북을 치며 모두가 둘러 앉아 고사를 지내는 모습이 눈에 선하다. 강가 마을의 고사란 강신(江神)에게 마을의 번영과 주민들의 안전을 기원하는 내용이다. 그 역시 강가 마을에서만 볼 수 있는 독특한 풍물이라 할 수 있다.

〈현재도 거행되고 있는 강 고사의 모습〉

우리나라는 삼면이 바다로 싸여 있어 해변을 따라 부락이 서고 각종 어류를 잡아 생계를 영위하는 사람들이 많이 있다. 이러다 보니 일기(日氣) 조건에 따라 출어하기에 어려움이 많고 위험부담이 따르기 마련이다. 이럴 때 사람들은 강 고사를 지내 사해의 용신에게 고사를 지냄으로써 풍어(豊漁)와 뱃길의 안전을 빌었다. 강 고사에는 풍어를 바라는 풍어굿, 또는 고기잡이를 떠날 때 뱃길이 무사하기를 바라고 고기를 많이 잡게 해달라고 축원하는 출어굿, 일기의 변덕 없이 바람이 적당히 불고 용왕의 노여움을 사지 않고 안전을 바라는 용왕제 등의 많은 유형이 있다고 한다.

〈달천에서 매년 거행되는 축제의 모습〉

시인은 와자지껄하게 진행되는 동네의 제사를 보며 참가하고픈 욕구를 느꼈다. 마을 제사는 마을의 안녕 기원이라는 큰 목적 외에도 지역 축제로서의 기능을 가지고 있다. 온 동네 잔칫날과 다름없었다. 그러기에 다리밟기, 줄다리기, 쥐불놀이 등 마을의 민속놀이에는 반드시 고사가 따랐다. 그러나 당시 시인은 관리로서 공무(公務)를 수행하고 있는 중이었다. 시인은 "관직을 부러워하지 마라, 맑은 성품만 상하나니"라는 말로 동네 축제에 참여하지 못하는 아쉬움을 토로하였다.

구불구불 산세에 석벽이 둘렀는데
층층 바위가 푸른 병풍처럼 펼쳤네.
맑은 모래밭은 옥이 모인 듯 하고
단풍 든 숲은 비단이 쌓인 듯하네.
山勢縈紆石壁廻　層巒□□翠屛開
明沙十里瓊瑤窟　紅葉千林歸繡堆

잔잔히 흐르는 강 가을빛 맑은데
어둑한 깊은 고을 저녁 해 비치네.
의연히 돌아보니 신선 사는 곳이라
갈 길이 멀다 하나 재촉하지 못하네.
澹澹澄江秋色淨　蒼蒼深洞夕陽來
依然轉眄神仙境　爲報征驂且莫催

김홍욱(金弘郁: 1604-1654)

김홍욱의 「괴산 궐어탄을 지나며(過槐山鱖魚灘)」란 시이다. 김홍욱은　승지(承旨)·충청도관찰사·예조참의·홍주목사(洪州牧使) 등을 거쳤으며, 1636년 병자호란 때 왕의 남한산성 몽진길을 호종하였던 인물이다. 그는 강직한 성품의 소유자로 인조 때 (1646) 사사(賜死)된 민회빈(愍懷嬪) 강 씨(姜氏)와 그 후 유배되어 죽은 그녀의 어린 아들의 억울함을 상소하다 격노한 효종으로부터 친국(親鞫)을 당하여 결국은 죽음에 이르렀다.

그는 지금 괴산의 궐어탄을 지나고 있다. 괴산을 가로지르는 물살은 동서로 흐르는 괴탄과 남북으로 흐르는 달천이 있음은 앞에서 말한 적이 있다. 그리고 괴산읍의 검승리에서 달천과 합류하는 작은 물길로 이탄(梨灘)이 있다. 궐어탄이 이 중 어느 내를 말하는지는 확실하지 않다. 하지만 주변에 높고 낮은 산들이 즐비한 가운데 펼쳐지는 경치는 어느 내이든 상관이 없을 것이다. 그야말로 신선이 사는 경지이다. 충청도의 지형은 남다른 점이 있다. 도계를 넘어서 충청도에 들어서는 순간, 올망졸망하면서도 섬세함을 확연히 느낄 수 있다. 내륙의 중심지로 유일하게 바다를 접하지 않고 있는 땅. 그러기에 더욱 변화가 심하다. 구불구불 석벽 같은 산세와 병풍 같은 바위들. 그리고 그 사이를 흐르는 금빛 강물과 저녁노을. 사랑스럽다. 그지없이 편안하다. 차마 발걸음이 떨어지지 않는다.

다음 시를 보자.

석벽의 가파른 바위 하늘에 의지하고
냇물은 지면을 싸고 소리 내며 흐르네.
옆 사람 재촉 없어 곁마 오래 머무니
내 고향 삼탄과 물색이 하마 같구나.
石壁嶄岩倚半空 清溪□趾響淙淙
傍人莫訝停驂久 爲與三灘物色同

이승소(李承召: 1422~1484)

이승소의 「연풍으로 가는 길에서(延豊路上)」란 시이다. 연풍은 괴산의 옛 지명이다. 전체적인 분위기는 앞 시와 유사하다. 석벽(石壁)은 하늘을 의지하고 서 있고, 냇물은 지면을 둘러싸고서 흐른다. 그 모습을 시인은 넋을 잃고 바라보고 있다. 삼탄(三灘)은 이승소의 고향으로 충주시 산척면 삼탄리에 있는 여울이다. 삼탄이란 약 1㎞에 걸쳐 흐르는 여울 셋을 이르는데, 위에서부터 광천소 여울, 소나무소 여울, 따게비소 여울이라는 이름이 붙어 있다. 최근에는 영화 박하사탕의 배경으로도 유명해진 곳이기도 하다. 이승소는 괴탄의 풍광에서 고향 마을의 모습을 읽었다. 그래서 더욱 정겨웠던 것이다.

2. 달내강[達川]과 근친상간

충주시의 수로를 보면, 괴산에서부터 흘러온 달천(達川)이 남한강과 탄금대 부근에서 합류하여 서북쪽으로 흘러간다.

    달천은 남한강 수계(水界)의 최남부에 있는 지류로 달래강 또는 감천(甘川)이라고도 부른다. 지금도 달천가에는 달래강이라는 돌비석이 서 있다. 다음 시에서는 달천의 아름다운 풍광과 흥취를 담고 있다.

> 꽃다운 풀 붉은 구름 어둔 먼 모래톱
> 서울 가는 나그네 배에 올랐도다
> 봄바람 피리소리 매화노래 연주하니
> 노래 마치자 지는 해 층층이 시름겹다.
> 芳草紅雲暗遠洲 洛陽行客駐歸舟
> 春風一笛梅花引 唱罷斜陽段段愁
>
> 구봉령(具鳳齡: 1526~1586)

    이 시의 작자 구봉령은 달천에서 서울 가는 배에 몸을 실었다. 아름다운 화초와 붉은 노을이 번지는 저물녘 나루터에서 바라본 달천의 풍광은 한 폭의 그림과도 같았다. 거기다 봄바람에 실려 오는 피리 소리는 곡조명과 같이 매화 향내를 풍기고 있었다.

〈달천강의 전경〉

달천의 다른 이름은 달래강 또는 덕천이라고 하였다. 그 이름에 얽힌 이야기들은 퍽이나 흥미롭다. 그럼 하나씩 들어보자.

첫 번째 이야기로 물맛이 그렇게 달고 좋았다는 설이다.

임진왜란 당시 우리나라에 원군으로 참여한 명나라 장군 이여송(李如松)이 이 달천을 건널 일이 있었다. 그런데 하도 목이 말라 물을 찾던 중 달천의 냇물을 그냥 마시게 되었다. 이여송은 그 물맛에 감탄하며 중국의 유명한 수렴약수보다 낫다고 극찬을 하였다. 그 후 사람들은 달천을 단맛의 냇물이라는 의미로 달-냇물(달강)이라고 불렀다.

두 번째 이야기로 수달이 많이 살았던 강이라는 설이다.

과거에 중원군 팔봉 부근에는 수달이 많이 살았다고 한다. 지금도 칼바위 한곳에 수달피고개라는 지명까지도 남아 있고, 조선시대에는 그 가죽을 조정에 진상했다는 기록까지 있었다고 한다. 그런 점에서 수달이 많이 사는 강이라는 뜻으로 달(獺: 수달)강이라 하다가 달천으로 변했다고 하는 것이다.

세 번째 이야기로 덕을 쌓은 강이라는 설이다.

한 스님이 탁발을 위해 어느 집을 찾아왔다. 문전에서 시주를 청하자 주인이 대문을 열고 나왔다. 스님이 그 남자의 얼굴을 보니 병색이 농후할 뿐더러 죽음이 멀지 않았음을 알았다. 스님은 안타까운 마음으로 주인을 위로하였다. 주인은 바짝 다가서며 화를 피하는 길을 일러 달라고 애원하였다. 그러자 스님이 말하기를 "중생을 위해서는 적선(積善)을 해야 하고, 육신을 위해서는 고행을 해야 합니다. 지금부터 돌을 날라다 저 강물에다 다리를 놓아 위급한 사람들의 통행을 돕도록 하십시오."라고 하였다. 주인은 그날부터 사람들이 많이 다니는 나루를 골라 다리를 놓기 시작하였다. 돌을 나르는 것은 쉽지 않은 일이었다. 갖은 고난과 싸워가며 1년쯤 되자 드디어 다리가 완성되었다. 마지막 돌덩이를 지고 왔을 때, 강 건너편에서 사람들 소리가 났다. 보았더니 한 노인이 급한 환자인 듯한 사람과 다리를 건너오고 있었다. 다리를 건너 온 노인은 이 추운 날 이 다리가 없었던들 어떻게 할 뻔 했느냐며 하늘이 도왔다고 고마워했다. 그리고 "참으로 덕을 입은 강이로다"라는 말을 남겼다. 이때부터 사람들은 그 강을 덕천(德川)이라 부르게 되었다.

네 번째 이야기로 남매 전설이다.

옛날 충주에 혼기에 찬 남매가 있었다. 누나가 이웃 마을로 시집을 가게 되어 남동생이 누나를 데리고 이웃 마을로 시종해 가게 되었다. 그런데 강을 따라 가다가 갑자기 소나기를 만났다. 마땅히 비를 피할 곳이 없었던 남매는 많은 비를 맞았다. 비에 젖은 누나의 얇은 옷은 몸에 달라붙었다. 그런 누나의 모습을 본 동생은 그만 강한 성적 충동에 휩싸였다. 그것도 한순간, 정신을 차린 동생은 참담한 죄의식을 느끼고는 자신의 남성을 돌로 짓이기고 자살하고 말았다. 동생이 뒤따라오지 않는 것을 이상하게 여긴 누나는 왔던 길을 되돌아가 죽은 동생을 발견하였다. 그녀는 오열하며 외쳤다. "이런 바보야. 정 그렇다면 한 번쯤 말이나 하지, 차라

〈달래강의 오누이 바위〉

리 달래나 보지." 이후로 강 이름을 달래강이라고 하였다.

　특히 마지막 남매 이야기는 뭔가 뭉클한 감정을 일으킨다. 왜 그 젊은 사내는 자살할 수밖에 없었던가? 그것은 바로 누이에 대한 욕정은 죄악이라는 근친상간 금지 때문이다. 그리스의 오이디 푸스 신화가 떠오른다. 오이디푸스는 아버지를 죽이고 어머니와 결혼하리라는 신탁 때문에 버림을 받았다가, 결국 그 때문에 어머니와 결혼하여 파멸에 이르는 비극에 빠진다. 동서를 막론하고 근친상간 금지는 신화의 중요한 주제 가운데 하나다. 근친상간 금지야말로 원초적 자연과 인간의 문화를 구별 짓는 긴요한 지표

이기 때문이다. 오이디푸스 신화가 오랫동안 인문학자들의 화두가 된 까닭도 여기에 있다.

그런데 근친상간이 파멸에 이르는 비극이 아니라 새로운 인류를 탄생시키는 창조적 행위라고 주장하는 신화가 있다. 그것은 바로 남매혼 신화다.

옛날 홍수가 일어나 세상 사람들이 모두 죽고 오누이만 살아남았다. 물이 다 빠진 후에 세상에 나와 보았으나 어디에도 인적이 없었다. 그대로 있다가는 사람의 씨가 사라질 수밖에 없었지만 그렇다고 남매가 결혼할 수도 없었다. 둘은 생각다 못해 각각 높은 산봉우리에 올라가 맷돌을 굴려 하늘의 뜻을 묻기로 하였다. 둘은 맷돌을 굴리며 하늘에 기도를 했다. 암맷돌과 수맷돌은 산 아래쪽에서 한데 포개졌다. 오누이는 하늘의 뜻으로 여기고 결혼했다. 지금 인류의 조상은 이들 오누이다.

신화학자 조현설 씨는 달래강 전설을 생명 창조의 모성으로 이해하였다. 그에 의하면, 남동생의 주검을 끌어안고 오열하던 누이가 내뱉은 묘한 말 "달래나 보지"는 남성들의 음란한 욕망을 자극하는 것이 아니라고 단언하였다. 즉 그것은 창조 신화의 지문이 찍혀 있는 것으로 금기에 갇혀 있었던 남동생과는 달리 누이의 가슴속에는 오이디푸스의 고개를 넘어가는 모성적 대지의 충만함이 꿈틀대고 있었다고 보았다.

오늘도 달천은 남매의 슬픈 사연을 담고 말없이 흐르고 있었다.

3. 탄금대(彈琴臺)의 흐느낌

달천에서 상류 쪽으로 고개를 돌리면 탄금대를 볼 수 있다. 본래 대문산이라 부르던 작은 산 위에 있는데, 기암절벽에 송림이 우거져서 남한강과 조화를 이루고 있다. 탄금대는 말 그대로 가야금을 타는 곳인데, 신라 진흥왕 때 악성(樂聖) 우륵(于勒)이 가야금을 탄주하던 곳이라 전한다. 『삼국사기(三國史記)』를 보면, 우륵은 가실왕(嘉悉王) 당시의 가야 사람으로 나라가 어지러워지자 가야금을 가지고 신라에 귀화하였다. 진흥왕이 기뻐하여 우륵을 충주에 거주케 하고는 신라 청년 중에서 법지(法知)·계고(階古)·만덕(萬德) 등을 뽑아 보내 음악을 배우게 하였다. 우륵은 이들의 능력을 헤아려 각기 춤과 노래와 가야금을 가르쳤다. 그는 이곳을 근거지로 삼고 풍광을 항시 음미하며 바위 위에 앉아 가야금을 탔는데, 그 미묘한 소리에 사람들이 모여 마을을 이루었다고 한다. 탄금대 아래의 나루터는 우륵이 제자들에게 음악을 가르치다가 쉬던 곳이라 휴금포(休琴浦)라고 하며, 강 건너 마을인 가금면 창동리 창골에는 우륵이 탄금하던 때 그 소리가 들렸다 하여 청금대(聽琴臺)라고 불렀다 한다.

> 뭇 산 첩첩 어지러이 구름 떠있고
> 나그네 첫 번째 가을 흘러왔다.
> 신선 찾으나 있는 곳 알 수 없고
> 만고의 탄금대 충주를 말해주네.

群山疊疊亂雲浮 客子中流第一秋
欲喚于仙無處所 琴臺萬古說忠州

주세붕(周世鵬: 1495~1554)

주세붕의 「저물녘 달천에 배를 대고」란 제목의 시이다. 그의
말을 빌리지 않더라도 충주 하면 탄금대요, 탄금대 하면 충주다.
주세붕은 조선 중기의 학자로, 풍기군수(豊基郡守)로 있던 중 사
림과 그 자제들을 위한 교육기관인 백운동 소수서원(紹修書院)을
세워 조선시대 서원의 시초를 이룬 것으로도 유명하다. 그런 그
가 충주를 찾았다.

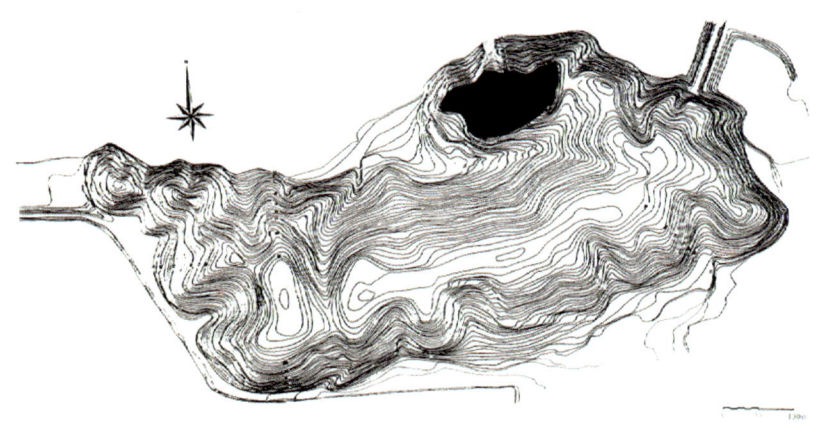

〈탄금대 토성 위치 및 주변 지형도〉

그런데 탄금대(彈琴臺)는 절묘한 풍경과 함께 수많은 역사의
한을 남기고 있다.

싸움 진 그해 무수한 사내 묻혔으니
오늘까지 마른 해골 평원에 가득하네.
나누어 두 무덤 이뤘으나 누구 것인지
삼형(三刑)을 범했거나 뜻 굽히지 않았네.
차가운 달 강물 비치니 원기가 흐느끼고
슬픈 바람 대지 떨구니 깃든 새 우짖는다.
삼성(參星)이 떨어지려 하니 나그네 떠나가고
푸른 도깨비불 허공에서 나타났다 사라지네.
戰敗當年沒萬夫 至今枯骨滿平蕪
分成二塚終誰主 共犯三刑或不誣
寒月照江冤鬼泣 悲風拂地宿禽呼
參星欲落行人去 碧燐憑虛乍有無

임숙영(任叔英: 1576~1623)

임숙영의 「달천(達川)의 전쟁터를 지나며」란 제목의 시이다. 그는 지평(持平)까지 지낸 조선중기 때의 문인이었다. 이곳은 임진왜란 때 도순변사(都巡邊使) 신립(申砬: 1546~1592)이 소수의 군사로 적장 고니시 유키나가[小西行長]의 대군을 맞아 싸우다가 패하자, 강물에 몸을 던져 순국한 전적지이기도 하다. 임진왜란은 비록 우리의 승전(勝戰)으로 끝은 맺었지만, 왜구의 말발굽에 전국이 초토화되었다. 결과적으로 우리에게 물적으로나 인적으로 엄청난 피해를 끼쳤다. 이 시가 지어진 시점이 전쟁이 끝난 지 20여 년이 지나서인 것으로 추측되는데, 아직도 그때의 상처가 채 가시지 않았음을 알 수 있다. 들판에 나뒹구는 유골이며 푸른 강물에 어린 원귀(冤鬼)의 흐느낌은 섬뜩함으로 다가온다. 탄금대는 신립을 비롯하여 수많은 충의군(忠義軍)의 생명을 앗아간 곳이다. 울부짖는 탄금대의 물살은 실제 강의 물살이 갑자기 바뀌는 곳으로 상류에서 흘러오는 물이 잘 빠지지 않아 잦은 범람으로 이어지곤 하였다. 그 역시 충의군의 서린 한에 기인하는 것은 아닐는지.

탄금대 전투에서 패전의 책임을 따지는 시도 있다.

당시의 패전은 장군 지모 없어서니
의롭고 충성스런 혼백의 한 그치지 않네.
울부짖는 탄금대 아래 물결이여
다만 한강수에 부끄러울 뿐이구려.
當時一敗將無謀 義魄忠魂恨未休
嗚咽彈琴臺下水 祇應羞向漢江流

조찬환(趙纘韓: 1572~1631)

이 시의 작자 조찬환은 영천군수(榮川郡守)로 있을 때 각지에 도적들이 날뛰자, 삼도토포사(三道討捕使)가 되어 이를 토벌하는 등 문무를 겸한 인물이었다. 그는 뒤에 광해군의 실정(失政)에 반대하여 외직을 청했고, 인조반정 후 형조참의에 오를 정도로 용렬(勇烈)한 기개의 소유자였다. 그런 그의 입장에서 볼 때 탄금대 전투의 패배는 신립 장군의 고집과 무지가 낳은 결과였다. 1592년 4월, 부산포(釜山浦)에 상륙한 왜군이 강한 기세로 북상하자, 조정에서는 명장 신립을 도순변사로 삼아 험악한 조령(鳥

〈탄금대 유래비〉

嶺)의 지형을 이용, 왜적을 격퇴하려 하였다. 그런데 순변사 이일 (李鎰)이 상주(尙州)에서 고니시 유키나가[小西行長]에게 패하여 돌아오자 신립 일행은 충주로 후퇴, 충주 북서쪽 4㎞ 지점에 있 는 탄금대에 배수진을 치고 고니시를 맞아 싸웠다.

당시 신립 작전의 핵심은 다음과 같았다. "왜적은 보병이고, 우리는 기병이기 때문에 넓은 들판에서 싸우면 빠른 기동력을 가진 우리가 승리할 수 있다. 조령(鳥嶺: 새재) 같은 산속에는 기병이 힘을 발휘할 수 없고, 활쏘기가 어렵다. 또한 왜군의 척후가 이미 조령까지 왔을지도 모르는 상황에서 조령에 진을 치는 것은 위험할 수 있다." 하지만 종사관 김여물의 생각은 달랐다. "왜적은 수가 많고 우리는 적으니 천혜의 요소인 조령에 매복했다가 적이 골짜기에 들어왔을 때 공격을 하면 적을 섬멸할 수 있다. 그리고 새재에서 적을 물리치지 못한다면 물러나서 다시 한 번 싸울 수 있다." 그러나 지휘관은 신립이었고 그의 뜻에 따라 탄금대에서 전투가 치러졌다.

탄금대에서 진을 치는 과정에서도 조선군은 큰 실책을 저질렀다. 동에서 서로 남한강이 흐르고, 남에서 북으로 달천이 흘러 만나는 지점이 합수머리이고 그 남쪽 낮은 산이 탄금대였다. 탄금대는 북쪽으로 강과 맞닿아 절벽의 형태이고, 남쪽으로는 완만한 구릉과 논밭이 펼쳐져 있다. 높은 지역에 자리를 잡고 낮은 지역에서 공격해 오는 적을 물리친다는 것은 전투의 상식에 속하지만, 퇴로가 없는 상황에서는 아주 위험할 수 있다. 이날 왜군이 동쪽과 남쪽에서 공격해 왔기 때문에 조선군은 완전히 포위된 상황에서 전투를 할 수밖에 없었다. 배수진을 쳐 죽을 각오를 하고 싸우도록 하겠다는 신립의 생각은 병법에 나오는 좋은 계책이기는 하나, 현실성이 떨어지는 공허한 전술에 불과했다. 신립과 김

여물 등 지휘관은 앞장서 싸웠지만, 제대로 훈련을 받지 못한 병
사들은 그야말로 추풍낙엽이었다. 결국 탄금대 전투의 패배는 한
양으로 가는 보루가 무너짐으로써 초반 전쟁의 판도를 극도로 힘
들게 하였다.

탄금대 전투를 배경으로 지어진 『달천몽유록(達川夢遊錄)』이라
는 소설이 있다. 조선 중기 문인 윤계선(尹繼善)이 지은 한문소
설로 당시 전투에서 나라를 위하여 전사한 충신들을 추모하여 지
었다. 그 내용은 대략 다음과 같다.

주인공 파담자(波潭子)는 호서지방을 암행하라는 임금의 봉서(封
書)를 받고 여러 읍을 거쳐 충주의 달천(達川)에 이르렀다. 이곳에
서 파담자는 임진왜란이 남긴 처참한 광경을 보고 시 3수를 지어
비분강개한 마음을 풀다가 잠이 들었다.

그는 꿈속에서 큰 나비의 안내를 받아 임진왜란 때 희생된 여러
영령들이 넋두리하며 노래 부르는 광경을 엿보았다. 파담자가 자신
의 모습을 드러내고 그들과 합석하니, 그들은 자신들의 이야기 가운
데 세상에 전할 것이 있다고 하면서 이야기를 시작하였다.

천하의 요새인 죽령(竹嶺)을 끝내 지키지 못한 신립(申砬)에 대
한 원망을 말하자, 이에 대한 신립의 변명이 이어지고, 다시 성패에
는 이미 운수가 정해져 있었으니 지금의 시비가 무슨 의미가 있느
냐 하는 화해의 이야기가 오갔다.

이때 노주(蘆洲)에서 닻줄을 풀고 내려오는 한 장군을, 모두 일
제히 영접하였다. 각자 좌석이 정하여지자 산해진미를 좌우에 나열
하여 놓고 풍악을 울리며 향연이 시작되었다. 화기가 애애한 가운데
모든 사람이 임진왜란 때의 이야기를 하며 시를 읊는다.

장군도 노량해전(露梁海戰)에서의 전사(戰死)를 이야기하며 시를

읊는다. 장군의 시 읊기가 끝나자 마지막으로 승장이 읊으니, 장군이 웃으며 칭찬하고는 피담자에게 화답하라고 한다.

파담자가 여러 사람을 품평(品評)한 글을 일필휘지(一筆揮之)하여 올렸다. 좌우에 앉은 혼령들은 그의 문장이 나라를 빛낼 만하고 무예와 용맹은 외적을 막을 만하다고 칭찬하면서 나라의 일에 힘써 달라고 부탁한다. 파담자는 "가르침대로 하겠다."고 말한 다음에 물러 나온다.

긴 시냇가에서 여러 귀신들이 손뼉을 치며 웃으므로, 그 까닭을 물으니 원균(元均)을 희롱하고 있는 것이라고 말하였다. 파담자 역시 크게 웃고 조롱하다가 기지개를 켜고 깨어나니, 그것은 한바탕 꿈이었다.

윤계선은 『달천몽유록』의 끝에 꿈속에 등장하는 인물의 성명을 관작(官爵)에 따라 밝혀놓았다. 즉 장군은 이순신(李舜臣)이요, 고 첨지는 고경명(高敬命), 황 병사는 황진(黃進), 심 감사는 심대(沈岱), 승장은 영규(靈圭)라고 써 놓고 있다.

그런데 탄금대 전투의 패전을 다른 각도에서 보는 작품도 있어 흥미롭다. 바로 조선 중기 문인이었던 황중윤(黃中允)이 지은 한문소설인 『달천몽유록』이다. 그의 가장(家狀)에 밝혀진 창작 동기는 그가 증광시(增廣試)를 보고 돌아오는 중 장마에 막혀 충주 탄금대(彈琴臺) 아래에서 머물다 꿈을 꾸고서 지었다고 한다.

내용은 다음과 같다.

주인공이 용궁[水府]에 초대되어 갔다. 거기서 용왕과 함께 시를 짓고 풍류를 즐기고 있는데, 신립 (申砬) 장군이 함께 합석하였다.

신립은 자신에 대해 세상이 어떻게 평가하느냐고 물었다. 주인공은 탄금대 패전이 신립 장군의 지혜가 부족해서 생긴 결과라고 알고들 있다고 대답하였다.

그러자 신립은 탄금대 배수진은 결전의 의지를 보인 것이며, 패전 역시 정예병이 없었던 사회적 제도 때문이라고 항변하였다. 이어서 신립의 동생도 형의 편을 들어 탄금대 패전은 병농일체(兵農一體)의 병제(兵制) 때문이라고 주장하였다.

이어서 용왕이 곡을 연주하고 신립과 신길, 다른 선비들이 함께 글을 지었다. 주인공도 함께 글을 짓고 용왕으로부터 "수년 안에 청운에 오른다"는 덕담과 함께 사자의 인도로 용궁을 나왔다.

이 작품은 탄금대 패전이 태평시대에 제도적 미비로 정예군을 얻지 못한 것이 패인이며, 결코 신립의 지략이 부족해서가 아니라는 것을 강한 톤으로 언급하였다. 앞서 든 윤계선의 『달천몽유록』은 임진왜란 직후인 1600년(선조33년)에 창작된 작품이며, 이황중윤의 『달천몽유록』은 그로부터 십여 년 후의 작품이다. 따라서 단순한 감정적 차원의 패전을 규탄하는 것을 벗어났다고 보아야 할 것이다. 보다 심층적 원인 분석이 이루어지고 있었던 것이다. 즉 패전의 근본적 원인을 당시의 사회제도나 병농제(兵農制) 등 모병(募兵)의 제도적 모순에서 찾아야 한다는 것이다. 먼 세월이 지난 오늘, 우리들에게도 그날의 논쟁은 여전히 유효하다.

4. 목계마을 강상(江商)이야기

충주 수역에서 빼놓을 수 없는 것 중 하나가 목계나루이다. 다시 물살을 거슬러 올라간 듯한 느낌이지만, 여강에서 충주로 들어오는 길목인 엄정면(嚴政面)에 목계리가 있다. 목계리는 엄정면 서남부의 남한강변 지역으로 제천과 원주, 이천 방면으로 통하는 국도 분기점에 위치한다. 원래부터 목계(牧溪), 또는 산계동(山溪洞)이라 했으며, 1914년 군면(郡面) 통폐합 시에 동계(東溪), 서계(西溪), 안목계[內溪], 재마을[中溪] 등 자연 마을을 병합하여 목계리라 칭했다.

〈현재 목계 나루터의 모습〉

남한강변에 위치한 목계나루는 옛날 거대한 하항(河港)으로서 전성기에는 100여 척의 상선이 집결하던 곳이라고 한다. 1948년 하항의 기능이 소멸되었으나 조선 후기에는 마포 다음가는 한강의 주요 항구였다. 그래서 『택리지』에서는 "목계는 동해와 서해의 어물과 산간 지방의 산물이 집산되며, 주민들은 모두 장사를 하여 부자가 된다"고 하였다. 목계의 배후지는 중원 일대와 제천·원주·음성·괴산에 이르고, 멀리 경상도 북부지방의 상인까지 모여들었다.

효종 때 청백리로 유명한 조석윤(趙錫胤)이 1640년(인조18), 목계의 강상(江商)이 겪은 애환을 「고객행(賈客行)」이란 시에 담

〈목계나루터 유래비〉

았다. 모두 30구인데 4구마다 운자를 바꾸고 마지막 두 구는 구마다 운자를 놓아 마무리하였다. 조금 길지만 전문을 읽어보자.

목계 강가 서너 집이
집집마다 장사일로 생계를 꾸린다
호미 쟁기 버려두고 노젓기 일삼아
해마다 이문 좇아 물결 따라 다니지
木溪江上凡幾家 家家買販爲生涯
不事鋤犁事舟楫 年年逐利隨風波

이웃 사는 사람들 함께 떠나니
오늘이 가장 길하다고들 하네
뱃머리서 술 걸러 강신께 고사하여
건강하고 재물 많기 빌고 또 빈다
東鄰西舍同時發 共言今日日最吉
船頭釃酒賽江神 所願身安財滿室

비 오면 장막 친 선실에서 피하고
바람 불면 한껏 돛을 펼친다
다만 근심은 강 얕고 여울 사나워
자갈이 울퉁불퉁 장애가 많다는 점
有雨可以庇蓬屋 有風可以張帆幅
只愁江淺灘甚樂 沙石磊磊多礙觸

강바닥에 닿아 나아가지 않으면
어영차 힘을 합쳐 밀고 당긴다
천천히 가서 안전한 게 낫지
질주하다 뒤집히면 아주 큰일 나

有時膠底不肯進 齊聲合力極推挽
徐行安穩尙云可 疾走轉危最可悶

"험한 데를 지나봐야 평지 좋은 줄 알지"
소동 가라앉아 되려 우스갯말
땔나무 주어다가 배에서 밥을 짓고
저물녘엔 닻줄 묶고 물결 위서 잠잔다
歷險方知平地樂 驚憂定來還笑謔
下船取樵上船炊 日暮繫纜波上宿

서쪽에서 오는 배는 구면이 많아
왕왕 노질 멈추고서 말을 건넨다
"이즈음 충주협에 소금 값이 올랐어"
"서울 쌀값은 얼마나 하나요?"
西來舟中多舊侶 往往停橈相與語
峽中鹽直比來高 京口米價今幾許

지난해 홍수에는 범람하여 두렵더니
올해 가뭄엔 배 띄우기도 곤란하군
쯧쯧 음양이 어찌 이리도 어그러질까
장사해도 이문 적고 고생만 많구만
前年大水怕氾濫 今年大旱困灘渚
咄哉陰陽何錯迕 作賈利輕多辛苦

상인들이여 상인들이여 탄식을 마오
군자께선 천하 혼란을 근심하고 계신다오
賈客賈客休歎息 君子方憂天下溺

조석윤(趙錫胤: 1606∼1655)

이 시에는 그야말로 강가 마을 백성들의 삶이 고스란히 담겨 있다.

목계나루는 앞에서 언급한 대로 남한강 수운의 중심지였기에 수운으로 인한 다양한 이윤 추구가 가능했던 곳이다. 그곳에서는 가흥창(可興倉) 세곡의 노역이나 운송을 비롯해 각종 물화의 수송과 판매가 이루어졌다. 길일을 잡아 배를 띄우면서 강신(江神)에게 고사를 지내고, 거센 여울에서 목숨을 담보로 파도와 싸우고, 그것도 모자라 수량(水量)이 적어 배가 강바닥에 닿으면 배에서 내려 어영차 배를 끌기도 한다. 또한 한 푼이라도 아끼기 위해 배에서 숙식을 해결하고, 가물면 가문 대로 홍수가 들면 홍수가 든 대로 배 띄우기를 걱정한다. 이렇게 죽어라고 장삿일을 하지만 이문은 그리 많지 않다. 그나마 강을 오르내리며 익힌 얼굴들과 주고받는 말들에게서 잠시라도 위안을 찾는다. 충주의 소금 값이 얼마나 올랐는지, 서울 쌀값은 어느 정도인지. 좋은 정보를 얻어 한 푼이라도 더 벌어 보려는 게 장사치들의 마음이다. 과연 그 마음을 나라님께서는 얼마나 알고 계실는지.

사실 목계나루의 진정한 역할은 도강(渡江)에 있었던 것이 아니라 포구의 역할이었다. 목계는 강원도, 경상도, 충청도에서 나오는 곡물과 서울 마포에서 오는 소금, 새우젓, 기타 생활필수품을 물물교환하던 상업의 요지였다.

당시 서울서 올라오는 배는 황포돛배로서 백미를 200석 정도 실을 수 있는 규모였다. 서울에서 일주일 정도면 올라왔고, 모든 짐을 이곳에서 하역한 후 다시 곡물들을 싣고 삼사 일 걸려 서울에 도착하였다. 목계에 하역된 물품들은 도매상 혹은 위탁상에게 넘겨져 창고에 넣어 두었다가 중부지방 각처에서 모여든 상인에게 판매되어 우마차 등으로 운반되었다고 한다. 또한 목계는 강원도 영월에서 내려오는 뗏목의 길목이기도 했었다. 따라서 이곳 목계에는 항상 사람들이 모여들어 성시를 이루어 이들이 머물다 가는 주막도 많았다. 자연 우마(牛馬)가 묶을 수 있는 마방집도 따로 있었고, 기생들이 기거하면서 기예와 굿을 배우던 권반[券番] 집도 있었다.

강가 장사치 백성들의 애환은 다음 시에서도 이어진다.

　　배에 가득 서해 소금
　　내일 아침 충주로 가네.
　　충주는 목화 많은 곳이죠
　　전 벌써 베틀을 손봐뒀죠.
　　아이들은 물고기 낚아오고
　　제 아비는 벼 팔아와
　　생선국에 쌀밥 지어
　　울타리 꽃 속에 오손도손 이야기한다오.
　　세심정 아래 물줄기
　　남산을 향해 흘러가는데
　　잔잔한 그 소리 무슨 뜻인가?
　　바로 첩의 다함없는 하소연이라오.
　　…… 중략 ……
　　두 폭이 넘는 붉은 비단에

관운장 초상을 가득 수놓고
깃발 만들어 배 뒤에 꽂으니
바다 귀신도 감히 덤비지 못하네.
滿船黃海鹽 明日忠州去
忠州多木棉 妾已理機杼
兒子釣魚至 阿翁販稻歸
羹魚炊稻飯 籬花語依依
洗心亭下水 流向鼈頭去
淪漣亦何意 似妾無盡語
…… 중략 ……
紅絹二幅强 滿繡關壽亭
作旗抖船尾 海神不敢獰

이덕무(李德懋: 1741~1793)

    조선 후기 실학자 이덕무의 「강노래(江曲)」이다. 이 시는 강상(江商)들의 애환을 아낙의 눈을 빌려 노래하고 있다. 남편은 황해도에서 난 소금을 싣고 충주로 떠나고 그의 아내는 그저 무사히 돌아오길 빌 뿐이다. 남편이 돌아올 즈음이면 모처럼 쌀밥과 생선국을 놓고 온 가족이 둘러앉아 행복을 누릴 수 있을 거라는 기대로 베틀을 매만진다. 남편은 소금 판 돈으로 목화를 사오고, 아내는 그 목화로 옷감을 짜 다시 되팔고. 그렇게 강은 백성들에게 중요한 생계의 수단이기도 하였다. 또 하나 두 폭이 넘는 붉은 비단에다 관운장의 초상을 수놓은 배의 모습도 이채롭다. 그때 강사람들은 풍랑으로부터 생명과 재산을 지켜주는 수호신으로 관운장의 위엄을 굳건히 믿었던가 보다.

5. 가흥창(可興倉)의 눈물방울

 강가 마을 주민들에게 있어 강은 주된 생활 수단이었다. 강을 매개로 한 경제 활동은 크게 어로(漁撈)와 운송(運送)으로 나눌 수 있다. 대부분 지역 주민들이 어농(漁農) 병합의 형태였으며, 어로 역시 대규모 영리 추구를 위한 것이 아니라는 점에서 배를 이용한 운송은 그들의 경제 활동에서 특히 주목된다. 배를 이용한 운송은 다시 단순한 도진(渡津)과 조운(漕運)으로 대변되는 물화 운송으로 나눌 수 있다. 도진은 전국적으로 강이 있는 곳이라면 가능한 경제 활동이다. 그 양상 역시 강의 크기에 따라 차이는 있을지언정 대동소이했다. 반면 조운은 국가 경제의 기반인 세곡을 운반하는 것으로 그 중요성에 비례하여 고려시대 이후 줄기차게 변화의 과정을 겪어 왔다.

 가흥창은 목계나루 강 건너인 중원군 가금면(可金面) 가흥리 남한강변에 있었던 조선시대의 조창(漕倉)이다. 조창은 조세미를 보관하고 수송하기 위해 수로 연변에 설치한 창고를 의미한다. 조창 제도는 고려 성종11년(992년)경 완비되었다가 고종16년(1879년) 교통의 다변화로 폐지되었다. 가흥창은 경상도의 각 읍과 충청도의 충주·음성·괴산·보은·단양·영춘(永春)·제천·진천·황간(黃澗)·영동·청풍(淸風)·청산(靑山) 등 14개 고을에서 거둬들인 세곡(稅穀)과 공물(貢物)을 보관하였다. 그리고 그것들은 남한강 수로를 통해 260리에 이르는 서울의 용산창으로 운송되었다. 가흥창이 한창 번성하던 무렵에는 뱃일을 돕는 수부 (水夫)만도 500명이 넘게 머물렀다고 한다.

〈지적도상의 가흥창지〉

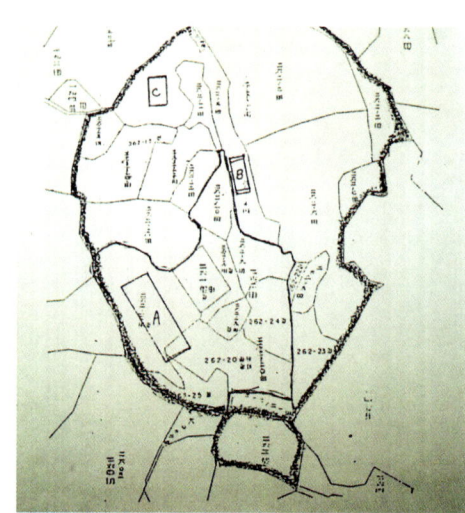

〈가흥창터〉

높고 가파른 계립령(雞立嶺)은
예로부터 남북을 그어놓았네
북쪽 사람은 호화를 다투지만
남쪽 사람은 기름과 피 빨리네
우마차 험한 고개를 넘어가니
농사 벌판에 남정들이 없겠다

嵯峨雞立嶺 終古限北南
北人鬪豪華 南人脂血甘
牛車歷鳥道 農野無丁男

강변에서 한밤 거적 깔고 자는데
아전들은 왜 그리 탐욕스러운가
작은 저자 생선은 잔 것뿐이고
초가 주막 술은 쌀뜨물 같구나
돈을 모아 기생을 불러오니
푸른 머리단장에 분홍 남치마
백성들 살을 깎이는 것 괴로운데
아전들은 멋대로 취해서 지껄이네
말과 섬으로 이익 보려 생각하니
관리는 부끄러움을 알아야 하리
관가의 세금은 십분의 일이건만
어찌하여 둘 셋을 실어 가는고

江干夜枕籍 吏胥何婪婪
小市魚欲縷 茅店酒如泔
釀錢喚遊女 翠翹凝紅藍
民苦剜心肉 吏姿喧醉談
斗斛又計贏 漕司宜發慚
官賦什之一 胡令輸二三

강물은 도도히 절로 흐르는데
밤낮으로 구름과 이내 불어대네.
돛대가 협구(峽口)를 가득히 덮어
북쪽으로 앞을 다투어 내려가노니.
남쪽 사람들 찡그리고 바라보건만
북쪽 사람들 뉘라서 이 사정 알리.
江水自滔滔 日夜噓雲嵐
帆檣蔽峽口 北下爭驂驔
南人蹙頞看 北人誰能諳

김종직(金宗直: 1431~1492)

김종직은 조선 전기의 문신으로 성리학의 맥을 이어가는 중추적인 역할을 한 인물이다. 그는 도학에 근거하여 철저하게 자기를 수양하고 이를 백성들을 위해 정치적으로 꽃피우려고 하였다. 그런 그가 우연히 가흥창을 지나고 있었다.

그는 가흥창에서 벌어지는 갖가지 군상들을 오언고시 안에 꼼꼼하게 기록하였다. 여기서 북쪽 사람이란 서울의 정부나 지주들을, 남쪽 사람이란 충청도 경상도의 꼬박꼬박 세금 내는 일반 백성들을 의미한다. 또한 그 사이에서 직접 세금을 걷고 운반하는 중간 관리자인 아전들이 있다. "나라님"으로 대변되는 관가의 세금[賦稅]도 세금이지만 실상 백성들에게 더 큰 타격을 입히는 쪽은 아전들의 농간이었다. 좋은 것, 돈 될 만한 것들은 죄다 빼앗기고 백성들은 마른 생선에 쌀뜨물 같은 술 한 잔에 시름을 달랜다. 그 와중에도 아전들은 기생을 불러다 진탕 취해 지껄이고 있다.

이에 시인은 조운을 맡은 관리들에게 일침을 가했다. 조운에 얽힌 백성들의 시린 가슴을 나라님들이 어찌 알 것인가라는 탄식과 함께. 사실 조운 제도는 막대한 이윤이 창출되는 국가사업이었다. 자연 조운권은 왕실과 중앙관료, 사대부 등의 특권세력과 그 밑에서 결탁된 선상(船商), 시전상인(市廛商人) 등의 부상대고(富商大賈)들에게 있었다. 일반 백성들이나 소규모 상인들은 그저 소박하게 나름의 경제활동을 영위할 수밖에 없었다.

그러기에 김륵(金玏)은 백성들의 아픔을 다음과 같이 노래하였다.

먹고사는 힘은 조운에 달렸으니
전세에서 각각 얻음이 있네.
관리는 땅에서 난 것을 거둘 줄 아나
백성들 하늘이 낸 것을 빚으로 여기네.
취하는 바 이미 풍년과 흉년을 따라
나눔도 응당 경중이 있어야 하리.
나라님 이를 목숨 줄로 여기시니
바라는 건 나라님 마음 부드러워지는 거지.
食力供漕運 田租各有征
官能收地出 民不負天生
取旣隨豊歉 分宜有重輕
王家斯命脈 惟願軫宸情

관리들은 땅에서 난 것을 거두어들일 줄만 알고 있다. 하지만 그 땅에서 난 농작물을 누구보다 사랑해야 할 농심(農心)들은 모두 빚으로 여기고 있다. 예쁠래야 예쁠 수가 없었다. 곡식이 영글면 영글수록 근심도 영그는 것이었다. 풍년이 들어 생산량이 넉넉해지면 나누는 것도 넉넉할 것이고, 흉년이 들어 부족하면 나누는 것도 부족한 것이 세상의 이치이다. 그런데 사람만이 그 자연스러운 분배의 법칙을 깨뜨렸다. 만백성이 죽어라 고생해서 왕과 그 가족들을 먹여 살리는 구조인 것이다.

유사한 내용으로 권헌(權攇)의 「고인행(顧人行)」이란 시가 있다. 이 시는 그가 영조35년(1759년)경 서울 광흥창(廣興倉)의 봉사(奉事)를 지내며 그곳 하역꾼들을 소재로 지은 것이다.

서강 나루 일꾼들, 소보다 건강하여
두 어깨 울끈 솟아 흙더미 같다
장삿배에서 이문을 교묘히 노려
거상이 돈 뿌리면 일 맡아 분주하다
西江雇人健於牛 兩肩□峣如土阜
每從販船巧射利 巨商揖錢聽奔走

이른 새벽 무리지어 부두로 나가
하역량을 헤아리며 한참을 서 있다가
정오에 남풍 불어 밀물이 틀림없으면
거룻배 만나서 사사롭게 주고받지
淸晨比肩集江門 較量轉輸立良久
卓午南風不欺湖 邂逅舲艦私傳受

종일토록 볏짐 져서 품삯 받으니
근력으로 밥벌이 행여 뒤질세라
큰 기를 구부정히 고개 들어 헐떡이고
동아줄과 등태를 손에 꽉 쥐고 있다

終日負米得雇直 筋力攻食恐在後
長身僂行仰脅息 大索擔頭常在手

나이 육십에도 어깨를 쉬지 못해
등짝 갈라지고 살갗은 쭈글쭈글.
한평생 노력하여 제 밥 벌면서
늙어 일감 없을까 걱정할 뿐.
行年六十不息肩 背坼皮皴生塵垢
終身勤苦得自給 但恐任重老無有

생선찌개 흰쌀밥에 흉년을 몰라
사내는 나무하고 아낙은 술 거른다.
길거리 비렁뱅이는 무얼 하는가
입 구멍 때문에 구걸이 고작이라니.
鮮羹白飯無饑歲 男子供薪女荔酒
道旁流丐何爲者 但能乞飯指其口

권헌(權攇: 1713~1770)

　서강 나루 일꾼들의 고단한 삶이 찬찬히 묘사되어 있다. 소처
럼 강인한 체력으로 하역 작업을 맡아 하는 그들의 삶을 통해 이
땅 백성들의 또 다른 모습을 보여주고 있는 것이다. 어떡하든 살
아보기 위해 몸을 던진 이들과 길거리 비렁뱅이의 구걸을 대비시
키며 꾸짖기도 하였다. 가진 것이 몸뚱아리 하나인 만큼 그 몸을
움직여 할 수 있는 일이라면 무엇이든 해 내는 억척스런 백성들
의 모습이었다. 또한 그것은 강가 나루터에서나 볼 수 있는 독특
한 삶의 모습이기도 하였다.

광흥창에는 하역하다 땅에 떨어진 쌀을 주워 모아 시장에 내다 파는 아낙들이 있었다. 권헌은 그러한 아낙의 일을 '낱알 쓸어 모으는 여인(女掃米行)'이라 묘사하기도 하였다. 강상미(江上米)를 하역하는 부근에는 강상이 가져온 볏섬을 조금씩 사다가 방아로 찧어 시전(市廛)에 내다 팔아 생계를 꾸리는 사람이 있었다. 그 가운데는 몰락한 선비도 끼여 있었다.

어영차 부르자
공덕촌 늙은이 너무도 가난하다
모친 모시고 아내와 아우 딸렸는데
밭뙈기 하나 없고 단칸방에 재물 없어
강마을 백성처럼 곡식 찧는 일 하니
세상 피함도 아니요 자취 속임도 아니로세
請成相　　　　孔德村翁寒賤客
上有慈親下妻弟　學嫁無田家四壁
江村民業在舂粟　非爲避世故詭跡

꼭두새벽 갯포로 세미선을 찾아가
한 섬에 삼백 냥씩 주고 사다가
돌아와 저녁까지 찧어서는
쌀을 매고 시전으로 향한다

비싸게 벼를 사서 헐값에 내 놓으니
날마다 고생해도 남는 게 없구나
그래도 현미 몇 톨과 흰 싸라기로
죽을 끓여 모친께 올리겠다고
淸晨出浦訪稻船　一石算還三百錢

歸來春至暮　　擔米向市廛
賈稻若貴賣米賤　日日勤苦少奇羨
猶零赤糲與秕雪　可作饘作粥供親膳

남편은 절구공이 잡고
부인은 켜 까불기
흐르는 땀 마다않는 누런 얼굴 허약한 몸
빨리 까불면 겨가 쉬이 날아간다
翁執杵　　　　婦箕㫔
不辭汗浹身熱疺　揚急風多易飄糠

엉근 겨는 싸록싸록 낯가죽을 때리고
아까운 고운 겨는 부슬부슬 땅에 떨어지네
입 코 막히고 머리카락 온통 희니
백성이라 하여도 절굿공이 좋아할까
糟糠삭삭撲面皮　生痒細糠霏霏塗
口塞鼻白盡鬢髮　蒼翁亦有何喜杵

한 번 찧을 때마다 한 곡조씩
노래는 채 끝나지 않았네
노동하는 사람은 노래할 일 있거니
내 노래에도 이유가 있지
평생에 읽었던 책을
여기에 죄다 부쳐서
어진 이가 뜻 못 얻고 바보가 기 폈던 옛일들을
아아 훌쩍 쯧쯧 긴 소리 짧은 소리에 담으련다
杵曲曲　　　　歌未已
勞者固有歌　　我歌歌有以

平生百函書　　衰衰都付此
賢愚得喪千古事　盡入嘔啞啁啾唧唧嘖長聲短聲裏

때때로 강개하여 기운이 격해지면
절구질 잦아지고 노래도 빨라지고
곰곰 생각에 이치를 깨달을 때면
노랫소리 희미하고 절구소리 고요하다
절굿공이 쳐들고 껄껄 웃다간
절굿공이 내려놓고 한숨 쉬누나
남들은 그대가 피로한지 열심인지만 알 뿐
뱃속 가득한 뒤얽힌 그 사연은 모른다
有時忼慨氣轉激　擧杵愈多歌逾促
亦到冥杳理有契　歌聲漸微杵聲寂
或揚杵呵呵　　或按杵太息
人只知君力有罷旺務有勤懶
却不知君滿腔杈枒消不得

어영차 부르세
남이 그대를 몰라 준다 슬퍼 말게나
때때로 동강 집으로 찾아오시게.
請成相
人不知君君何慽　不妨時訪桐江宅

이영익(李令翊: ?~?)

　이 시는 글씨로 유명한 원교 이광사(李匡師)의 아들이자 『연려
실기술』의 저자인 이긍익(李肯翊)의 동생으로 강화학파의 문인인
이영익(李令翊: ?~?)이 지은 「방아 노래(舂歌)」라는 장편 시이

다. 공덕촌(孔德村)에 살던 몰락 선비인 이명배란 인물이 방아 찧기를 생업으로 한 사실을 소재로 하였다. 공덕촌 사람들은 조운선에서 볏섬 1석을 300냥에 사서 하루 종일 방아로 찧어다가 시전에 내다 파는 일을 하였다. 이문은 그다지 없었던 모양이다. 장사에 익숙지 않던 양반이었던지라 그저 풀칠정도만 유지하는 정도였다. 이영익 자신도 당쟁에 휩싸여 곤궁한 생활을 했기 때문에 이명배란 인물의 처지에서 느끼는 바가 많았을 것이다. 노동요처럼 '어영차 부르자(請成相)'라는 뜻의 후렴구를 두었다. 그리고 넋두리 투를 따라 환운(換韻)하였다.

절구로 방아를 찧는 모습은 너무도 생생하다. 절구공이 잡은 남편과 켜를 까부는 아내의 흐르는 땀방울과 조금이라도 타이밍을 맞추지 못하면 생겨가 날아가 버리는 안타까운 순간들. 얼굴을 때리는 엉근 겨와 땅에 떨어지는 고운 겨. 입과 코, 그리고 온몸에 둘러붙어 호흡조차 곤란하다. 쉼 없는 절굿공이질에 어느덧 허기가 찾아온다. 어서 일 마치고, 떨어진 가루 주워 모아 늙으신 모친 죽 한 그릇 올려야 할 텐데. 남편과 아내는 괜스레 마음만 바빠진다. 이를 바라보던 시인의 마음도 참참하기 그지없다. "모든 것이 세상을 잘못 만난 탓이지. 우리 집을 찾아오소, 막걸리 한 사발 나눕시다."

6. 장회(長淮)와 자린고비

잔잔한 충주호를 지나 상류 쪽으로 뱃머리를 돌렸다. 남한강은 영월군으로부터 단양군을 동서로 관통하고 있다. 장회리 북쪽으로 장회(長淮) 나루가 눈에 들어온다. 장회 나루는 옛날부터 구담봉(龜潭峰)과 옥순봉(玉筍峰)을 보기 위해 배를 띄우던 곳이다. 지금도 구담봉과 옥순봉은 도담삼봉(島潭三峰)과 더불어 유람선을 타고 뱃길로 돌아볼 수 있다. 충주호 월악에서 단양까지 오르내리는 유람선이 다니고 있다.

〈단양읍 도담리 석문〉

그런데 장회탄은 남한강 줄기에서도 급류가 심한 곳이라 노를 저어도 배가 잘 나아가지 않고 노에서 손만 떼면 도로 흘러 내려 가므로 오가던 배와 뗏목들이 무진 애를 먹었던 곳이라고 한다. 또한 이곳은 흥미롭게도 자린고비 이야기의 무대이기도 하다.

조선 영조 때 충북 음성에는 조륵이라는 구두쇠가 살고 있었 다. 어느 날 파리 한 마리가 장을 빨아먹고 달아나자 조륵은 파 리를 쫓아 이곳 옥순봉 장회리까지 왔다고 한다. 그러나 파리가 강을 건너 달아나 버리고 말았다. 그는 안타까운 심정에 "장이다. 장이 날아간다."고 외쳤다. 파리가 훔쳐간 장이 무척이나 아쉬웠 던 모양이다. 그런데 이 이야기의 주인공인 조륵은 평생 구두쇠 로 모은 돈을 나중에 모두 어려운 사람을 위해 썼다고 한다. 그 러자 그가 죽은 뒤에 나라에서는 그의 착한 행적을 기려 자애롭 고 인자한 사람이란 뜻으로 자인비(慈仁碑)를 세워 주었다고 한 다. 자인비가 자린비가 되고, 다시 오래된 비석이란 뜻에서 옛 고 (古)자를 붙여 자린고비라고 하게 되었다는 것이다. 그리고 사람 들은 그가 외치던 장이라는 말에서 따 그 지역을 장회라고 부르 기 시작하였다.

7. 구담봉(龜潭峰)과 도담삼봉(島潭三峰)

"구담은 청풍의 경계에 있다. 두 언덕의 석벽이 하늘에 닿았고, 강물이 그 사이로 쏟아져 흐르는데, 돌 골짜기가 겹겹이 서로 가려서 마치 대문과 같다.(龜潭在淸風境 於今丹陽兩岸石壁參天江瀉 其間 石峽重重互遮如門戶)"

『택리지』의 저자 이중환은 도담봉의 풍경을 그렇게 말했다.

〈장회 나루〉

새벽 구담봉 지나니 달은 산 위에 걸렸고
고고히 앉아 떠올림에 잡생각 들지 않네.
구담을 만든 주인 다른 산 숨어 살건만
성난 학 우는 잔나비 구름만 한가하더라.
曉過龜潭月在山　高居想像有無間
主人今作他山隱　鶴怒猿啼雲自間

이황(李滉: 1501~1570)

　구담봉의 이름은 봉우리가 마치 거북이 모습과 비슷하다고 하여 붙여졌다. 즉 물 속에 잠긴 바위가 거북 등껍질을 닮았다는 것이다. 이 시의 작자 퇴계(退溪) 선생은 명종3년(1548년) 단양 군수를 지냈다. 그래서 단양 지역의 풍물에 대해 읊은 시가 많다.

〈도담삼봉과 유람선〉

이 시 역시 「구담봉(龜潭峰)」이란 제목이 붙은 시로, 새벽녘 달빛을 받으며 구담봉을 지나던 때의 감흥을 적고 있다. 신선이 만든 구담봉이기에 이리도 한가롭고 맑은 것이다.

본래 단양(丹陽)이라는 이름은 옛날 중국의 신선이 즐겨 먹는 환약을 일컫는 연단조양(鍊丹調陽)이란 말에서 비롯되었다고 한다. 신선이 좋아할 만큼 단양 땅이 아름답고 풍요롭다는 이야기다. 그러므로 단양에는 물과 산이 어우러져 신선의 경지를 이루고 있는 것이다.

한진호(韓鎭戶: 1792~1844)의 『도담행정기(島潭行程記)』에는 구담봉의 감흥을 다음과 같이 적었다.

봉우리가 다하니 곧 구담이다. 아래 굽이에서 보니 석벽이 벌려서서 하늘에 닿고 해를 가린 채 평평하게 벌려 있다. 십여 리 굽이굽이가 다투어 빼냈고, 만 길의 석벽이 강물로 돌고 있다. 조그만 배가 서서히 지나다가 한 굽이에 들어가니 때로 기괴함이 사랑스럽다. 겨우 한 굽이를 지나자 또 따로 볼 것이 생기는데, 모양마다 기이함을 나타내어 이내 나타났다가 이내 숨어 버리니 참으로 장관이다. 물이 돌아서 못이 되었는데 그 이름이 시담이다. 석벽 위에 한 바위가 있는데 모양이 거북과 같기 때문에 이름을 구담이라고 한다. 이때 보니 흰 구름이 멀리 석벽 위에 나오고, 외로운 소나무는 거꾸로 돌이 이어진 곳에서 자란다. 소나무에는 황새와 학의 집이 많아서 새소리가 마치 하늘 위에 있는 것과 같으니 참으로 이상한 구경거리이다.[14]

---

14) "峰盡卽爲龜潭 下曲見石壁列立參天翳日平鋪十餘里曲曲競孳萬丈石屛逶

양 석벽 사이로 쏟아져 나오는 강물은 보기만 해도 시원하다. 더구나 절벽에 매달린 소나무와 거기에 둥지를 튼 학들의 소리는 선계 그 자체였다. 구담봉의 풍경은 역시 남한강 물줄기를 따라 강 가운데서 볼 때가 제격이다. 장관이 연속된다. 그야말로 조각배를 바고 병풍 속으로 들어가는 기분이다. 이 모습을 추사 김정희는 "거북이 형상의 괴이한 돌이 푸른 못으로 내려가며, 뿜어대는 물결이 비가 되어 하늘을 하얗게 드리우네. 뭇 봉우리마다 모두 부용 빛으로 변했는데, 그저 웃으며 보니 엽전과 비슷하구나."[15]라고 노래하였다.

구담 북쪽 언덕으로 적석산의 줄기가 가파르게 남쪽으로 달리다 끊어진 곳에는 큰 봉우리 셋이 힘차게 물 가운데서 솟구쳐 있다. 도담삼봉(島潭三峰)이다.

> "큰 봉우리 셋이 물에 임하여 힘 있게 솟았다. 층층으로 된 멧부리와 쌓여 있는 돌이 마치 귀신이 새기고 신이 깎은 것 같아서 형용할 수가 없다.[16]

遠江水小舟徐過入一曲時奇怪可愛繞度一曲又生別觀面面逞奇遞發遞隱洵是壯觀一曲匯而爲潭卽名詩潭石壁上有一巖形如龜故名龜潭時見白雲迥出於壁上孤松倒生於石縫松多鶴鶴之巢礒礒之聲如在雲霄上眞詭異之觀〈韓鎭戶, 『島潭行程記』〉.

15) "石怪如龜下碧漣　噴波成雨白連天　衆峯皆作芙蓉色　一笑看來似小錢"〈金正喜, 『阮堂全書』〉.

16) "峯之大有三　皆臨水峭拔　而中峰爲最層　巒競秀蠡石爭挐　如鬼刻神剜奇奇怪怪　不可貝狀焉"〈李滉, 『退溪全書』〉.

퇴계 선생의 말마따나 도담삼봉은 남한강 물줄기를 뚫고 나온 절경이다. 가운데 제일 큰 봉우리가 남편봉, 남편봉 위쪽에 살짝 몸을 비튼 봉우리가 첩봉, 아래쪽에 얌전히 돌아앉아 고개를 숙인 봉우리가 마누라봉이라고 한다. 세 봉우리에 대한 풀이가 재미있다. 남편과 아내 사이에 아들이 생기지 않자 남편이 아들을 얻기 위해 첩을 들였던 모양이다. 첩을 들인 남편이 미워 아내는 홱 토라져 돌아앉았다는 것이다. 예나 지금이나 인간의 욕심은 끝이 없고, 자연물에게도 그것을 투영시키고 있다. 거봐라, 바위도 우리네와 똑같지 않냐며 신기해한다.

이 삼봉은 원래는 강원도 정선의 삼봉산이 홍수 때 떠 내려와 지금의 도담리에 멈추었다는 이야기도 있다. 그래서인지 옛날에는 단양에서 정선에 꼬박꼬박 삼봉에 대한 세금을 냈다고 한다. 사실인지는 모르나 조선 건국의 틀을 잡았던 정도전이 젊은 시절, 이 문제를 해결한 것으로 유명해졌다고 한다. "우리가 삼봉을 정선에서 떠내려 오라고 한 것도 아니요, 오히려 물길을 막아 피해를 보고 있으니, 필요하면 도로 가져가라"고 호통을 쳤다는 것이다. 삼봉(三峰)을 자신의 호로 쓸 정도였던 것을 보면 정도전에게 도담삼봉이 큰 의미가 있었던 것은 분명하다.

강물 위 군자산이 문득 셋 있으니
구슬 벽 깎고서 쪽빛을 깔았다네
하늘은 새 눈빛으로 단장하였고
달은 초저녁부터 못에 가득하네
홀로 배 저어 신선을 불렀더니
옷깃을 맞대고 운감에 깃들었네
노을 맞고 물 희롱 평생의 원이건만
누가 나 위해 초암이나 지어주랴

湖上君山却有三 削成奎壁藉靑藍
天和勝景新晴雪 月出初更忽滿潭
獨去刺舟招羽客 相逢連袂宿雲龕
樓霞弄水平生願 誰爲畸人着草庵

정경세(鄭經世: 1563~1633)

〈석문에서 바라본 도담삼봉〉

　　강물 위로 떠 있는 군자다운 세 봉우리. 시인은 그것을 푸른
남빛으로 물들인 구슬 절벽이라고 하였다. 눈 내리는 달밤, 홀로
배를 띄워 함께 할 신선을 불렀다. 실제 남편봉으로 알려진 장군
봉에는 삼도정(三島亭)이라는 육각정자가 있다. 나룻배를 타고
이곳에 올라 시 한수 읊으면 누구라도 신선이 될 것이다. 물살을
가르며 손으로 움켜쥐니 그 역시 맑기가 그지없다. 이런 풍경은
한평생 바라던 바이건만 시인에겐 그 흔한 초막도 없다. 노을이
진다면 도담의 삼봉은 눈이 밝도록 비칠 것이다. 예서 산다면 도
화(桃花)를 찾아 떠난 나무꾼이 되어 신선의 바둑 소리를 듣고
있을 터인데…… 시인의 아쉬움은 깊어만 간다.

Ⅲ. 강원지역 : 영월-정선-평창

1. 청령포(淸泠浦)에 서린 소년왕의 슬픔

단양을 넘어서면 이내 강원도 수역으로 들어서게 된다. 강원도 지역의 수로는 크게 세 가닥이다. 우선 영월군의 태기산 자락에서 오는 주천강(酒泉江)과 평창군 용평면 윗삼거리 계방산 기슭에서 시작하는 평창강(平昌江)이 있다. 이 두 줄기가 영월군 서면에서 만나 서강(西江)이란 이름으로 영월에 이른다. 그리고 정선의 동강(東江)과 합류하여 남한강이라 불리면서 내려간다. 다시 영월군 하동면 대야리에서 태백산과 구룡산의 물줄기를 모아 내려온 옥동천을 받아들임으로써 강원도 도계를 벗어나 충청북도에 접어든다.

남한강의 발원지에 거의 다가온 듯한 느낌처럼 산세는 가파르고, 강폭은 줄어들었다. 사실 말이지 영월(寧越)과 정선은 모두 심산유곡의 고장이다. 예로부터 "산다삼읍(山多三邑)의 영평정"

이라고 하지 않았던가. 고려 때 이름난 학자 정추(鄭樞)가 읊은 대로 "칼 같은 산들은 얽히고설켜 있고, 비단결 같은 냇물은 맑고 잔잔한" 영월 땅이다. 정선 또한 태백산맥이 지나며 옥갑산, 청옥산, 죽렴산 등 1000m가 넘는 산들만 열 몇 개나 버티고 서 있는, 그래서 고려 때 문장가인 곽충룡이 "천 층이나 되어 하늘을 가로 질렀다"라고 했을 만큼 험한 절벽과 가파른 산들, 그 사이로 백 번이나 굽이치며 흐르는 강물이 있는 곳이다.

서강의 시문학에는 단연 비운의 소년왕 단종(端宗)이 꼽힌다.

고개 위 나무 천로(天老)를 뵈었고
시냇물은 돌에 부딪혀 시끄럽구나
산이 깊어 범과 표범이 많으니
저물지 않아도 사립문 닫아야 하네
嶺樹參天老 溪流得石喧
山深多虎豹 不夕掩柴門

단종(端宗: 1441~1457)

단종은 열한 살의 어린 나이에 병사한 문종을 이어 왕위에 올랐다. 하지만 고명지신(顧命之臣)이었던 황보인(皇甫仁)·김종서(金宗瑞) 등이 숙부 수양대군에게 제거되자 제위 4년 만에 왕위를 넘기고 말았다. 이듬해 성삼문·박팽년·하위지(河緯地) 등 이른바 사육신(死六臣)의 복위 시도가 있은 뒤 단종은 상왕에서 노산군(魯山君)으로 강봉(降封)되어 강원도 영월(寧越)에 유배되었다.

〈영월의 단종 유배지〉

위 시는 단종의 작인지 확실치는 않지만 지역 주민들에게 구전되어 오던 시이다. 스무 자 시구에 불과하지만 주제는 분명하다. 산 높고 물 깊은 이곳에서 두려움에 떨며 앞날을 걱정하던 소년왕의 심정이 절절히 다가온다.

영월에서 단종이 유배된 곳은 청령포다. 상왕 복위 움직임이 감지되자 세조는 중추부사 노득해를 보내 단종을 원주, 주천을 거쳐 청령포에 유폐시켰다. 청령포는 동·남·북 삼면이 물로 둘러싸이고, 서쪽으로는 험준한 암벽이 솟아 있어 나룻배를 이용하지 않고는 밖으로 출입할 수 없는 섬과 같은 곳이다. 단종은 이 적막한 곳에서 외부와 두절된 생활을 하였다.

새소리에 어찌 이리 괴로운고
서울 가는 길 통하지 못하네
돌아갈 생각 천고의 한이건만
오경 바람에 피눈물 흘렸구려
밝은 달 아래 칼산에 날이 밝고
찬 봄날 비단 물결 휑하도다
외로운 신하 절하며 눈물 흘려
어지런 구름 가운데 뿌리었다
有鳥聲何苦　長安路不通
思歸千古恨　啼血五更風
月白刀山曙　春寒錦水空
孤臣再拜淚　一酒亂雲中

한준겸(韓浚謙: 1557～1627)

한준겸이 원주부사로 있을 무렵 청령포를 찾아 지은 시이다. 그는 백 년 전 비운의 삶을 살았던 소년왕의 처지를 안타까워하며 충절을 노래하였다. 한 번도 궁궐 밖을 벗어난 적이 없던 단종은 자신이 왜 이곳에 와야 하는지, 왕위가 무엇인지, 숙부를 비롯한 주위의 사람들이 왜 그런 행동을 하는지 이해할 수가 없었을 것이다. 그냥 시시각각 다가오는 죽음의 그림자가 무서울 뿐이었다.

〈청령포의 금표비〉

노산군의 묘가 영월 산속에 있는데
누런 풀 흰 버들 사방서 바람 분다
살아서는 궁궐에서 곤룡포 입었지만
세상일 뒤집어져 되지 않은 일 없구나
필경 하늘 뜻이 돌아가는 바가 있으니
구구히 여섯 신하 죽음에 이르렀도다
금강정(錦江亭) 위 둥근 달 떴는데
소리마다 촉제의 넋에 취한 듯 하네
魯山君墓越山裡　黃草白楊風四起
生存華屋衰晚尊　世事反覆無不至
畢竟天意有所歸　區區六臣徒爲爾
錦江亭上一輪月　聲聲蜀魄心如醉

이만운(李萬運: 1736~?)

　강원감사를 지낸 이만운의 시이다. 단종이 영월로 유배된 뒤 수양대군의 동생이며 단종의 숙부인 금성대군(錦城大君)이 경상도 순흥(順興)에서 복위를 도모하다가 발각된 사건이 발생하였다. 불안을 느낀 세조는 노산군을 다시 서인으로 강등시켜 끈질기게 자살을 강요하다가 결국 1457년(세조3년) 겨울 조카를 죽이고 말았다. 비운의 소년왕은 촉나라 황제의 넋인 소쩍새가 되어 그렇게 날아가 버렸다. 소년왕은 죽은 뒤에도 이승을 떠나지 못하였다. 제대로 시신조차 수습하지 못한 것을 영월호장 엄흥도가 암장한 뒤, 중종 11년에야 제대로 된 무덤을 만들 수 있었다. 장릉은 단종의 한 서린 묘가 숙종 7년에 받은 묘호이다.

　오늘도 쓸쓸히 청령포에는 단종의 것이라 전하는 시 한 수만이 그 외로움을 전할 뿐이다.

한 마리 원통한 새 궁중을 나와
외론 몸 외 그림자 푸른 산중 헤맨다
밤마다 청하나 잠은 이룰 수 없고
해마다 다하고자 하나 한은 끝이 없네
새소리도 끊긴 새벽 묏부리 달빛만 희고
피 뿌린 듯 봄 골짜기 지는 꽃잎 붉구나
하늘은 귀머거리 슬픈 사연 듣지 못하나
어이하여 수심 많은 내 귀에만 들리는가

2. 김삿갓과 영월

고개를 돌려 마대산(馬坒山 1052.2m) 정상을 바라보니 문득 한
인물이 떠오른다. 세칭 방랑거사 김삿갓(1807~1863)이다. 강원도
영월군 하동면 와석1리 노루목에는 그의 묘와 생가 터가 있다.

〈김삿갓의 묘소〉

잠시 강에서 내려 그의 옛 자취를 찾아 나섰다.

강변의 맞밭나루에서 내리니 푸른 산역이 눈에 들어왔다. 야트막한 언덕을 오르기 시작하여 한 시간쯤을 갔을까. 휑하니 트인 잔디밭 한켠에 동그란 봉분 하나를 찾을 수 있었다. 삐죽삐죽한 석비에는 '시선난고김병연지묘(詩仙蘭皐金炳淵之墓)'라 씌어 있다. 석비의 과감한 필체나 모양에서부터 그의 험난했던 인생사를 엿보는 듯하다.

그의 본명은 김병연(金炳淵)으로 세상에는 삿갓이란 뜻의 김립(金笠)으로 더 알려져 있다. 그는 안동김씨 세도가의 후손으로 태어났다. 할아버지 김익순(金益淳)은 임금의 외척인 김조순과 같은 항렬이었고, 아버지 김안근은 김문근, 김좌근과 동렬이었다. 따라서 김병연도 김병기, 김병국, 김병학 등과 한말 풍운을 함께 감당하는 중추세력이 될 수 있었을지도 모른다. 안동 김씨 세도 가문은 순조-헌종-철종을 거치면서 막강한 권세를 누렸기 때문이다. 문제는 그의 나이 다섯 살 때 벌어진 홍경래의 난이었다.

조선 순조 11년(1811년), 홍경래(1780~1812)는 서북인(西北人)을 관직에 등용하지 않는 조정의 정책에 대한 반감과 탐관오리(貪官汚吏)들의 악행에 분개하여 평안도 용강을 중심으로 반란을 일으켰다. 홍경래의 반란군은 순식간에 가산, 박천, 곽산, 태천, 정주 등지를 파죽지세로 휩쓸어 버리고 군사적 요새지인 선천으로 쳐들어갔다. 이 싸움에서 가산 군수 정시(鄭蓍)는 일개 문관의 신분이었지만 최후까지 싸워서 비장한 죽음을 맞이하였다. 한

편 김병연의 조부 김익순은 관직이 높은 선천 방어사였다. 그는 군비(軍備)가 부족한데다가 이미 기울어진 대세에 크게 낙담하던 중 야심을 틈타 습격한 반란군에게 잡혀서 항복을 하게 되었다. 그것은 김익순에게는 물론 그 가문에도 큰 치욕이었다. 어쩔 수 없는 사정이 있었다고 하지만 국법의 심판은 냉혹하여, 이듬해 2월에 반란이 평정되자 김익순은 3월 9일에 사형을 당하였다. 그 난리 때 형 병하(炳夏)는 여덟 살, 병연은 여섯 살, 아우 병호(炳湖)는 젖먹이였다.

마침 김익순이 데리고 있던 하인 중 김성수(金聖秀)라는 사람이 있었다. 그는 황해도 곡산에 있는 자기 집으로 병하, 병연 형제를 피신시키고 글공부도 시켜 주는 등 후견인이 되어 주었다. 그 뒤 조정에서는 당시 사건의 죄를 김익순 한 사람에게만 물어 병하, 병연 형제는 다시 집으로 돌아가게 되었다. 하지만 김병연의 가족은 서울을 떠나 여주, 가평으로 이사하는 등 폐족(廢族)의 고단한 삶을 살았다. 부친이 화병으로 세상을 떠나자, 홀어머니 함평 이 씨는 병연 형제를 데리고 강원도 영월군 영월읍 삼옥리로 이주하였다.

세월이 흘러 김병연이 스무 살이 되던 1826년(순조 32년), 영월 읍내의 동헌 뜰에서 백일장이 열렸다. 대회 시제(詩題)인 "(홍경래 난 때,) 순절한 가산 군수 정공의 충절을 찬양하고, 항복한 김익순을 규탄하라[論鄭嘉山 忠節死 嘆金益淳 罪通于天]"를 받아 본 그는 시상(詩想)을 가다듬었다. 그리고 정의감에 불타는 젊은 피로 충절의 죽음에 대한 동정과 찬양을 아끼지 않았고, 김익순의 불충의 죄에 대하여는 임금을 잊고[忘君], 부모를 잊은[忘親] 벌로 만 번 죽어도 마땅하다고 추상같은 탄핵을 하였다.

대대로 임금을 섬겨온 김익순은 들거라.
정공(鄭公)은 경대부에 불과했으나
농서의 장군 이능처럼 항복하지 않아
충신열사들 가운데 공과 이름이 서열 중에 으뜸이로다.
시인도 이에 대하여 비분강개하노니
칼을 어루만지며 이 가을 날 강가에서 슬픈 노래를 부르노라.
선천은 예로부터 대장이 맡아보던 고을이라
가산 땅에 비하면 먼저 충의로써 지킬 땅이로되
청명한 조정에 모두 한 임금의 신하로서
죽을 때는 어찌 두 마음을 품는단 말인가.
태평세월이던 신미년에
관서 지방에 비바람 몰아치니 이 무슨 변고인가.
주(周)나라를 받드는 데는 노중련 같은 충신이 없었고
한(漢)나라를 보좌하는 데는 제갈량 같은 자 많았노라.
우리 조정에도 또한 정충신(鄭忠臣)이 있어서
맨손으로 병란 막아 절개 지키고 죽었도다.
늙은 관리로서 구국의 기치를 든 가산 군수의 명성은
맑은 가을 하늘에 빛나는 태양 같았노라.
혼은 남쪽 밭이랑으로 돌아가 악비와 벗하고
뼈는 서산에 묻혔어도 백이의 곁이라.
서쪽에서는 매우 슬픈 소식이 들려오니
묻노니 너는 누구의 녹을 먹는 신하이더냐?
가문은 으뜸가는 장동(壯洞) 김씨요

이름은 장안에서도 떨치는 순(淳)자 항렬이구나.
너희 가문이 이처럼 성은을 두터이 입었으니
백만 대군 앞이라도 의를 저버려선 안 되리라.
청천강 맑은 물에 병마를 씻고
철옹산 나무로 만든 활을 메고서는
임금의 어전에 나아가 무릎 꿇듯이
서쪽의 흉악한 도적에게 무릎 꿇었구나.
너의 혼은 죽어서 저승에도 못 갈 것이니
지하에도 선왕들께서 계시기 때문이라.
이제 임금의 은혜를 저버리고 육친을 버렸으니
한 번 죽음은 가볍고 만 번 죽어야 마땅하리.
춘추필법(春秋筆法)을 너는 아느냐?
너의 일은 역사에 기록하여 천추만대에 전하리라.

一爾世臣金益淳	鄭公不過卿大夫
將軍桃李隴西落	烈士功名圖未高
詩人到此亦慷慨	撫劍悲歌秋水溪
宣川自古大將邑	比諸嘉山先守義
清朝共作一王臣	死地寧爲二心子
升平日月歲辛未	風雨西關何變有
尊周孰非魯仲連	輔漢人多諸葛亮
同朝舊臣鄭忠臣	抵掌風塵立節死
嘉陵老吏揚名旌	生色秋天白日下
魂歸南畝伴岳飛	骨埋西山傍伯夷
西來消息慨然多	問是誰家食錄臣
家聲壯洞甲族金	名字長安行列淳
家門如許聖恩重	百萬兵前義不下
清川江水洗兵波	鐵瓮山樹掛弓枝
吾王庭下進退膝	背向西城凶賊脆

魂飛莫向九泉去　地下猶存先大王
忘君是日又忘親　一死猶輕萬死宜
春秋筆法爾知否　此事流傳東國史

　　서릿발 같은 기세와 넘치는 필력은 당연히 그를 장원으로 만들어 주었다. 그날 밤 어머니는 청천벽력 같은 고백을 하셨다. 어머니는 눈물로 통탄하며 그동안 숨겨왔던 집안의 내력을 들려주었다.

　　……우리 가문은 대대로 명문거족이었단다. 너는 안동 김씨의 후손이다. 안동 김씨 중에서도 장동(壯洞)에 사는 사람들은 특히 세도가 당당했기 때문에 세상에서는 그들을 장동 김씨라고 불렀지. 너는 바로 장동 김씨 가문에서 태어났단다. 네가 오늘 만고의 역적으로 몰아 세워 욕을 퍼부은, 익자(益字) 순자(淳字)를 쓰셨던 선천 방어사는 네 할아버지였다. 너의 할아버지는 사형을 당하셨고 너희들에게 이런 사실을 눈치 채지 못하게 하느라고 제사 때 신주를 모시기는커녕 지방과 축문에 관직이 없었던 것처럼 처사(處士)로 써서 너희들을 속여 왔단다.……

　　병연은 너무나 기막힌 사실에 말문이 막혀 버렸다. 반란군의 괴수 홍경래에게 비겁하게 항복한 김익순이 나의 할아버지라니……. 그는 고민 끝에 자신이 조부를 다시 죽인 천륜을 어긴 죄인이라고 스스로를 단죄하였다. 그리고 자신에게 씌워진 태생적 굴레에 괴로워하며 무작정 방랑의 길을 떠나기로 결심한다.
　　그러나 그의 발길은 어느덧 서울로 향했다. 신분 상승의 미련이 그를 과거장으로 이끌었기 때문이다. 하지만 더욱 큰 실망에 빠진 것은 얼마 되지 않아서였다. 당시 부패한 과거 제도상으로 인하여 다시는 오를 수 없는 절망감을 느꼈던 것이다. 어느 세도가의 집에서 식객으로 붙어 지내던 중 그의 출신 성분이 주위에 알려지면서 그마저도 불가능하게 되었다. 이에 제도권 진입을 완전히 포기하고 삿갓을 쓴 채 기나긴 방랑의 길에 들어서니 그의 나이 불과 스물다섯이었다. 방랑 초기에는 지방 토호나 사대부 사람들과 교유하면서 나름대로의 품위를 유지하였으나, 세상의 인심이 한결같을 수는 없는 것. 그는 점점 변방으로 밀려나고 서민들 속에 섞여서 날카로운 풍자로 상류 사회를 희롱하고 재치와

〈김삿갓 유적지 표석〉

해학으로 서민의 애환을 읊으며 일생을 보내게 되었다.

그의 나이 쉰일곱 되던 해, 전라도 땅에서 조용히 눈을 감았다. 평생을 아웃사이더로 살아온 불우한 일생을 마감하였다. 아들 익균은 그의 유해를 영월로 옮겨 장사 지냈다. 그 묘지가 지금 눈앞에 있는 것이다. 경기도 양주 회암리에서 태어난 이래, 황해도 곡산·가평·광주·평창 등지를 거쳐 영월로 이주했고, 다시 전역을 떠돌다 결국 한 줌의 재로 묻힌 곳. 그곳이 바로 영월이었던 것이다.

그는 자신의 일생을 「떠돌이 한 생애 한탄하며[漂浪一生嘆]」란 시에 담았다.

새들도 짐승들도 모두 집이 있건만
내 평생 돌아보니 마음만 서글프네.
짚신 신고 죽장 짚고 가는 천리 길
물같이 구름같이 사방이 네 집일세.
鳥巢獸穴皆有居 顧我平生我自傷
芒鞋竹杖路千里 水性雲心家四方

돌아갈 곳이 없어 짐승만도 못하다는 탄식은 그의 삶을 관통하는 처연함이었다. 그러나 또 한편으로 그를 지탱케 해 주는 힘은 바로 삶에 대한 관조와 그를 표현할 수 있는 시 창작 능력에 있었다. 그에게 있어 가난은 정신적 보약이었다. 가난의 내공으로 무소유의 유유자적을 흉내 낼 수 있었으며, 동시대 대중이 처한 질곡의 원천인 봉건체제의 구조적 모순을 발견할 수 있었다. 그리하여 개인적 고뇌의 에너지를 사회 모순을 폭발시키는 방향으로 발전할 수 있었다. 야유·풍자·독설·외설로 이뤄진 그의 시는 타락한 시대의 이념적 오물을 베는 칼이었고, 그의 기행은 무능하고 부패한 양반 계층을 향한 비꼬기 공연이었다.

다음 시들은 세상에서 흔히 떠도는 이야기들이다. 그의 시는 긴 겨울 밤 사랑방에서 나누던 제법 풍격 있는 '이야깃거리'였다.

서당에 당도했으나 일찍 알아차리지 못하고
배우는 아이들이 모두 열이 채 안 되는구나.
방 안에 있는 물건들은 모두 존귀하나니
훈장이 나와서 내다보지도 않는구나.
書堂乃早知 서당내조지
學童諸未十 학동제미십
房中皆尊物 방중개존물
訓長來不謁 훈장래불알

김삿갓이 여러 고을을 방랑하던 중 한 서당에 도착하게 되어 물이나 한 모금 얻어 마실까 하였다. 그러자 훈장이 김삿갓의 용모를 보고 대꾸도 안하자 즉석에서 이 시를 지었다는 것이다. 내용만 본다면 별다른 것이 없다. 하지만 아는 사람은 모두 안다. 이게 얼마나 무안한 욕인지를. 이 시는 한자의 음을 중심으로 읽어야 한다. '조지', '존물', '불알'은 모두 성기와 관련된 말들이다. 처음 들었을 때는 무슨 말인가 싶다가 한참을 되뇌다 보면, 얼굴이 붉으락푸르락해진다. 하지만 당사자는 이미 줄행랑을 친 뒤였다. 읽는 이나 듣는 이에게는 유쾌한 풍자와 독설을 안겨다 준다. 다음 시도 그런 연장선에 놓여 있다.

이십(二十) 나무 아래 삼십(三十) 나그네
사십(四十)의 집에서 오십(五十) 밥을 먹는구나.
인간 세상에 어찌 칠십(七十) 일이 있던가.
차라리 집에 돌아가 삼십(三十) 밥 먹으리.
二十樹下三十客　四十家中五十食
人間豈有七十事　不如歸家三十食.

김삿갓이 함경도 어느 부잣집에서 걸식을 하다 냉대를 받고 그 설움을 한문 숫자를 이용하여 표현한 시이다. 이 시 역시 그냥 보아서는 이해가 쉽지 않다. 김삿갓은 '삼십, 사십, 오십, 칠십'이란 시어 속에 '서러운(서른), 망할(마흔), 쉰(쉰), 이런(일흔)'이란 뜻을 숨겨 배고픈 나그네를 쫓는 박정함과 자신의 방랑 인생에 대한 자조를 문학적으로 형상화했다. '이십수(二十樹)'의 수(樹)도 뜻으로 읽으면 '이놈아!'란 뜻이 된다. 다시 읽으면 다음과 같은 뜻이 된다.

이 놈아! 서러운 나그네가
망할 놈의 집에서 쉰 밥을 먹는구나.
인간 세상에 어찌 이런 일이 있는가.
차라리 집에 돌아가 설은 밥 먹으리라.

나이 57세로 죽기까지 세속을 초월해 살았던 김삿갓. 침이 마를 정도로 외치던 주장과 신의(信義)가 눈앞의 한 줌 이익 앞에 허망하게 무너져 내리기 일쑤인 가벼움의 시대에 그가 던지는 교훈은 뭘까? 오늘 이 자리에 그가 있다면 어떤 해학과 풍자로 우리에게 일침을 가할까? 한국판 '보헤미안'이었던 김병연, 아니 김삿갓을 떠올리며 부질없이 질문 하나 던져 본다.

3. 주천강(酒泉江)의 쌍루(雙樓)

이제 남한강에 얽힌 시문학 답사의 막바지에 이르렀다. 마지막 코스인 주천강(酒泉江)이다.

주천강은 강원도 영월군 주천면을 관통하며 평창강과 함께 서강을 이룬다. 말 그대로 "술 샘이 있는 곳" 주천(酒泉)강은 영월 최상류에 있어 물 맑기로 으뜸이다.

곳곳에 곡류가 흐르면서 모래톱을 만들어 뛰어난 주변 풍광을 그려낸다. 물이 맑으니 자연 강에는 금강모치, 연준모치, 버들치, 열목어, 쏘가리 같은 희귀 물고기들을 비롯해 피라미, 송사리, 메기 등이 가득이다.

듣건대 쌍루가 주천에 있다던데
몇 번이나 고쳐 아직도 온전한가.

<주천강의 섶다리>

높고 높은 석벽은 구름에 닿았고
맑은 강물은 짙푸르게 이어지도다.
갖가지 산새들은 나무 위에서 울고
들풀과 봄풀은 뜰 아래 비치었네.
술 가져오라 아이 불러 따르게 하니
취해 난간 기대 낮잠 한숨 이루도다.
聞說雙樓在酒泉　幾經葺理尙能全
峨峨石壁靑雲接　洋洋澄江碧水連
山鳥好禽鳴樹上　野花春草暎階前
携登宮醞呼兒酌　醉倚欄干白日眠

　이 시는 숙종(肅宗)의 어제시(御製詩)이다. 아들인 영조(英祖)
가 쓴 시의 서문을 보면, "……아바마마의 어제시는 내가 병구완
중에 본 것이다. 그 어른의 문집 끝에 써 놓으신 것을 보고 눈물

이 턱 밑까지 흐르는 것을 깨닫지 못하매 내 다시 시를 짓지 못하고 나의 책에 기재하여 두었도다. 이제 예조판서의 주달(奏達)이 있어 다시 울면서 써서 승지를 보내어 현판을 달게 한다. 예전의 어제시를 지금 내가 손수 썼으니 추모하는 마음이 간절하여……"라는 기록이 있다. 즉 숙종이 승하하시기 5개월 전, 숙종이 주천강에 있던 쌍루를 들려 읊은 시를 병간호를 하던 영조가 보관하고 있었다는 것이다. 그리고 38년 뒤 서문과 함께 청허(淸虛)라고 하는 현판을 내렸다. 제왕의 풍모를 벗고 한 사람의 자연인으로 돌아가 주천강의 풍광을 즐기고자 했던 숙종의 마음과 함께 영조의 아버지에 대한 간절한 그리움을 엿볼 수 있는 대목이다.

흥미 있는 사실은 영조의 손자 정조(正祖)도 증조부 숙종의 시에 차운하여 시를 남겼다는 점이다. 내용은 다음과 같다. "임금께서 주천에 글을 내리시니, 이로써 청허루의 뛰어난 이름이 보전되도다. 누각의 모양이 구름과 더불어 빛나고, 땅의 기상은 오히려 하늘에 닿았도다. 백리의 농사일은 달라짐이 없고, 한 봄의 꽃과 새는 그전과 같도다. 근심이 지척에 있음을 보고 이르노라. 태수는 쉬면서 술 취해 잠자지 말지어다."(尙說黃封降酒泉 淸虛徒此勝名全 樓容重與雲章煥 地氣環應壁宿連 百日桑麻渾不改 一春花鳥摠依前 瞻言咫尺分憂在 太守休爲醉後眠) 이렇듯 군주의 주천강에 대한 애정은 대를 이어왔던 것이다. 그만큼 주천강의 매력은 큰 것이었다.

    세찬 물살과 함께 물보라를 일으키는 영월의 남한강은 하류 쪽 그것과는 사뭇 다른 모습이었다. 거슬러 갈수록 좁고 깊어지는 강물과 함께 남한강에 대한 애틋함도 깊어진 느낌이다. 남한강 시문학 답사의 마지막 장은 그렇게 장식되고 있었다.

참고문헌

『論語』.

『孟子』.

具鳳齡, 『栢潭先生續集』.

權擥, 『震溟集』.

金宗直, 『續東文選』.

金弘郁, 『鶴洲集』.

金玏, 『栢巖先生文集』.

李德懋, 『靑莊館全書』.

李萬運, 『默軒先生文集』.

徐居正, 『四佳文集』.

李承召, 『錦溪集』.

李承召, 『三灘集』.

李令翊, 『信齋集』.

李重煥, 『擇里志』.

李滉, 『退溪全集』.

任相元, 『恬軒集』.

任相元, 『恬軒集』.

任叔英, 『疏菴先生集』.

鄭經世, 『愚伏集』.

丁若鏞, 『茶山詩文集』.

趙纘韓, 『玄洲集』.

周世鵬, 『武陵雜稿』.

韓浚謙, 『柳川遺稿』.

韓鎭戶, 『島潭行程記』.

⊰❧ 저자소개 ❧⊱

이정재

경희대학교 국어국문학과를 졸업하고, 독일 뮌헨대학에서 문학박사 학위를 받았다.
현재 경희대 국어국문학과 교수로 재직 중이다.
『동북아의 곰문화와 곰신화』·『시베리아부족신화』 등 다수의 논저가 있다.

김준기

동국대학교 국어국문학과를 졸업하고, 경희대에서 문학박사 학위를 받았다.
현재 경희대 국어국문학과 겸임교수로 재직 중이다.
『서사무가 당금애기연구』·『신모신화연구』 등 다수의 논저가 있다.

배규범

경희대학교 국어국문학과를 졸업하고, 경희대에서 문학박사 학위를 받았다.
현재 청주대 학술연구교수로 재직 중이다.
『불가시문학론』·『선가귀감』 등 다수의 역저가 있다.

이성희

경희대학교 국어국문학과를 졸업하고, 경희대에서 문학박사 학위를 받았다.
현재 미국 Indiana Univ. Bloomington Dept. of East Asian Languages & Cultures에
Visiting Professor로 재직 중이다.
「아이 지혜담 연구」, 「용궁의 서사문학적 구현 양상 연구」 등 다수의 논저가 있다.

남한강과 문학

• 초판 인쇄	2007년 7월 21일
• 초판 발행	2007년 7월 21일
• 지 은 이	이정재 · 김준기 · 배규범 · 이성희
• 펴 낸 이	채종준
• 펴 낸 곳	한국학술정보㈜
	경기도 파주시 교하읍 문발리 526-2
	파주출판문화정보산업단지
	전화 031) 908-3181(대표) · 팩스 031) 908-3189
	홈페이지 http://www.kstudy.com
	e-mail(출판사업부) publish@kstudy.com
• 등 록	제일산-115호(2000. 6. 19)
• 가 격	30,000원

ISBN 978-89-534-7041-5 93380 (Paper Book)
978-89-534-7044-6 98380 (e-Book)